SPSS와
PROCESS macro를 이용한

기초통계분석과 조절·다중/매개분석 및 조절된 매개분석

한맑음 지음

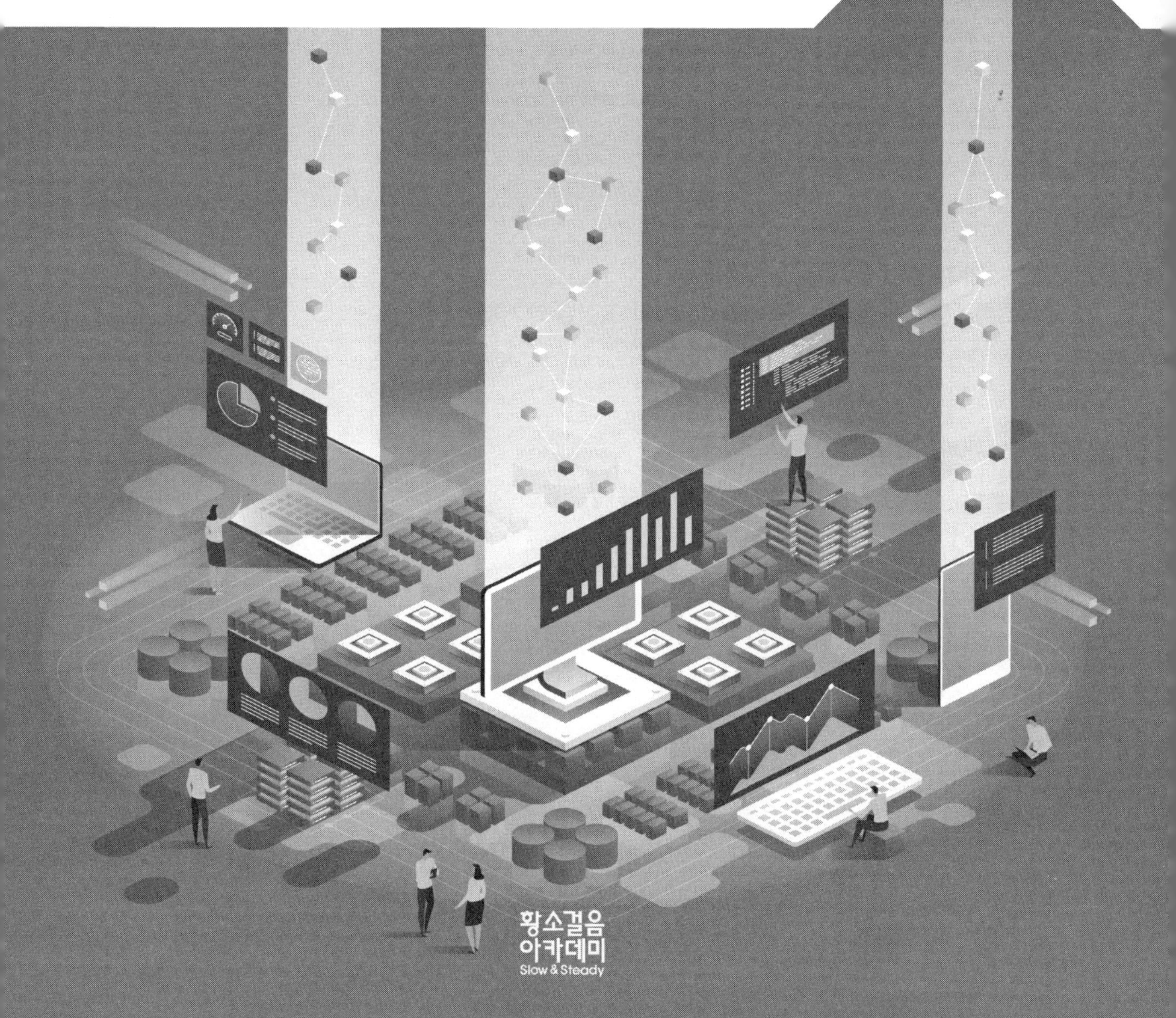

황소걸음
아카데미
Slow & Steady

SPSS와 PROCESS macro를 이용한
기초통계분석과 조절 · 다중/매개분석 및 조절된 매개분석

펴낸날 | 2024년 3월 25일 초판 2쇄
지은이 | 한맑음
만들어 펴낸이 | 정우진 강진영
디자인 | 김재석(carp518@hanmail.net)
펴낸곳 | 서울시 마포구 토정로 222 한국출판콘텐츠센터 420호
편집부 | (02) 3272-8863
영업부 | (02) 3272-8865
팩 스 | (02) 717-7725
홈페이지 | www.bullsbook.co.kr
이메일 | bullsbook@hanmail.net
등 록 | 제22-243호(2000년 9월 18일)

황소걸음
아카데미
Slow & Steady

ISBN 979-11-86821-74-9 93310

교재 검토용 도서의 증정을 원하시는 교수님은
출판사 홈페이지에 글을 남겨 주시면 검토 후 책을 보내드리겠습니다.

〈저자의 글〉

이 책은 저자가 리서치 회사를 운영하며, 기업과 대학원에서 연구방법론, SPSS 통계 수업을 진행하면서 얻은 경험을 반영해서 저술한 책입니다. 여러 해 강의를 진행하면서 특히, 통계 비전공자들이 논문 작성을 위해서 의욕을 갖고 SPSS 통계 분석 강의에 참여했지만, 처음 접하는 통계 분석 강의를 따라오지 못하고 중간에 포기하거나 심지어 논문 작성과 학위 과정에 큰 차질을 빚는 경우를 많이 보았습니다. 안타깝고 아쉬운 마음에 어떻게 하면 통계 비전공자들도 쉽게 SPSS를 활용하여 분석을 진행하고 이를 논문에 빠르고 쉽게 반영할 수 있을지 고민을 해왔습니다.

저자는 이런 문제를 해결하기 위해서 먼저 복잡하고 다양한 커리큘럼을 세분화하고 재구성하였습니다. 이렇게 재구성한 커리큘럼으로 통계 비전공자들을 대상으로 몇 년간 SPSS 통계 분석 교육을 진행하였습니다. 강의하면서 통계 비전공자들도 아주 쉽게 이해하고 무리 없이 잘 따라오는 커리큘럼들을 다시 간추리고 정리 요약한 내용을 담은 게 바로 이 책입니다. 한 마디로 이 책은 기업과 대학원 강의, 통계 분석 업무를 진행한 지난 10여 년의 생생한 경험과 고민 그리고 그 해결책을 바탕으로 중요한 핵심만을 본서에 담기 위해 많은 공과 노력을 기울였습니다.

이 책의 또 다른 핵심은 Ohio 주립대학교 Andrew F. Hayes 심리학과 교수가 PROCESS macro를 통해 제시한 여러 통계모형 중 논문 작성 시 활용도가 높은 조절/매개/다중매개/조절된 매개/매개된 조절분석의 내용을 수록한 것입니다. 이를 통해 매개 분석의 최신 기법인 부트스트랩 방법과 조절분석의 최신 기법인 Johnson-Neyman 방법을 더욱더 쉽게 이해하고 논문에 활용할 수 있습니다.

이 책의 특징 및 장점을 요약하면 다음과 같습니다.

첫째, 어려운 용어와 개념을 최대한 쉽게 설명하고 핵심만을 간추렸습니다.

둘째, 통계 비전공자들도 SPSS를 쉽게 이해하고 활용하여 통계 분석을 충분히 진행할 수 있도록 구성하였습니다. 그리고 분석 결과들을 바탕으로 논문에 해석과 적용하는 방법을 구체적으로 제시하였습니다.

셋째, 최근 각광받고 있는 Andrew F. Hayes 교수의 PROCESS macro의 활용 방법을 통계 비전공자들도 알기 쉽게 제시하였습니다. 특히, PROCESS macro 활용한 조절효과 분석의 Johnson-Neyman 방법은 PROCESS macro를 통해서만 확인 가능하고 구조방정식모델에서는 분석할 수 없는 중요한 기법이기 때문에 PROCESS macro의 활용 방법과 중요성은 앞으로 더욱 커질 전망입니다. 따라서 이 책을 통해 최신 분석 방법을 터득할 수 있습니다.

이 책에는 독자들의 기대에 못 미치는 부분이 있을 수도 있습니다. 이러한 것들은 지속해서 보완해 나갈 것을 독자 여러분께 약속드립니다. 마지막으로 통계 분석을 처음 접해보는 분들이라도 이 책을 통해 배운 통계 분석 방법에 따라 자신이 통계 분석을 스스로 진행하고 분석 결과에서 학문적인 영감을 얻어 자신의 논문에 반영할 수 있기를 기원합니다.

2022년 7월

저자 한맑음

〈목차〉

Chapter 01

통계분석을 위한 기초지식

학습목표

☞ 통계분석을 위한 변수의 개념을 이해하고, 척도 종류를 구분한다.
☞ 표본추출 방법에 대해 이해한다.
☞ 가설의 개념과 유의확률을 이해한다.

논문통계분석을 진행하기 전 기본적인 연구 방법론 이론인 독립변수, 종속변수, 조절변수, 매개변수의 개념, 설문지 구성을 위한 척도의 이해, 가설과 유의수준에 대해 알아본다.

1. 변수의 주요 개념

변수(variable)는 성별, 연령, 직업, 태도, 만족도 등과 같은 조건들을 구별해주는 속성이며, 숫자나 값을 부여하는 일종의 기호이다. 변수와 변인은 동일한 개념이며, 수학과 통계학적 측면에서 변수라고 부른다. 변수는 크게 독립변수, 종속변수, 조절변수, 매개변수로 분류하며 이외에 통제변수, 외생변수, 자극변수, 반응변수 등이 있다.

■ 독립변수와 종속변수

독립변수(independent variable)는 인과관계에서 원인이 되는 변수를 말한다. 즉, 어떤 변수에 영향을 주는 변수이다. 예를 들어 모바일 게임이 청소년의 게임 중독에 영향을 미친다면 모바일 게임이 원인이 되는 독립변수이다. 반면 종속변수(dependent variable)는 인과관계에서 결과가 되는 변수를 말한다. 청소년의 모바일 게임이 게임 중독에 영향을 미친다면 게임 중독이 결과가 되는 종속변수이다.

[독립변수와 종속변수]

■ 조절변수

조절변수(moderator variable)는 독립변수가 종속변수에 영향을 미칠 때 중간에서 영향을 미치는 변수를 말한다. 예를 들어 모바일 게임이 청소년의 게임중독에 영향을 미칠 때, 게임방지 앱에 따라 게임중독이 달라진다면 게임방지 앱이 조절변수다. 독립변수의 경우 종속변수에 단독으로 영향을 미치지만 조절변수의 경우 단독으로 종속변수에 영향을 미치지 못한다. 즉, 조절변수는 독립변수의 영향을 받아 종속변수에 영향을 미치게 된다.

[조절변수]

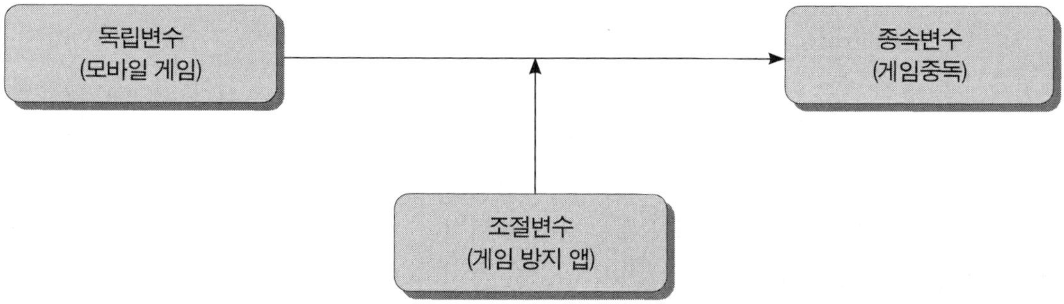

■ 매개변수

매개변수(intervening variable)는 조절변수와 동일하게 독립변수가 종속변수에 영향을 미칠 때 중간에서 영향을 미치는 변수를 말한다. 매개변수의 경우 독립변수와 마찬가지로 종속변수에 영향을 주며, 독립변수에 의해 영향을 받아 종속변수 영향을 준다. 예를 들어 청소년의 모바일 게임이 부모의 통제를 통해 게임중독에 영향을 미친다면 부모의 통제가 매개변수다.

매개변수를 활용한 분석의 경우 직접효과(direct effect)와 간접효과(indirect effect)가 있다. 청소년의 모바일 게임이 게임중독에 미치는 영향은 직접효과이고, 부모의 통제를 경유하여 게임중독에 미치는 영향은 간접효과이다. 만약 독립변수가 구매의도에 직접적인 영향을 주고, 매개변수를 통해 종속변수에도 영향을 준다면 부분매개효과가 있다고 한다. 반면 직접적인 영향은 없고, 매개변수를 통해서만 종속변수에 영향을 준다면 완전매개효과가 있다고 한다.

[매개변수]

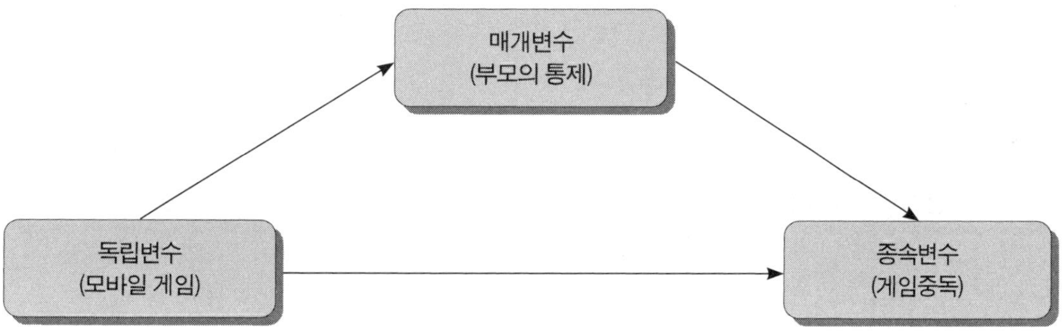

■ 통제변수

통제변수(control variables)는 인과관계에 영향을 주는 제 3의 변수로 연구를 진행하는 과정에서 통제 시키는 변수를 말한다. 청소년의 모바일 게임이 게임 중독에 미치는 영향을 검증하기 위해 분석을 실시한다면 이때 성별, 학년, 거주지와 같은 인구통계특성에 따라 게임중독이 다르게 나타날 수 있다. 즉, 분석을 진행할 때 성별, 학년, 거주지와 같은 인구통계특성을 고려하지 않고 모바일 게임이 게임 중독에 미치는 영향을 검증한다면 그 결과들은 신뢰할 수 있는 결과라고 볼 수 없다. 따라서 이러한 특성이나 변수들을 통제해야 하며, 이렇게 통제된 변수들을 통제변수라고 한다.

2. 척도의 이해

척도(scale)는 관찰대상에 값을 부여하는 숫자나 기호를 의미한다. 연구를 진행할 때 변수의 개념을 척도를 사용하여 수치화해야 하며, 어떤 척도를 사용해 연구를 설계 하냐에 따라 분석방법이 달라진다. 척도의 경우 크게 범주형 척도와 연속형 척도로 구분한다. 범주형 척도는 다시 명목척도와 순위척도로 세분화하며, 연속형 척도는 등간척도와 비율척도로 분류한다.

[척도의 분류]

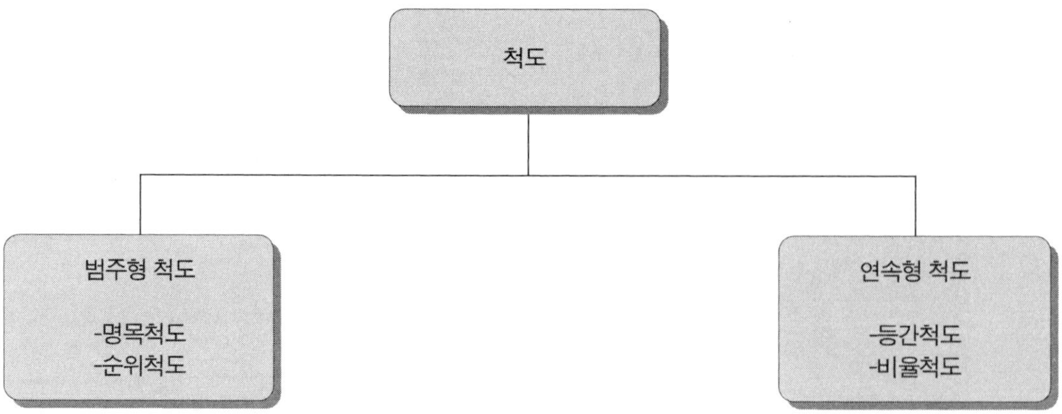

■ 명목척도

명목척도(nominal scale)는 단순히 수치들의 특성을 분류하기 위해 사용되는 척도를 말한다. 이러한 명목척도는 사칙연산 및 수학적 계산은 불가능하다. 예를 들어 성별의 경우 남자는 1번, 여자는 2번으로 분류할 수 있는데 이때 2번인 여자가 1번인 남자보다 크다고 할 수 없다. 명목척도는 논문에서 집단을 분류하거나 인구 통계적 특성을 분류할 때 많이 사용한다.

[명목척도의 예]

1) 귀하의 성별은 무엇입니까?
① 남자 ② 여자

2) 귀하의 직업은 어떻게 됩니까?
① 대학 · 대학원생 ② 사무직 ③ 생산직 ④ 공무원 ⑤ 사업자 ⑥ 기타

■ 순위척도

순위척도(ordinal scale)는 측정대상의 특성을 순위 관계로 나타낸 척도를 말한다. 예를 들어 선호하는 탄산 음료수를 순위대로 나열하세요. 라고 할 때 해당 척도는 순위척도가 된다. 순위척도의 경우 수치상의 차이는 절대적인 의미가 없다. 예를 들어 선호하는 음료수가 1순위 코카콜라, 2순위 환타, 3순위 칠성 사이다라면 1순위와 2순위의 차이보다 1순위와 3순위의 차이가 두 배 크다고 할 수 없다.

[순위척도의 예]

1) 다음 중 탄산 음료수를 보고 선호하는 순서대로 순위를 표시하세요.
( ) 코카콜라 ( ) 칠성사이다 ( ) 환타 ( ) 밀키스 ( ) 맥콜

2) 귀하의 직업은 어떻게 됩니까?
① 대학 · 대학원생 ② 사무직 ③ 생산직 ④ 공무원 ⑤ 사업자 ⑥ 기타

■ 등간척도

등간척도(interval scale)는 점수의 단위들이 같은 간격을 가지지만 절대 영점이 없는 척도이다. 예를 들어 IQ 테스트 검사에서 IQ가 0점이 나왔다고 해서 그 사람이 지능이 없다는 것을 의미하지 않는다. 등간척도의 0점은 임의의 한 점일 뿐이다. 범주형 척도와 달리 일정 수준의 수학적 계산은 가능하나 절대 영점이 없기 때문에 비율 계산은 불가능하다. 즉, 여름철 영상 30도는 영상 10도 보다 3배 덥다고 하는 것은 불가능하다. 등간척도의 경우 평균, 표준편차, t검증, F검증, 요인분석, 상관관계분석, 회귀분석, 구조방정식 등에 활용할 수 있다.

[등간척도의 예]

1) 귀하는 회사 업무에서 하는 업무에 만족하십니까?
① 전혀 만족하지 못함 ② 만족하지 못함 ③ 보통 ④ 만족 ⑤ 매우만족

2) 귀하는 회사 동료들과 원만한 관계를 유지하고 있습니까?
① 전혀 그렇지 않다 ② 그렇지 않다 ③ 보통 ④ 그렇다 ⑤ 매우 그렇다

■ 비율척도

비율척도(ratio scale)는 다른 척도와는 다르게 절대영점을 포함하는 가장 상위의 척도이다. 등간척도의 장점을 그대로 사용하면서 절대 영점을 가지고 있어 측정값을 상대적으로 비교할 수 있다. 또한 명목척도, 순위척도, 등간척도 보다 많은 정보량을 가지고 있다.

[비율척도의 예]

1) 귀하의 연령은 어떻게 됩니까? (　　　　)세
2) 귀사의 1년간 소득은 어떻게 됩니까? (　　　　)원

■ 척도의 분류와 종류

척도는 크게 단일항목 척도법과 다항목 척도법으로 분류된다. 단일항목 척도법의 경우 측정항목이 한 개로 구성된 척도법이다. 다항목 척도법의 경우 여러 개의 측정항목을 사용하

는 척도법이다. 특정 속성을 측정할 때 단일항목 척도법을 사용한다면 완벽한 대답을 얻어내기는 힘들다. 예를 들어 '맛있다'라는 개념을 측정하는 경우 설문에 참여하는 응답자 마다 '맛있다'라는 이해와 기준이 다를 수 있다. '고소하다'라는 한 개의 단일항목만을 사용하여 '맛있다'라는 개념을 측정한다면 완벽한 대답이라고 볼 수 없다. 따라서 이러한 개념을 측정할 때 다항목 척도법을 활용하여 '달콤하다', '맵다', '상큼하다' 등 다양한 항목을 측정해야 더욱더 완벽한 대답을 도출할 수 있다.

단일항목 척도법의 경우 Q-분류척도, 고정 총합척도, 이미지 척도, 비교척도 등이 있다. 다항목 척도법의 경우 리커트 척도, 의미차별척도, 스테플 척도 등이 있다. 여기서 꼭 기억해야 하는 척도는 리커트 척도와 의미차별 척도다. 이 둘은 실제 논문 작성에서 가장 많이 활용되고 있는 척도다.

리커트 척도(Likert)는 1932년 리커트가 개발한 척도이다. 이 척도는 여러 개의 의견을 응답자들에게 주고, 각 항목별로 응답한 점수로 평가한 척도이다. 리커트 척도는 단순히 '예 또는 '아니오'라는 응답대신 질문에 대한 찬성과 반대의 정도를 측정할 수 있도록 만든 매우 실용적인 척도이다. 리커트 척도를 활용할 때는 여러 개의 문항들을 구성하여 측정하고, 점수를 합산하여 사용한다. 일반적으로 5점 척도와 7점 척도를 가장 많이 활용한다.

[리커트 척도의 예]

• 직무만족에 대한 질문입니다. 귀하의 생각에 맞는 번호에 체크해주세요.

1) 전체적으로 나는 내가 하는 일에 만족한다.
① 매우 그렇지 않다 ② 그렇지 않다 ③ 보통 ④ 그렇다 ⑤ 매우 그렇다

2) 나는 직무를 완수하기 위해 의욕적으로 일하고 있다.
① 매우 그렇지 않다 ② 그렇지 않다 ③ 보통 ④ 그렇다 ⑤ 매우 그렇다

의미차별(semantic differential)척도는 1957년 오스구드(Osgood)와 탄넨바움(Tannenbaum)이 개발한 척도이다. 리커트 척도와 마찬가지로 각 항목별로 응답을 점수로 평가할 수 있는 척도이다. 의미차별척도는 서로 반대되는 형용사적 표현(예 : 나쁘다 vs. 좋다)을 양쪽 끝에 배치하여 응답자의 반응을 알아보는 척도이다. 리커트 척도와 마찬가지로 5점과 7점을 가장 많이 사용된다.

[의미차별척도의 예]

- 직무만족에 대한 질문입니다. 귀하의 생각에 맞는 번호에 체크해주세요.

1) 전체적으로 나는 내가 하는 일에
만족하지 못한다 ①------②------③------④------⑤ 만족한다

2) 나는 직무를 완수하기 위해
의욕적이지 못하다 ①------②------③------④------⑤ 의욕적이다

3. 가설과 유의수준

■ 가설

가설(hypotheses)은 연구자가 논문을 작성하면서 어떤 사실이나 현상을 추측하기 위해 문장으로 예측한 표현을 말한다. 이러한 표현은 사실과는 다르거나 반대의 관점으로 표현할 수 있다. 가설을 설정할 때 가장 중요한 부분은 반드시 근거와 관찰을 바탕으로 해야 한다. 만약 연구자가 임의로 가설을 세운다면 그 가설은 의미 없는 가설로 본다.

가설은 귀무가설(null hypotheses)과 대립가설(alternative hypotheses)로 분류한다. 귀무가설은 '맞다', '같다', '차이가 없다'와 같이 기존의 주장이 옳다고 생각하는 가설을 의미하며, 영가설(null hypotheses)이라고도 부른다. 논문에서 H_0으로 표기한다. 대립가설은 '틀리다', '다르다', '차이가 있다'와 같이 기존의 주장에 문제제기를 한 후 새롭게 주장한 가설을 의미하며, 연구가설(research hypotheses)이라고도 부른다. 논문에서 H_1로 표기한다. 예를 들어 소비자가 어떤 과자에 표기한 용량이 20g인데 이보다 적다고 생각할 수 있다. 또는 의료계 종사업자 중 남자가 여자보다 위암이 더 잘 걸린다고 생각할 수 있다. 이럴 경우 다음과 같이 두 가지 형태의 가설로 표기한다.

[가설의 예]

H_0 : 과자에 표기한 20g의 용량은 맞다.
H_1 : 과자에 표기한 20g의 용량은 틀리다.

H_0 : 남자와 여자의 위암 발병률은 같다.
H_1 : 남자와 여자의 위암 발병률은 다르다.

귀무가설은 가설이 기각될 것을 예상하고 세우는 가설이고, 대립가설은 귀무가설이 기각될 때 받아들여지는 가설로서 가설이 지지가 되거나 채택될 것을 예상하고 세우는 가설이다. 즉, 통계분석을 통해 귀무가설이 기각되면, 대립가설은 지지된다. 만약 귀무가설이 기각되지 않으면 대립가설을 지지할 수 없다. 논문에 해석할 때 '귀무가설은 기각되고 대립가설은 지지되었다' 또는 '연구가설은 지지 되었다'라고 표현한다.

■ 방향적 가설과 비방향적 가설

대립가설(연구가설)은 방향성 가설(directional hypotheses)과 비방향성 가설(nondirectional hypotheses)로 나눠진다. 방향적 가설의 경우 예상되는 결과의 방향을 구체적으로 제시한 형태를 말하며, 비방향적 가설의 경우 예상되는 결과가 구체적으로 제시되지 않은 형태를 말한다. 이러한 가설은 독립변수가 어떤 척도냐에 따라 달라진다.

[방향적 가설, 독립변수가 명목척도로 집단을 비교하는 경우]

- 남자는 여자 보다 위암 발병률이 높을 것이다.
- 이성적 광고는 감성적 광고보다 광고태도가 높을 것이다
- 20대는 30대 보다 자기 효능감이 높을 것이다.

[비방향성 가설, 독립변수가 명목척도로 집단을 비교하는 경우]

- 성별에 따라 위암 발병률은 차이가 있을 것이다.
- 광고소구 유형에 따라 광고태도는 차이가 있을 것이다.
- 연령에 따라 자기 효능감은 차이가 있을 것이다.

[방향성 가설, 독립변수가 연속형 척도(등간, 비율)로 영향력을 검증하는 경우]

- 만족도는 재방문의도에 정(+)의 영향을 미칠 것이다.
- 자기 통제력은 콘텐츠중독에 부(−)의 영향을 미칠 것이다.

[비방향성 가설, 독립변수가 연속형 척도(등간, 비율)로 영향력을 검증하는 경우]

- 만족도는 재방문의도에 유의한 영향을 미칠 것이다.
- 자기 통제력은 콘텐츠중독에 유의한 영향을 미칠 것이다.

이처럼 대립가설의 경우 방향적 또는 비방향적 가설로 세울 수 있다. 여기서 중요한 점은 위에서도 언급했듯이 반드시 근거와 관찰을 바탕으로 가설을 세워야 한다. 즉, 선행연구 또는 다양한 문헌들을 근거자료로 꼭 제시한 후 가설을 세워야 한다. 이러한 두 개의 가설 중 무엇이 더 좋은 가설이라고 단정 지어 말할 수 없다. 그러나 방향적 가설이 비방향성 가설 보다 더욱 많은 정보들을 제시하기 때문에 방향성 가설을 세워 논문에 활용하는 것이 조금 더 바람직한 방법이다.

■ 유의수준

논문에서 가설을 도출할 때 귀무가설에 대한 대립가설을 도출한 후 이를 지지할 것인가 또는 기각할 것인가를 통계분석을 통해 확인해야 한다. 이때 대립가설을 지지 또는 기각할 것인가를 판단하는 기준을 유의수준(significant level)이라고 한다. 가설검증을 위해 진행하는 통계분석의 유의수준은 낮을수록 귀무가설을 기각하고 대립가설을 지지시킬 수 있다.

유의수준은 p-value(p값)로 나타내며, 0.001(0.1%), 0.01(1%), 0.05(5%)을 사용하는데, 사회과학 논문에서는 주로 0.05(5%)를 기준으로 한다. 유의수준이 0.05(5%)라는 것은 대립가설이 지지될 확률이 95%이고, 기각될 확률이 5%라는 의미이다. 0.01(1%)은 지지될 확률이 99% 기각될 확률 1%, 0.001(0.1%)은 지지될 확률이 99.9% 기각될 확률 0.1%이다. 이러한 p-value는 확률이기 때문에 0과 1사이의 값을 갖는다.

예를 들어 p-value 값이 0.04이라면 0.05 기준보다 낮기 때문에 귀무가설은 기각되고 대립가설은 지지된다($p<.05$). 반대로 p-value가 0.80이라면 0.05 기준보다 높기 때문에 귀무가설은 지지되고 대립가설은 기각된다($p>.05$). 일반적으로 논문을 작성하는 연구자는 자신이 도출한 연구가설을 지지(귀무가설 기각)시켜야하기 때문에 0.05 기준보다 낮은 유의수준을 얻어야 한다.

p-value 값 외에도 t-test와 회귀분석과 같은 통계분석에서 얻을 수 있는 t값을 기준으로 대립가설의 지지여부를 확인할 수 있다. t값이 1.96이상이라면 0.05(5%), 2.58 이상이라면 0.01(1%), 3.30 이상이라면 0.001(0.1%) 기준이라고 본다.

[유의수준 표기방법]

유의수준 기준	t값 기준	기준보다 낮을 경우	기준보다 높을 경우
0.05	1.96	*p<.05	p>.05
0.01	2.58	**p<.01	p>.05
0.001	3.30	***p<.001	p>.05

Chapter 02

SPSS Statistics의 기본 메뉴의 이해하기

학습목표

☞ SPSS Statistics를 사용하기 전, 기본 화면과 메뉴를 이해한다.

이번 장에서는 논문통계분석을 시행하기 전에 SPSS Statistics의 기본 화면과 메뉴에 대해 알아본다. SPSS Statistics는 파일, 편집, 보기, 데이터, 변환, 분석, 그래프, 유틸리티, 확장, 창, 도움말 총 11개의 메뉴로 이루어져 있다. 고급통계 분석을 하지 않는 이상 모든 메뉴를 전부 사용할 필요는 없다. 그러나 반드시 사용해야 하는 중요한 메뉴들이 있다. 이러한 중요한 메뉴에 대해서만 알아보고 이에 관한 각각의 세부 기능들은 분석을 진행하면서 하나씩 다뤄보기로 한다.

1. SPSS Statistics 기본화면

SPSS Statistics를 실행하면 **[그림 2.1]**과 같은 창이 열린다. 여기서 데이터 파일을 선택해서 작업할 수 있다. 오른쪽 하단 닫기를 클릭하면 창이 닫히고 **[그림 2.2]**와 같은 SPSS Statistics 기본화면이 열린다. 창에서 왼쪽하단 '앞으로 이 대화 상자를 나타내지 않음'을 클릭하면 이후부터 프로그램 실행 시 해당 창은 열리지 않는다.

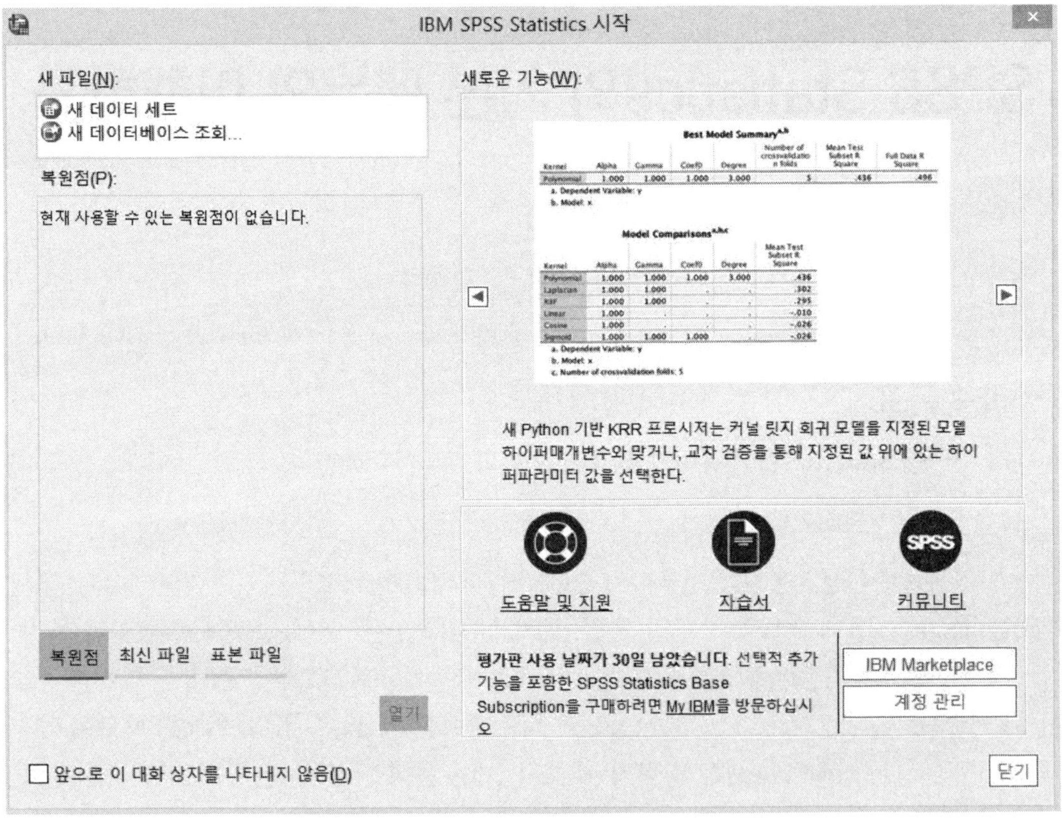

[그림 2.1] SPSS Statistics 데이터 작업 선택 창

[그림 2.2]는 SPSS Statistics의 기본화면이다. 메뉴, 도구모음, 데이터보기, 변수보기 4개 창으로 분류된다. 기본적인 단축키는 Excel, Word, PPT, 한글(HNC)과 같은 오피스프로그램들과 같아 사용하기에 큰 어려움이 없다. 일례로 작업한 데이터를 저장할 때 Ctrl+S, 한 단계 뒤로 돌아가기는 Ctrl+Z 키를 클릭하면 된다. 저장의 경우 데이터를 작업하면서 수시로 클릭하여 저장해 둔다.

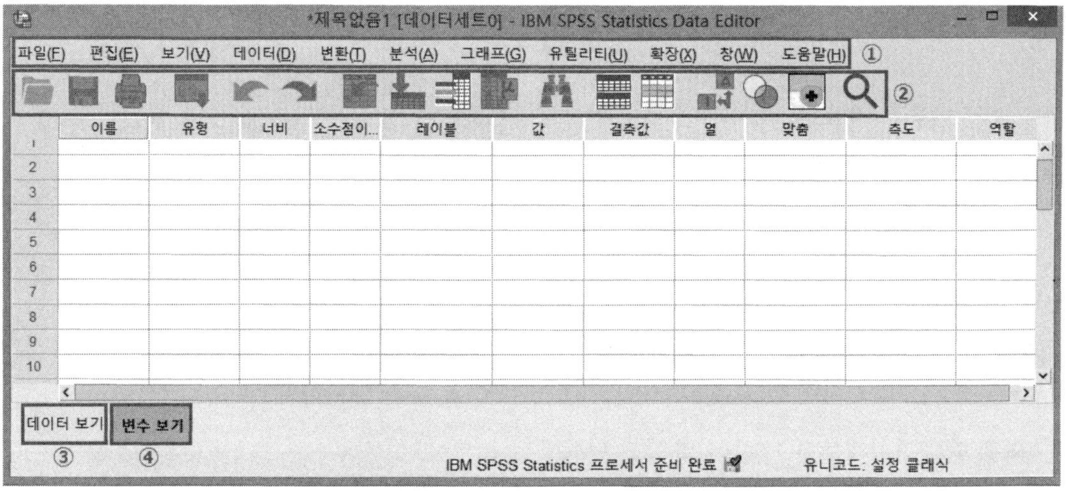

[그림 2.2] SPSS Statistics 실행 기본화면

① 메뉴 : 파일부터 도움말까지 총 11개의 메뉴로 구성되어 있다. 파일을 저장하고, 통계분석을 진행할 때 사용자가 해당 메뉴를 찾아 클릭하여 실행한다.

② 도구모음 : 가장 많이 활용하는 메뉴들을 아이콘으로 표기해 놨다. 메뉴로 직접 찾아서 들어가 실행할 수 있고, 도구모음 창에 아이콘을 클릭하여 실행할 수도 있다.

③ 데이터 보기 : 수집한 데이터를 입력하는 화면

④ 변수 보기 : 수집한 데이터를 코딩할 때 입력하는 화면

2. SPSS Statistics 기본메뉴

[그림 2.3]은 SPSS Statistics 메뉴인데 그림에서 표시한 바와 같이 파일, 편집, 변환, 분석 총 4개의 메뉴가 가장 많이 사용하는 메뉴이다. 또한 해당 메뉴에서도 사용하지 않는 기능이 있고, 주로 사용하는 기능이 있다. 각각의 메뉴에서 불필요한 기능들은 생략하고 꼭 필요한 기능만 살펴보겠다.

[그림 2.3] SPSS Statistics 메뉴

■ 파일(F)

파일 메뉴는 새로운 데이터 파일을 만들거나 기존에 작업한 데이터 파일을 불러와서 다시 작업할 때 사용하는 메뉴다. 또한 데이터를 저장할 때 필요한 기능들을 제공한다. 파일 메뉴에서는 새 파일, 파일, 저장, 다른 이름으로 저장, 종료를 주로 사용한다.

① 새로 만들기 : 새로운 데이터 파일을 만들 때 사용한다. 세부 메뉴는 데이터, 명령문, 출력결과, 스크립트가 있다.

② 열기 : 기존에 입력한 데이터 파일, 엑셀에서 작성한 데이터 파일, 명령문 등 작업한 데이터 파일을 불러올 때 사용한다. 세부 메뉴는 데이터, 인터넷 데이터, 명령문, 출력결과, 스크립트가 있다.

③ 저장 : 작업한 데이터를 저장할 때 사용한다. Ctrl+S 단축키를 사용하여 저장할 수 있고, 도구모음 창에 2번째 아이콘을 클릭하여 저장할 수 있다.

④ 다른 이름으로 저장 : 작업한 데이터를 다른 이름으로 수정하여 저장할 때 사용한다.

⑤ 종료 : SPSS Statistics 프로그램을 종료할 때 사용한다.

[그림 2.4] 파일(F) 메뉴

■ 편집(E)

편집 메뉴는 작업한 데이터 내역을 한 단계씩 뒤로 취소하거나 다시 앞으로 실행할 때, 그리고 잘라내기, 복사, 변수삽입 등의 작업을 할 때 사용하는 메뉴이다. 편집 메뉴에서는 실행취소, 다시 실행을 주로 사용한다.

① 실행취소 : 작업한 데이터 내역을 한 단계씩 뒤로 복구할 때 사용한다. Ctrl+Z 단축키를 사용하여 실행할 수 있다.

② 다시실행 : 작업한 데이터 내역을 한 단계씩 뒤로 복구한 상태에서 다시 앞으로 되돌릴 때 사용한다. Ctrl+Y 단축키를 사용하여 실행할 수 있다.

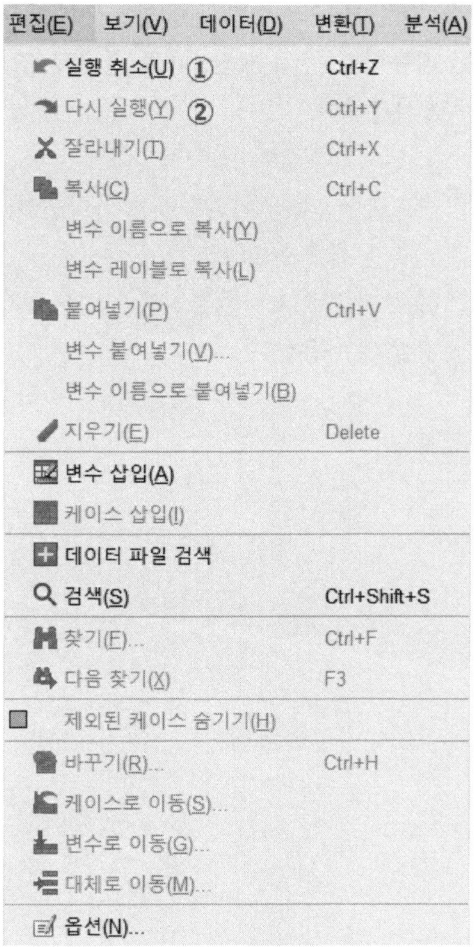

[그림 2.5] 편집(E) 메뉴

■ 변환(T)

기존 데이터를 합산하거나 분류할 때 사용하는 메뉴이다. 변수계산, 다른 변수로 코딩변경을 주로 사용한다.

① 변수계산 : 측정한 변수들을 사칙연산(+, −, ×, ÷)을 통해 조합할 때 사용한다.
② 다른 변수로 코딩변경 : 기존 변수들의 값을 변경할 때 사용한다.

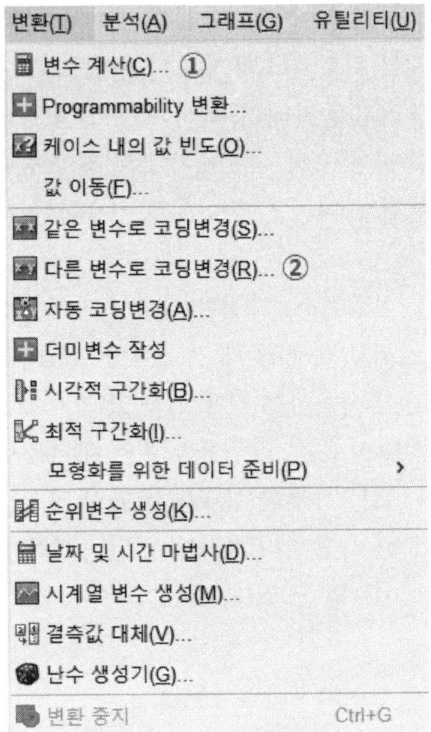

[그림 2.6] 변환(T) 메뉴

■ 분석(A)

통계분석을 실행할 때 사용하는 메뉴이다. 기술통계량, 평균비교, 일반선형모형, 상관분석, 회귀분석, 차원축소, 척도분석, 다중응답을 주로 사용한다.

① 기술통계량 : 빈도분석, 기술통계, 교차분석을 할 때 사용한다.
② 평균 비교 : 대응표본 t-test, 독립표본 t-test, 일원배치 분산분석(one-way-ANOVA)을 할 때 사용한다.
③ 일반선형모형 : 일변량 분산분석(two-way-ANOVA)을 할 때 사용한다.
④ 상관분석 : 상관관계 분석을 할 때 사용한다.
⑤ 회귀분석 : 단순회귀분석, 다중회귀분석, 위계적 회귀분석, 조절회귀분석, 매개회귀분석, 로지스틱 회귀분석을 할 때 사용한다.
⑥ 차원축소 : 탐색적 요인분석을 할 때 사용한다.
⑦ 척도분석 : 신뢰도 분석을 할 때 사용한다.
⑧ 다중응답 : 중복응답에 대한 빈도분석 및 교차분석을 할 때 사용한다.

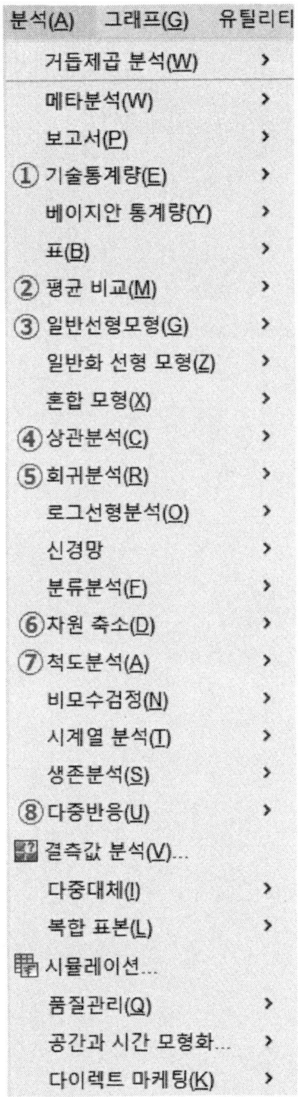

[그림 2.7] 분석(A) 메뉴

Chapter 03

코딩과 데이터 다루기

학습목표

☞ 설문조사를 시행하여 수집한 데이터를 SPSS Statistics에 코딩하고 변환하는 방법을 이해한다.

논문통계분석을 위해 연구자가 설문조사를 진행하였다면 SPSS Statistics 프로그램에 입력한 후 통계분석을 실시해야 한다. 이때 컴퓨터가 설문지에 맞게 글자와 숫자를 제대로 인식할 수 있게 만들어야하는데 이러한 과정을 데이터 코딩(coding)이라고 한다. 데이터 코딩의 경우 어렵지 않으므로 한번만 실습을 진행해 본다면 누구나 쉽게 코딩을 진행할 수 있다. 아래에 제시한 설문지를 예를 들어 코딩 실습을 진행해 보자.

[설문지]

• 다음 질문들을 읽고 해당하는 곳에 체크하세요.

1. 귀하의 성별은 ? ① 남자 ② 여자

2. 귀하의 연령은 ? (   )세

3. 귀하의 직급은?
① 사원 ② 대리 ③ 과장 ④ 차장 ⑤ 부장 ⑥ 부장 이상

4. 귀하의 고용형태는?
① 인턴 ② 계약직 ③ 정규직

5. 다음은 직무만족에 관한 문항입니다. 각 항목별로 해당하는 곳에 체크해주세요.

항 목	전혀 동의하지 않는다 보통이다 매우 동의한다
1) 나는 내가 하는 일에 만족한다.	1 ----- 2 ----- 3 ----- 4 ----- 5
2) 나는 동료들과 원만한 관계를 유지하고 있다.	1 ----- 2 ----- 3 ----- 4 ----- 5
3) 내가 맡은 직무에 적정한 보상이 주어진다.	1 ----- 2 ----- 3 ----- 4 ----- 5

1. 데이터의 코딩

[그림 3.1]은 SPSS Statistics를 실행했을 때 화면이다. ① 데이터 보기는 데이터 수치를 입력하는 창이다. ② 변수 보기는 변수명과 보기 값을 입력해주는 창이다.

1 초기화면에서 ② 변수 보기(V)를 클릭한다.

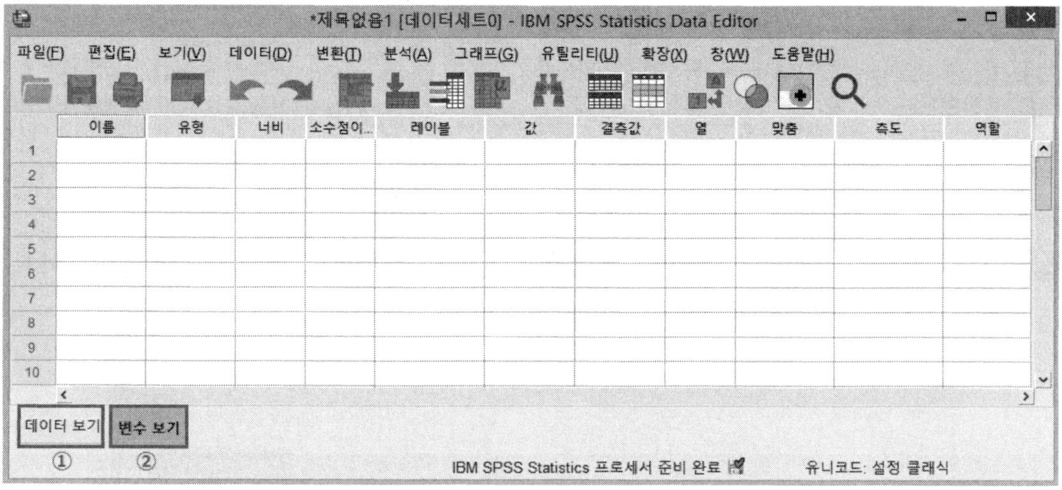

[그림 3.1] SPSS Statistics 초기화면

2 변수 보기를 클릭한 후 ①처럼 설문지의 변수명을 이름에 입력한다.

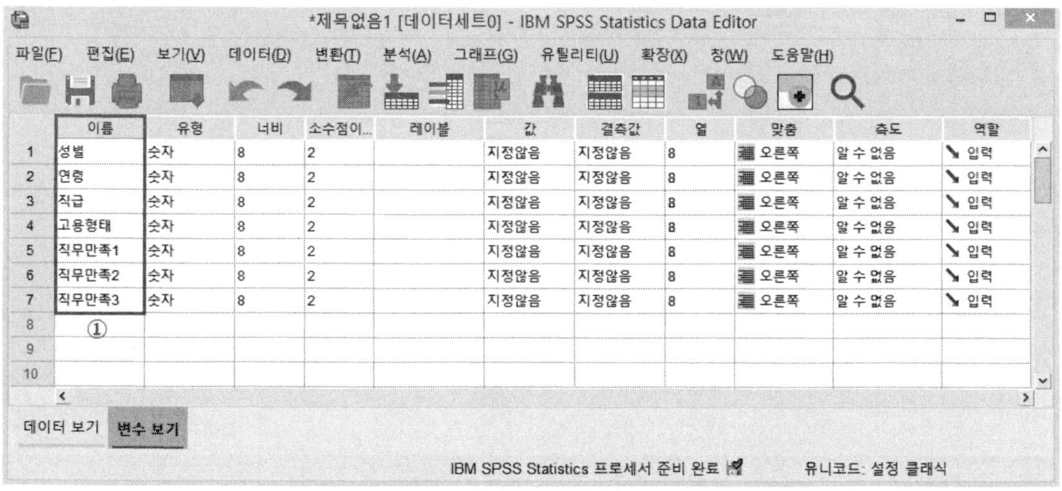

[그림 3.2] 이름에 변수명 입력하기

- 이름 변수명을 입력할 때 특수문자와 띄어쓰기는 사용할 수 없음. 밑줄(_)은 사용 가능함.
- 숫자로 시작할 수 없고 영문 또는 한글로 시작해야 함.

3 성별의 값 부분을 클릭 후 ① 네모난 박스를 클릭한다.

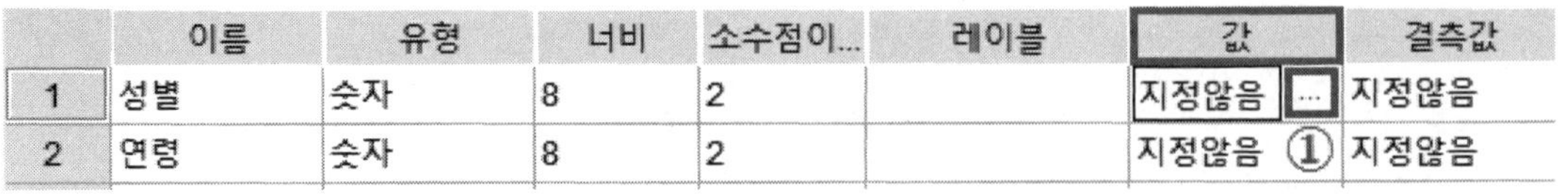

[그림 3.3] 값 입력하기

4 ① 성별에 관한 설문지 숫자 입력, ② 숫자에 대한 보기 입력, ③ 추가 버튼을 클릭하여 나머지 설문 보기 내용을 입력하고 확인을 클릭한다.

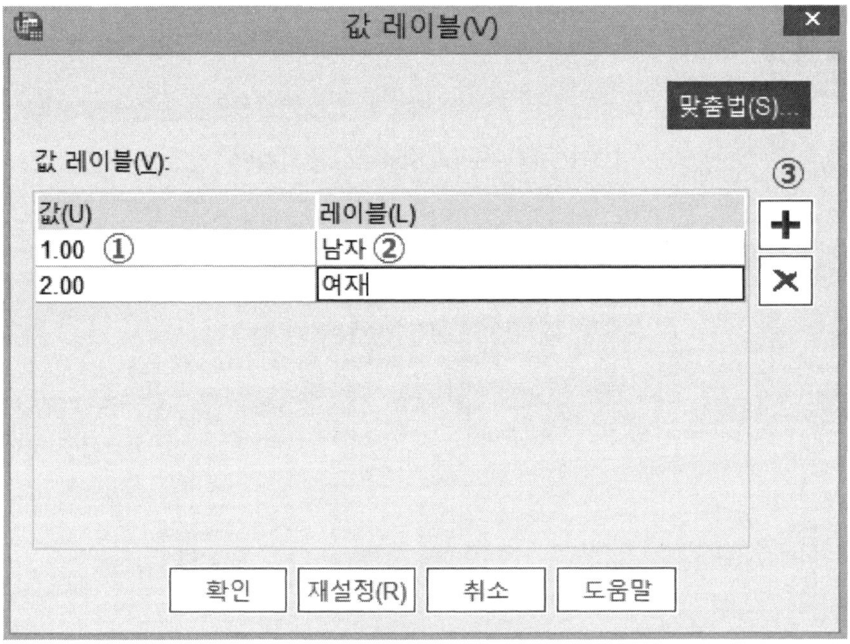

[그림 3.4] 값 설정

5 설문지의 모든 변수들을 설문지 보기 번호와 동일하게 값을 입력한다. 연령의 경우 비율척도로 보기가 없으므로 값 설정을 따로 하지 않는다.

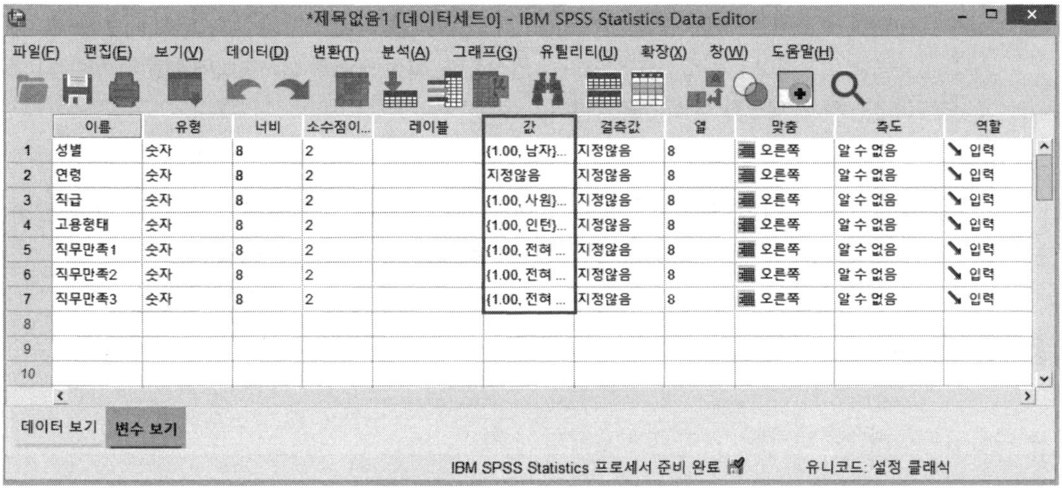

[그림 3.5] 모든 변수들 값 설정

6 측도를 설정한다. ①의 경우 명목척도, ②의 경우 순서척도, ③의 경우 연속형 척도(등간척도, 비율척도)다. 성별, 연령, 직급, 고용형태는 명목척도, 직무만족의 경우 척도로 설정한다.

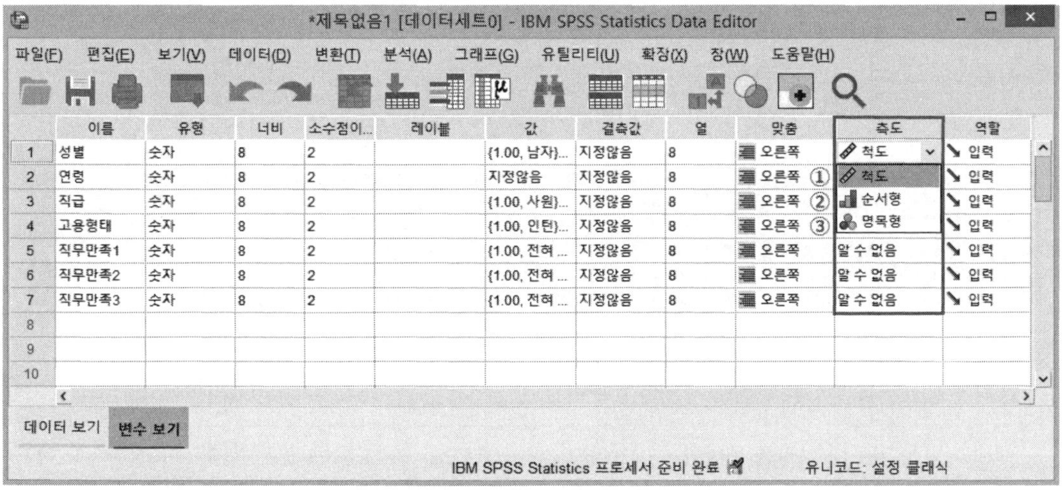

[그림 3.6] 측도 설정

변수 보기에서 이름, 값, 측도 정도만 설정하면 된다. 이외에 세팅 값들은 통계분석에 특별히 영향을 주지 않는다.

만약에 조사한 설문지에 항목이 한 개라도 체크되지 않은 부분이 있다면 결측값을 설정해야 한다. 최근 구글과 네이버 등 포털 사이트 플랫폼을 활용하여 무료로 온라인 설문조사를 실시할 수 있다. 이때 항목이 한 개라도 체크되지 않으면 제출되지 않게 설정할 수 있으며, 로우데이터를 엑셀파일 형식으로 다운받을 수 있어 매우 편리하다. 결측값이 많으면 분석결과에 영향을 줄 수 있기 때문에 이러한 무료 플랫폼을 이용하여 설문조사를 실시하길 권장한다. 직접 조사를 실시한다면 설문지 회수 시 빠진 부분이 없는지 꼭 체크한 후 회수해야 한다.

코딩을 완료했다면 데이터를 입력해야 한다. 예로 제시한 설문지에 다음과 같이 응답하였다고 가정하고, 데이터를 입력해보자. 데이터의 경우 가로 순서대로 입력하면 된다.

[응답한 설문지]

• 다음 질문들을 읽고 해당하는 곳에 체크하세요.

1. 귀하의 성별은 ? ①남자 ② 여자

2. 귀하의 연령은 ? (29)세

3. 귀하의 직급은?
① 사원 ②대리 ③ 과장 ④ 차장 ⑤ 부장 ⑥ 부장 이상

4. 귀하의 고용형태는?
① 인턴 ② 계약직 ③정규직

5. 다음은 직무만족에 관한 문항입니다. 각 항목별로 해당하는 곳에 체크해주세요.

항 목	전혀 동의하지 않는다 · 보통이다 · 매우 동의한다
1) 나는 내가 하는 일에 만족한다.	1 ----- 2 ----- 3 ----- 4 ----- 5
2) 나는 동료들과 원만한 관계를 유지하고 있다.	1 ----- 2 ----- 3 ----- 4 ----- 5
3) 내가 맡은 직무에 적정한 보상이 주어진다.	1 ----- 2 ----- 3 ----- 4 ----- 5

7 ① 데이터 보기를 클릭, ② 설문지에 작성된 번호를 가로 순서대로 입력해준다.

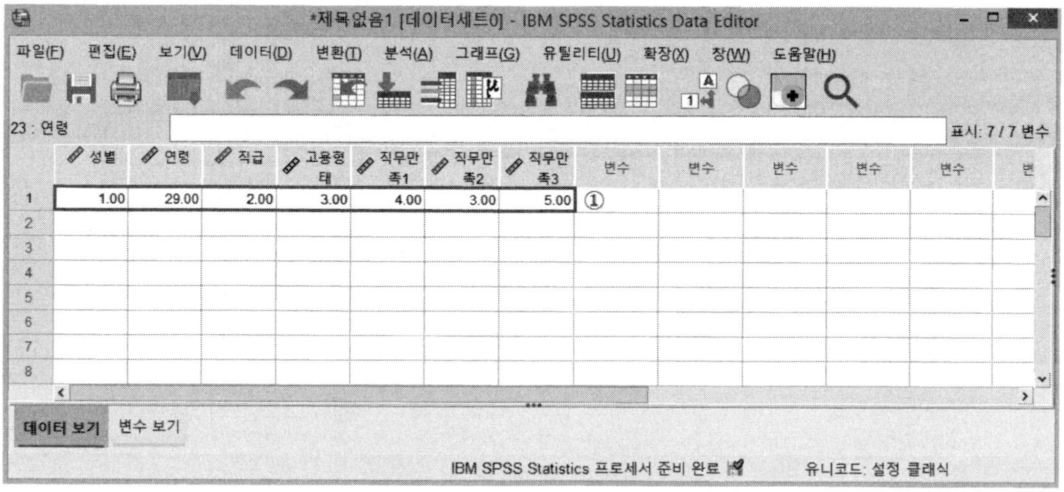

[그림 3.7] 데이터 입력하기

■ Excel을 활용하여 데이터 코딩하기

데이터 코딩은 SPSS Statistics 프로그램에 직접 입력하는 방법 외에 엑셀을 활용하여 진행하는 방법도 있다. **[그림 3.8]**처럼 엑셀 첫 번째 행에 변수명을 입력하고 데이터 수치를 입력한다.

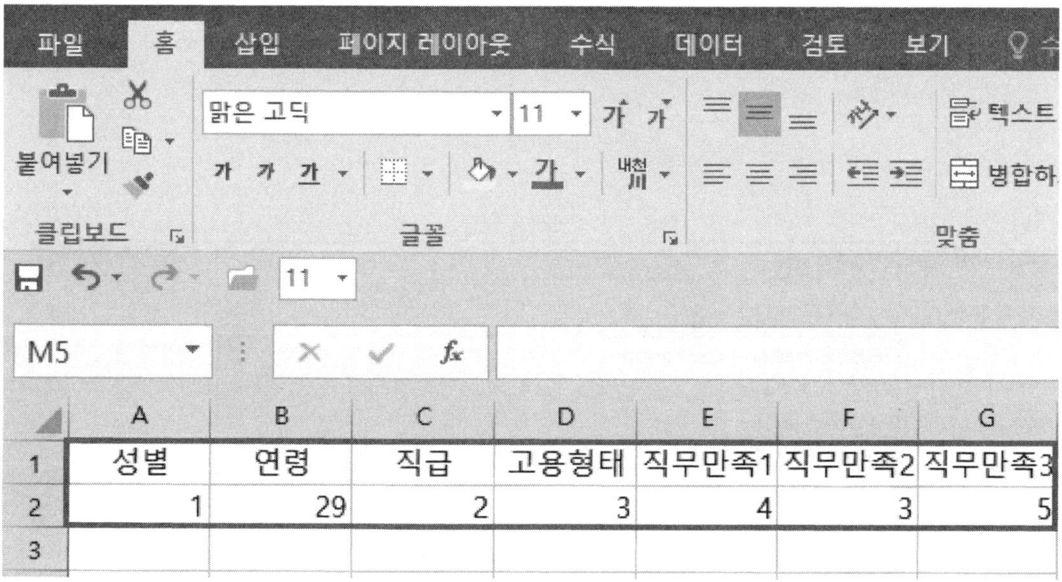

[그림 3.8] Excel을 활용하여 데이터 코딩하기

1 SPSS Statistics 실행 후 열기 → 데이터를 클릭한다.

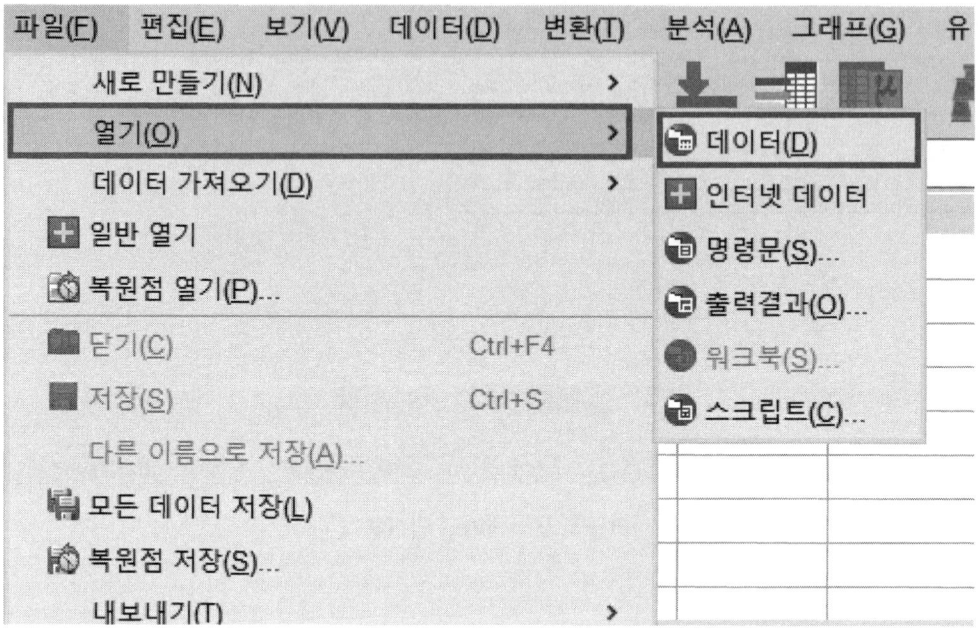

[그림 3.9]

2 파일유형을 Excel로 설정 → 데이터가 입력되어 있는 엑셀파일을 선택 후 열기를 클릭한다.

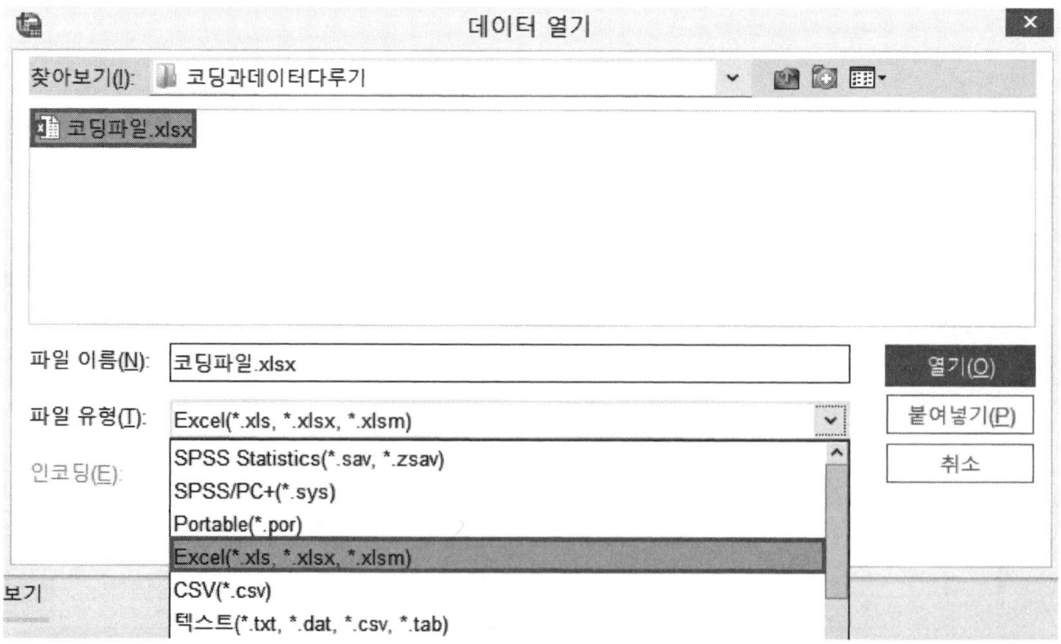

[그림 3.10]

3 확인을 클릭한다.

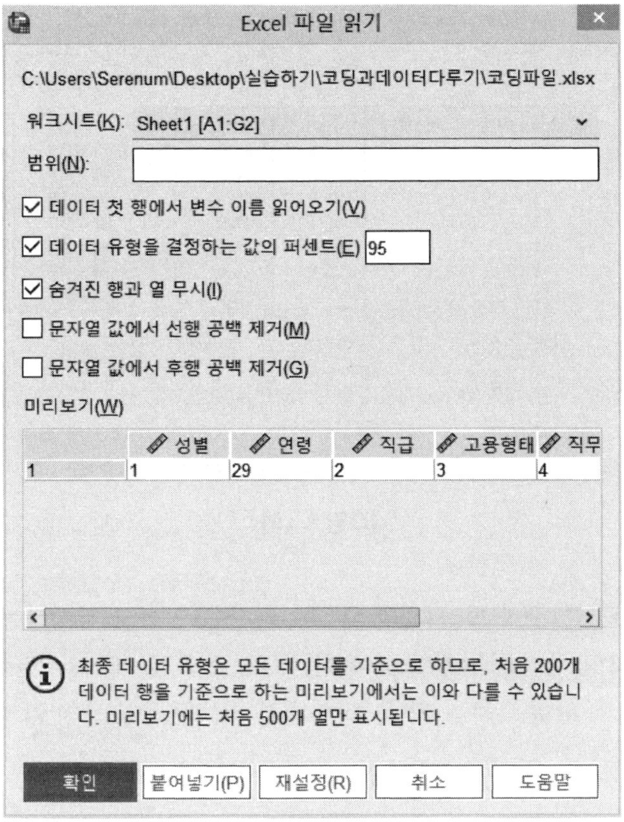

[그림 3.11]

4 엑셀에서 입력해 놓은 변수명과 수치가 데이터 보기로 불러와진다.

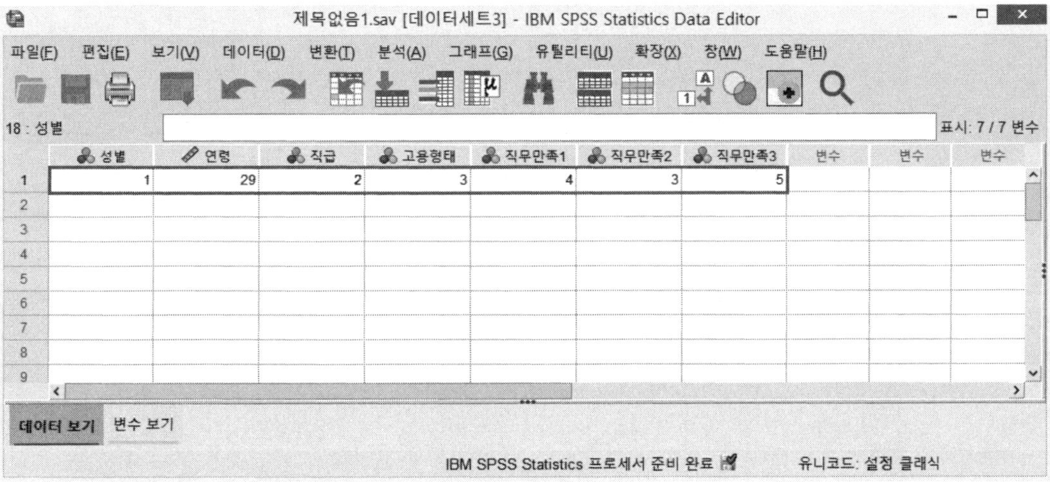

[그림 3.12]

5 변수 보기로 들어가 값과 측도값을 설정해준다.

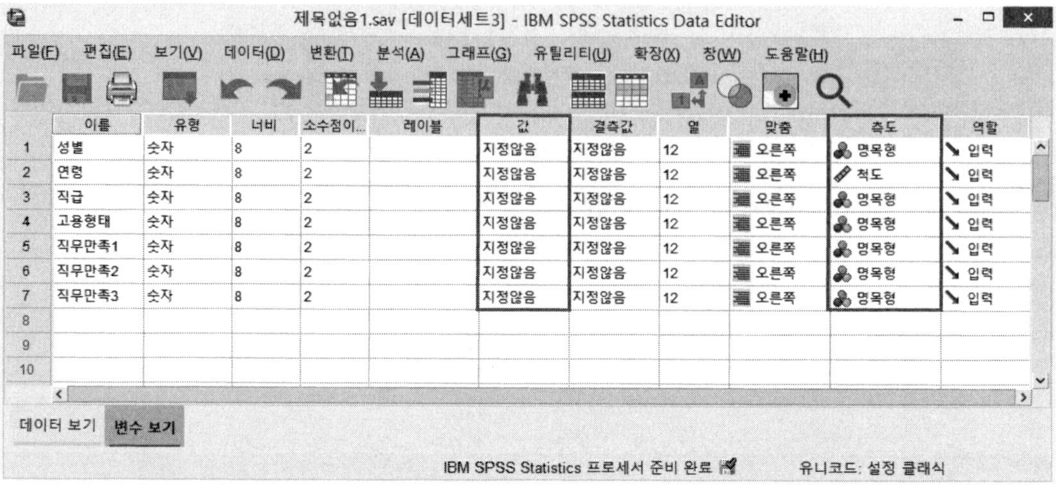

[그림 3.13]

SPSS Statistics 프로그램과 Excel을 통해 데이터를 코딩하고 입력하는 방법에 대해 알아보았다. 변수 보기 코딩 작업을 진행할 때 유형, 너비, 소수점, 레이블, 결측값, 열, 맞춤, 역할의 경우 기본 값으로 두고 분석하면 된다. 이에 대한 기능은 중요하지 않지만 참고할 수 있도록 하나씩 살펴보자.

유형

유형의 경우 입력하는 데이터의 형태를 설정하는 기능이다. 콤마, 점, 지수표기, 날짜, 달러, 사용자 정의 통화, 문자, 제한된 숫자로 설정할 수 있다. 그러나 유형은 설문조사의 응답이 모두 숫자이기 때문에 대부분 숫자를 사용한다.

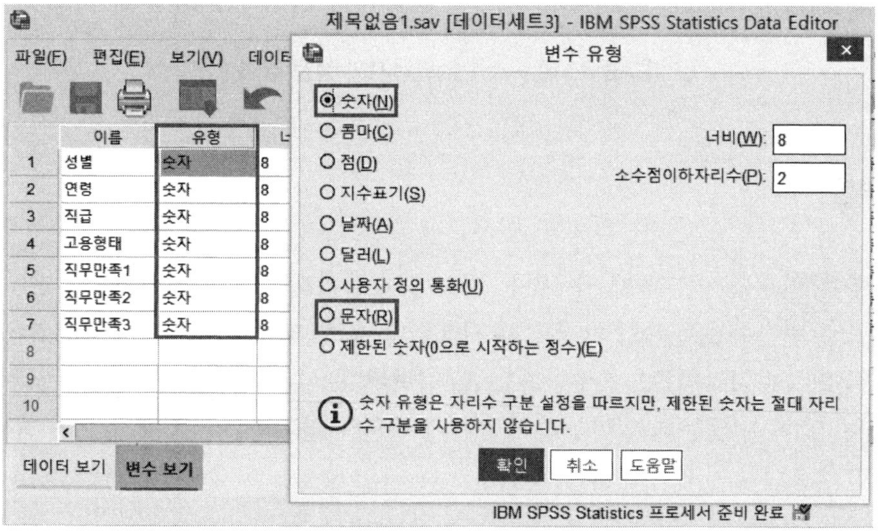

[그림 3.14] 유형

너비와 소수점이하자리

너비는 문자 수 또는 숫자 수를 말한다. 소수점 이하 자리는 숫자를 입력할 때 소수점 이하 몇 자리까지 표시할 것인지를 설정할 수 있다.

[그림 3.15] 너비와 소수점이하자리

[그림 3.15]처럼 성별의 소수점이하자리를 0으로 변경했다면 **[그림 3.16]**처럼 소수점 없이 숫자가 입력된다.

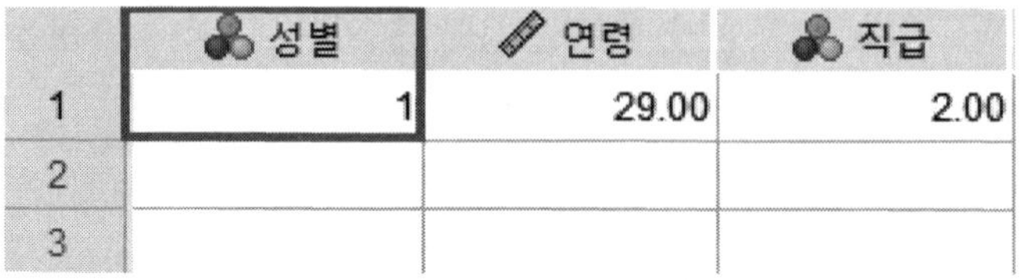

[그림 3.16] 소수점이하자리 설정 결과

■ 레이블

레이블은 변수를 설명할 때 사용하는 기능이다. 한마디로 메모하는 기능이다. 레이블은 변수명만으로 변수를 표현하기 어려울 때 사용한다. **[그림 3.10]**처럼 직무만족의 3개의 측정항목을 직무만족1, 직무만족2, 직무만족3으로 입력했다. 이때 직무만족1, 2, 3의 질문이 정확히 무엇인지 알 수가 없는데 레이블에 설문지에 사용한 질문들을 작성해 놓으면 직무만족1, 2, 3이 어떤 내용인지 자세히 확인할 수 있다.

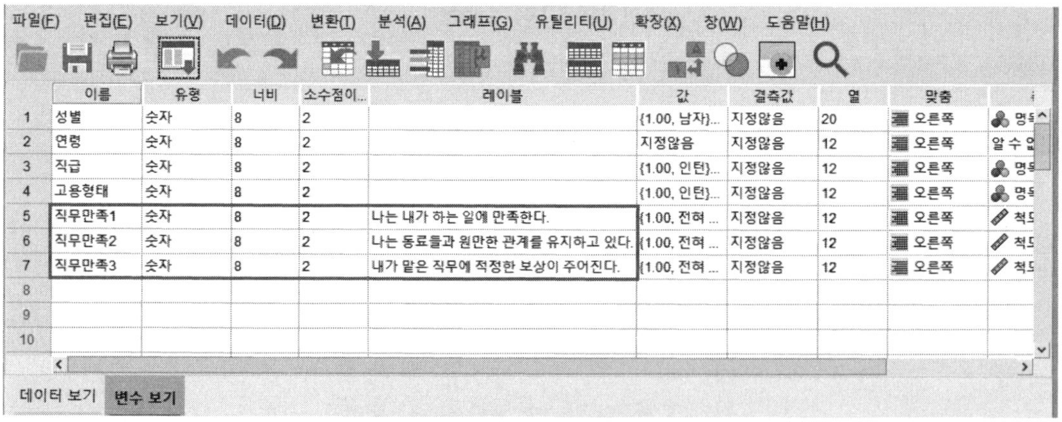

[그림 3.17] 레이블

■ 결측값

결측값의 경우 질문에 응답하지 않거나 보기에 없는 답을 입력한 경우, 또는 다중응답이 아닌데 중복으로 응답한 경우 등 설문에 참여한 응답자가 실수한 항목을 처리하는 기능이다. 결측값의 경우 해당 질문에 대한 답변을 입력하지 않고 빈칸으로 비워두거나 특정한 값을 결측값에 입력해 처리하는 두 가지 방법이 있다. 빈칸으로 비워두는 방식은 바람직한 방법이 아니며, 특정 값으로 결측값을 처리하는 방법이 올바른 방법이다.

	성별	연령	직급	고용형태	직무만족1	직무만족2	직무만족3
1	1.00	21.00	2.00	3.00	2.00	2.00	5.00
2	1.00	① .	3.00	2.00	4.00	4.00	5.00
3	2.00	34.00	3.00	2.00	4.00	② .	5.00
4	2.00	31.00	1.00	2.00	5.00	5.00	③ 9.00

[그림 3.18] 결측값 보기

[그림 3.18]의 경우 ①, ② 답을 입력하지 않았다. ③은 1점부터 5점까지 있는 리커트 5점 척도이다. 보기가 1번부터 5번까지 밖에 없는 9번을 잘못 입력했다. 이럴 경우 결측값 처리를 진행 후 분석해야 한다.

1 변수 보기(V)에서 결측값을 입력하기 위해 **[그림 3.19]**처럼 ①을 클릭한다.

	이름	유형	너비	소수점이...	레이블	값	결측값
1	성별	숫자	8	2		{1.00, 남자}...	지정않음 ①
2	연령	숫자	8	2		지정않음	지정않음 ...
3	직급	숫자	8	2		{1.00, 인턴}...	지정않음

[그림 3.19] 결측값 입력하기

2 결측값 대화상자가 나오면 이산형 결측값에 특정 값을 입력한다. 연령은 두 자리수 응답이고, 직무만족은 한자리 수 응답이다(예 : 연령 20세, 직무만족 1점에서 5점 중 선택). 따라서 연령은 결측값을 두 자리수로 입력하고 직무만족은 한 자리수로 입력한다. **[그림 3.20]**처럼 이산형 결측값을 클릭한 후 연령은 '99'를 입력하고, 직무만족은 '9'를 입력한다.

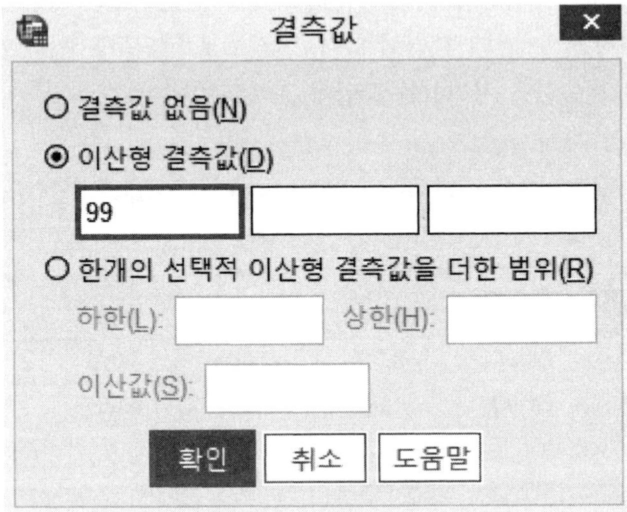

[그림 3.20] 결측값 대화상자

결측값이 있다면 이러한 방식으로 모든 결측값을 설정한 후 분석을 진행한다.

	이름	유형	너비	소수점이...	레이블	값	결측값
1	성별	숫자	8	2		{1.00, 남자}...	지정않음
2	연령	숫자	8	2		지정않음	99.00
3	직급	숫자	8	2		{1.00, 인턴}...	지정않음
4	고용형태	숫자	8	2		{1.00, 인턴}...	지정않음
5	직무만족1	숫자	8	2	나는 내가 하는 일에 만족한다.	{1.00, 전혀 ...	지정않음
6	직무만족2	숫자	8	2	나는 동료들과 원만한 관계를 유지하고 있다.	{1.00, 전혀 ...	9.00
7	직무만족3	숫자	8	2	내가 맡은 직무에 적정한 보상이 주어진다.	{1.00, 전혀 ...	지정않음
8							

[그림 3.21] 결측값 설정

■ 열

열의 경우 데이터 입력 cell의 가로 공간을 넓혀주는 기능이다. 기본 8로 설정되어 있으며 이를 더 넓히고 싶으면 숫자를 높여주면 된다.

	이름	유형	너비	소수점이...	레이블	값	결측값	열
1	성별	숫자	8	0		{1, 남자}...	지정않음	20
2	연령	숫자	8	2		지정않음	99.00	12
3	직급	숫자	8	2		{1.00, 사원}...	지정않음	12
4	고용형태	숫자	8	2		{1.00, 인턴}...	지정않음	12
5	직무만족1	숫자	8	2	나는 내가 하는 일에 만족한다.	{1.00, 전혀 ...	지정않음	12
6	직무만족2	숫자	8	2	나는 동료들과 원만한 관계를 유지하고 있다.	{1.00, 전혀 ...	9.00	12
7	직무만족3	숫자	8	2	내가 맡은 직무에 적정한 보상이 주어진다.	{1.00, 전혀 ...	지정않음	12

[그림 3.22] 열 설정

열의 숫자로 높여주면 **[그림 3.23]**처럼 성별의 열이 넓어진 것을 확인할 수 있다.

	성별	연령	직급	고용형태	직무만족1	직무만족2	직무만족3
1	1.00	21.00	2.00	3.00	2.00	2.00	5.00
2	1.00	99.00	3.00	2.00	4.00	4.00	5.00
3	2.00	34.00	3.00	2.00	4.00	9.00	5.00
4	2.00	31.00	1.00	2.00	5.00	5.00	9.00

[그림 3.23] 열 설정 결과

■ 맞춤

맞춤의 경우 데이터를 입력하는 cell의 정렬을 설정하는 기능이다. 숫자는 기본 오른쪽, 문자의 경우 기본 왼쪽으로 설정되어 있다.

	이름	유형	너비	소수점이...	레이블	값	결측값	열	맞춤
1	성별	숫자	8	2		{1.00, 남자}...	지정않음	12	가운데
2	연령	숫자	8	2		지정않음	99.00	12	오른쪽
3	직급	숫자	8	2		{1.00, 인턴}...	지정않음	12	오른쪽
4	고용형태	숫자	8	2		{1.00, 인턴}...	지정않음	12	오른쪽
5	직무만족1	숫자	8	2	나는 내가 하는 일에 만족한다.	{1.00, 전혀 ...	지정않음	12	오른쪽
6	직무만족2	숫자	8	2	나는 동료들과 원만한 관계를 유지하고 있다.	{1.00, 전혀 ...	9.00	12	오른쪽
7	직무만족3	숫자	8	2	내가 맡은 직무에 적정한 보상이 주어진다.	{1.00, 전혀 ...	지정않음	12	오른쪽

[그림 3.24] 맞춤 설정

맞춤을 가운데로 설정하면 cell이 가운데로 정렬된다.

	성별	연령	직급	고용형태	직무만족1	직무만족2	직무만족3
1	1.00	21.00	2.00	3.00	2.00	2.00	5.00
2	1.00	99.00	3.00	2.00	4.00	4.00	5.00
3	2.00	34.00	3.00	2.00	4.00	9.00	5.00
4	2.00	31.00	1.00	2.00	5.00	5.00	9.00

[그림 3.25] 맞춤 설정 결과

2. 코딩 변경하기

역코딩 변경하기

설문조사를 실시하다 보면 역코딩 문항으로 조사를 진행하는 경우가 있다. 역코딩은 설문에 참여한 응답자가 설문에 제대로 응답하고 있는지 확인하기 위해 질문의 내용을 반대로 물어보는 것을 말한다. 다음과 같이 직무만족에 관한 질문이 있다고 가정해 보자.

[직무만족]

1) 나는 내가 하는 일에 만족한다.
2) 나는 동료들과 원만한 관계를 유지하고 있다.
3) 내가 맡은 직무에 적정한 보상이 주어진다.

세 개의 질문이 있다. 응답의 신뢰도를 확인하기 가운데 2번 긍정적인 질문을 일부로 부정적인 질문으로 변경하여 역문항으로 바꿔본다면 다음과 같다.

[직무만족 역코딩]

1) 나는 내가 하는 일에 만족한다.
2) 나는 동료들과 원만한 관계를 유지하고 있지 않다.
3) 내가 맡은 직무에 적정한 보상이 주어진다.

이러한 질문을 통해 설문조사를 실시했다면 역문항 답변을 다시 반대로 변경해야 한다. 직무만족이 높은 사람이라면 1번과 2번을 선택했을 것이고, 직무만족이 낮은 사람은 4번과 5

번을 선택했을 것이다. 따라서 1번과 2번을 5점과 4점으로 변경하고, 4점과 5점을 2점과 1점으로 변경한 후 분석을 진행해야 한다. 리커트 5점 척도를 사용했을 경우 3점은 보통이기 때문에 변경할 필요가 없고, 1점, 2점, 4점, 5점만 역으로 변경해준다.

1점 → 5점
2점 → 4점
4점 → 2점
5점 → 1점

1 변환 → 다른 변수로 코딩변경을 클릭한다.

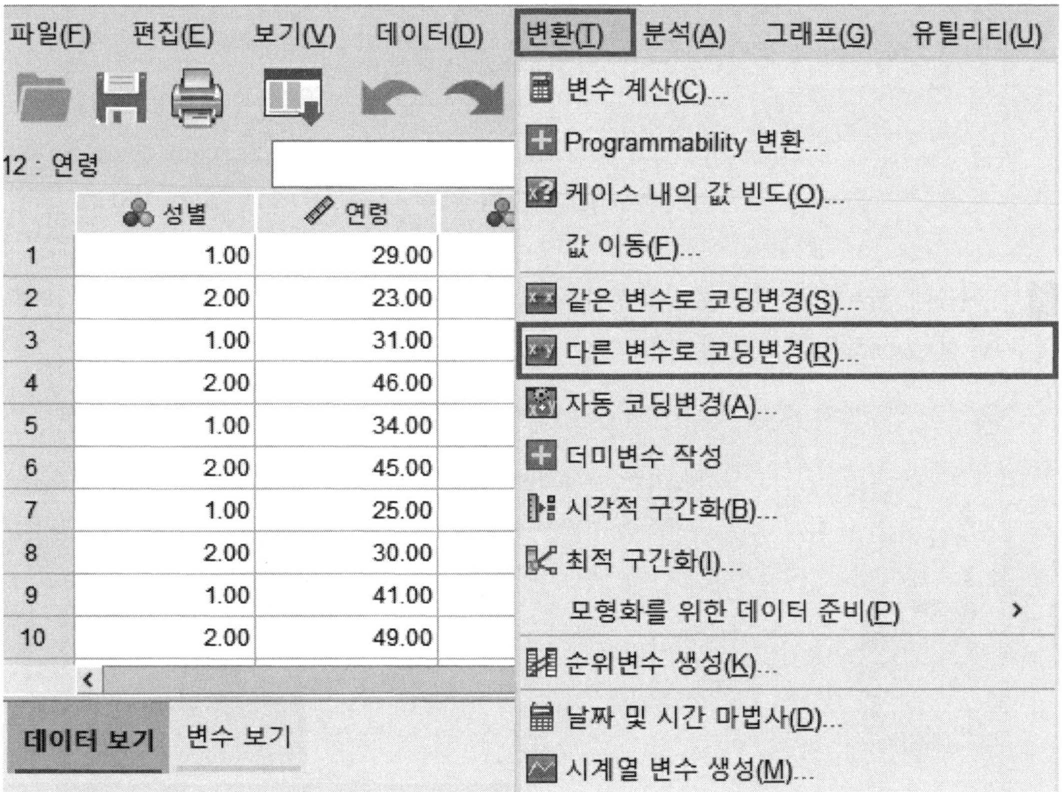

[그림 3.26]

같은 변수로 코딩변경과 다른 변수로 코딩변경의 기능은 동일하다. 차이점이 있다면 같은 변수로 코딩변경은 원본 데이터가 변경되는 것이고, 다른 변수로 코딩변경은 원본 데이터는 그대로 유지하면서 새로운 데이터가 형성된다. 통계분석을 진행할 때, 기존의 응답을 다시 확인해야하는 경우가 발생할 수 있기 때문에 기존 데이터는 유지하고 새로운 데이터를 형성하는 다른 변수로 코딩변경을 사용하길 권장한다.

2 ① 직무만족2를 클릭한 후 ② 화살표를 클릭한다.

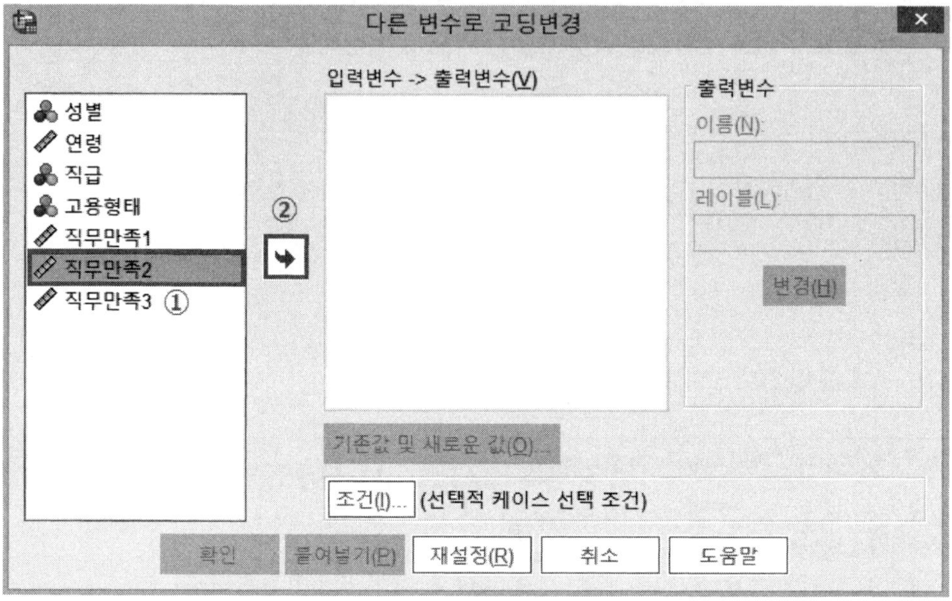

[그림 3.27]

3 ① 이름에 '직무만족2역코딩'을 작성한 후 ② 변경버튼을 클릭한다. ③ 이름을 변경한 후 기존 값 및 새로운 값을 클릭한다.

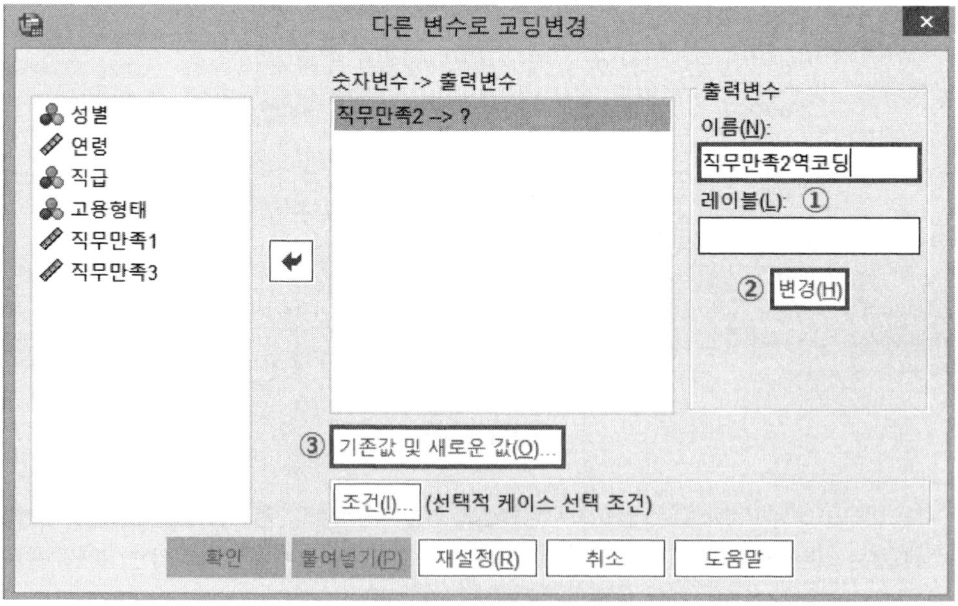

[그림 3.28]

4 ① 기존값, 값 부분에 1점(전혀 동의하지 않는다)를 입력한다. ② 새로운 값, 값 부분에 5점(매우 동의한다)을 입력한다. ③ 이후 추가 버튼을 클릭한다.

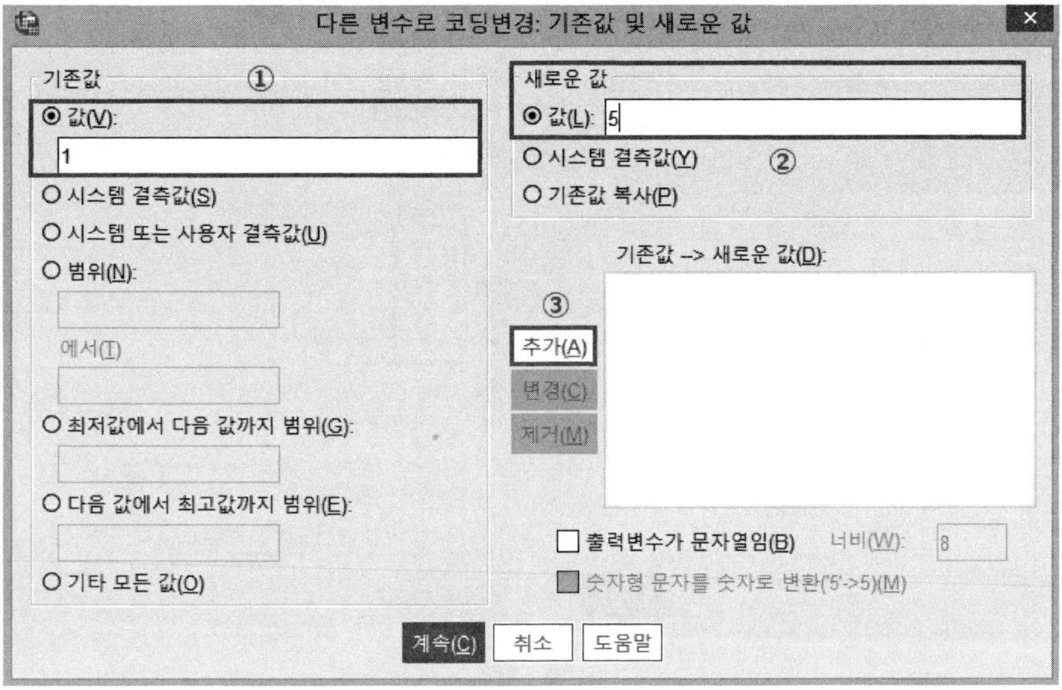

[그림 3.29]

기존값 1 → 새로운 값 5 → 추가 클릭한다.
기존값 2 → 새로운 값 4 → 추가 클릭한다.
기존값 4 → 새로운 값 2 → 추가 클릭한다.
기존값 5 → 새로운 값 1 → 추가 클릭한다.

5 모든 값을 변경했다면 계속을 클릭한다.

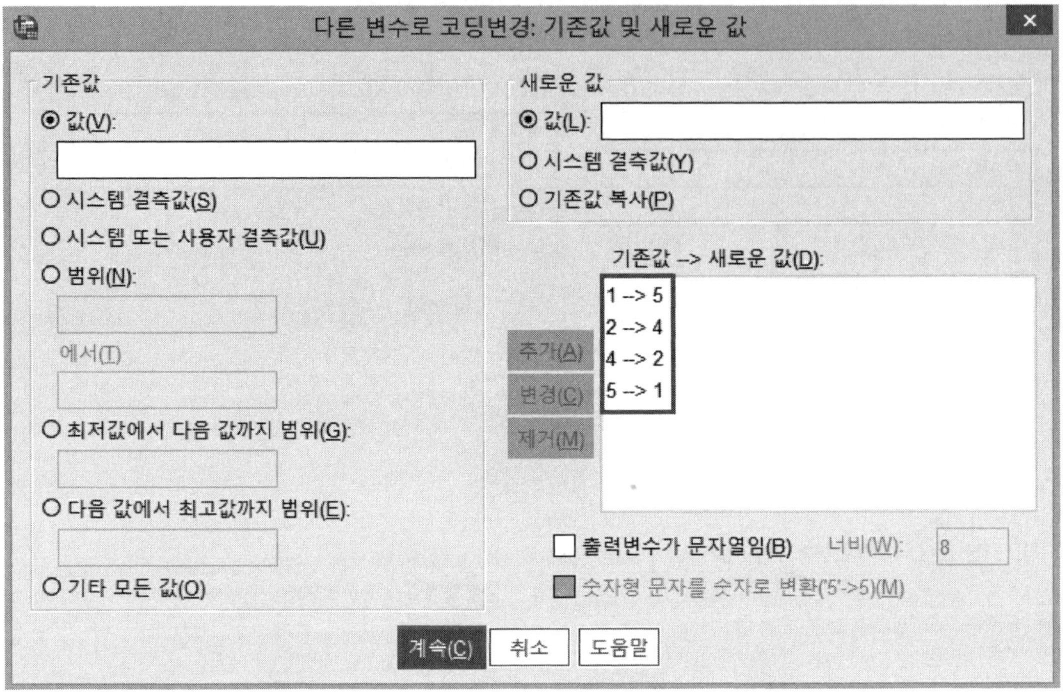

[그림 3.30]

만약 변경해야 할 변수가 많다면 **[그림 3.27]**에 모두 넣고 이름을 변경해준다. 이후 **[그림 3.30]** 왼쪽 하단에 기타 모든 값을 클릭한 후 계속을 클릭하면 한 번에 변경할 수 있다.

6 다른 변수로 코딩변경 창이 다시 나오면 왼쪽하단 확인을 클릭한다.

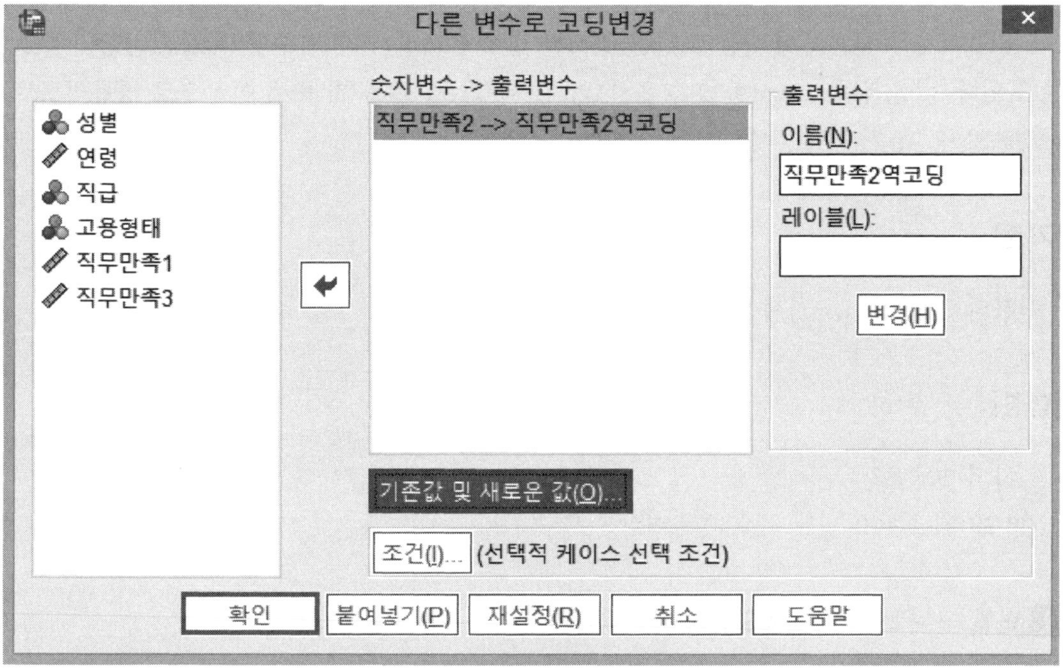

[그림 3.31]

7 **[그림 3.32]**처럼 기존 '직무만족2'의 경우 데이터 값을 그대로 유지하고 있으며, 오른쪽 끝 부분에 새로운 '직무만족2역코딩'이 새롭게 형성된 것을 확인할 수 있다.

	직무만족1	직무만족2	직무만족3	직무만족2역코딩
1	2.00	2.00	3.00	4.00
2	4.00	1.00	5.00	5.00
3	4.00	2.00	5.00	4.00
4	5.00	2.00	5.00	4.00
5	4.00	2.00	5.00	4.00
6	4.00	1.00	4.00	5.00
7	5.00	2.00	4.00	4.00
8	4.00	1.00	5.00	5.00
9	4.00	1.00	5.00	5.00
10	3.00	2.00	3.00	4.00

[그림 3.32]

■ 비율척도 범주형 척도로 변경하기

비율척도를 사용하여 설문 조사를 실시한 경우 분석을 위해 범주형 척도로 변경해야 할 때가 있다. 비율척도로 조사한 연령을 ① 20-29세 ② 30-39세 ③ 40세 이상으로 명목척도로 변경해보자.

[기존]

• 귀하의 연령은? (   )세

[변경]

• 귀하의 연령은?
① 20-29세 ② 30-39세 ③ 40세 이상

1 변환 → 다른 변수로 코딩변경을 클릭한다.

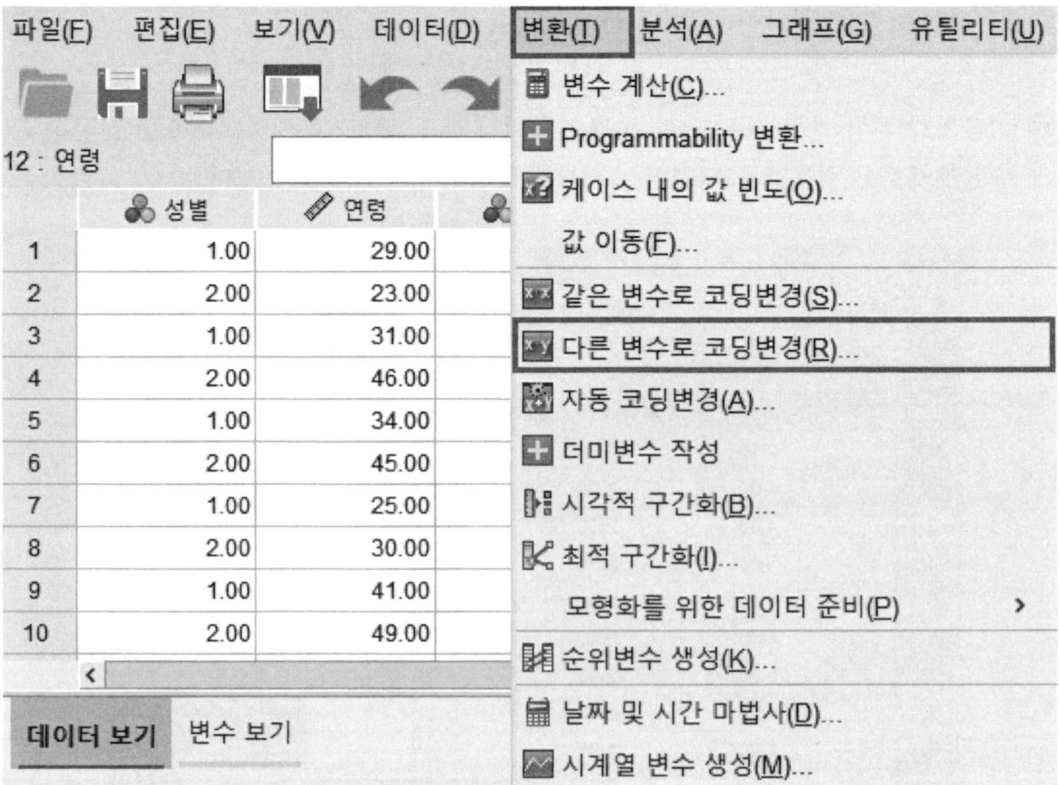

[그림 3.33]

2 ① 연령을 클릭한 후 ② 화살표를 클릭한다.

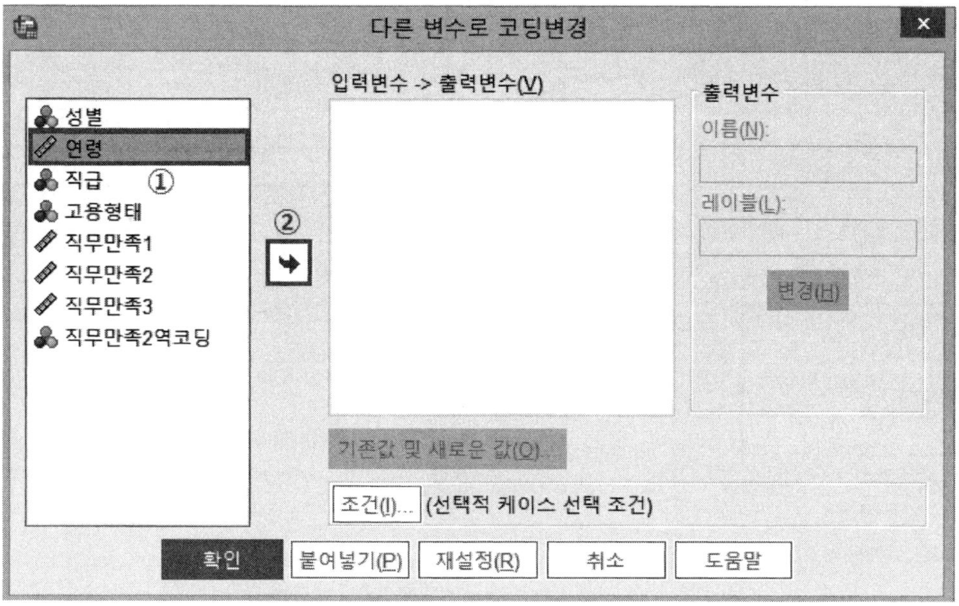

[그림 3.34]

3 ① 이름에 '연령명목척도'를 작성한 후 ② 변경버튼을 클릭한다. ③ 이름을 변경한 후 기존 값 및 새로운 값을 클릭한다.

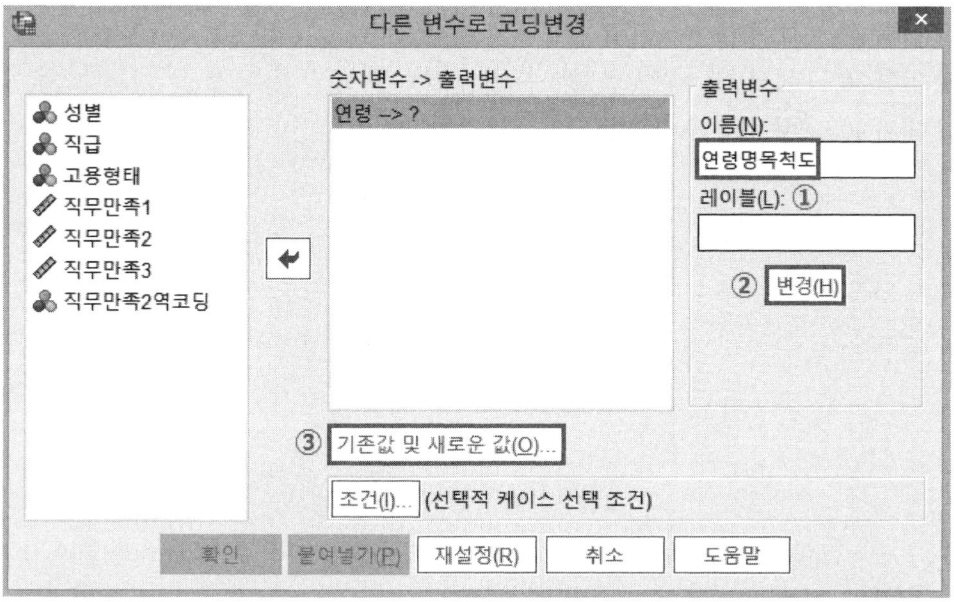

[그림 3.35]

4 ① '범위(N)' 부분에 20을 입력한 후 '에서(T)' 부분에 29를 입력한다. ② 새로운 값, 값 부분에 1을 입력한다. ③ 이후 추가 버튼을 클릭한다.

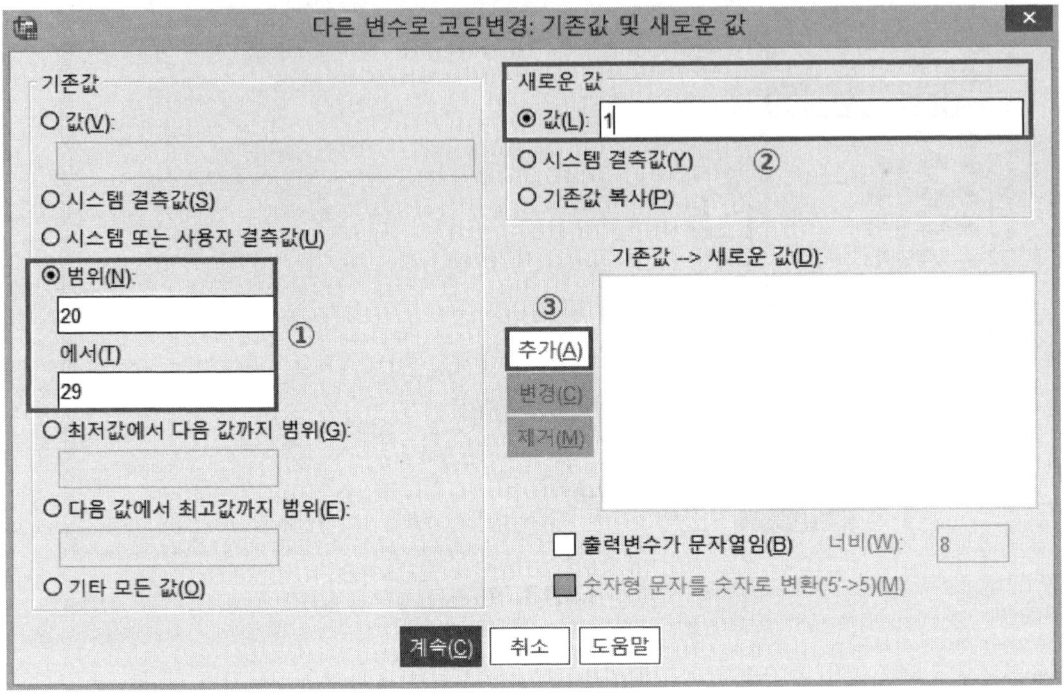

[그림 3.36]

기존값 범위 20 → 에서 29 → 새로운 값1 → 추가 클릭한다.
기존값 범위 30 → 에서 39 → 새로운 값2 → 추가 클릭한다.
기존값 범위 40 → 에서 50 → 새로운 값3 → 추가 클릭한다.

5 모든 값을 변경했다면 계속을 클릭한다.

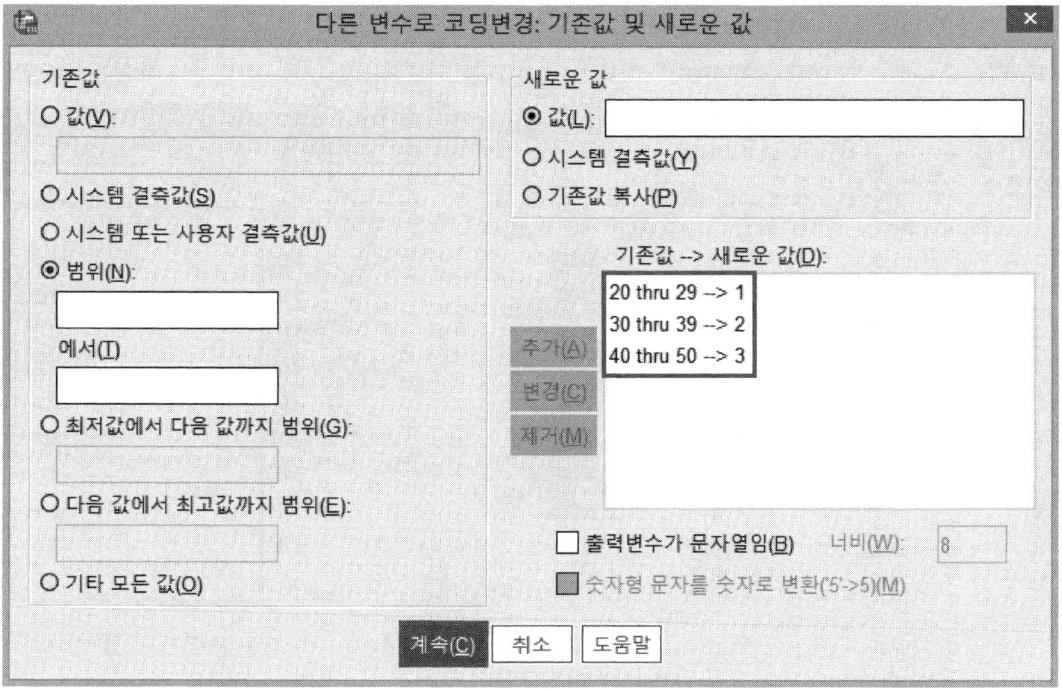

[그림 3.37]

6 다른 변수로 코딩변경 창이 다시 나오면 왼쪽하단 확인을 클릭한다.

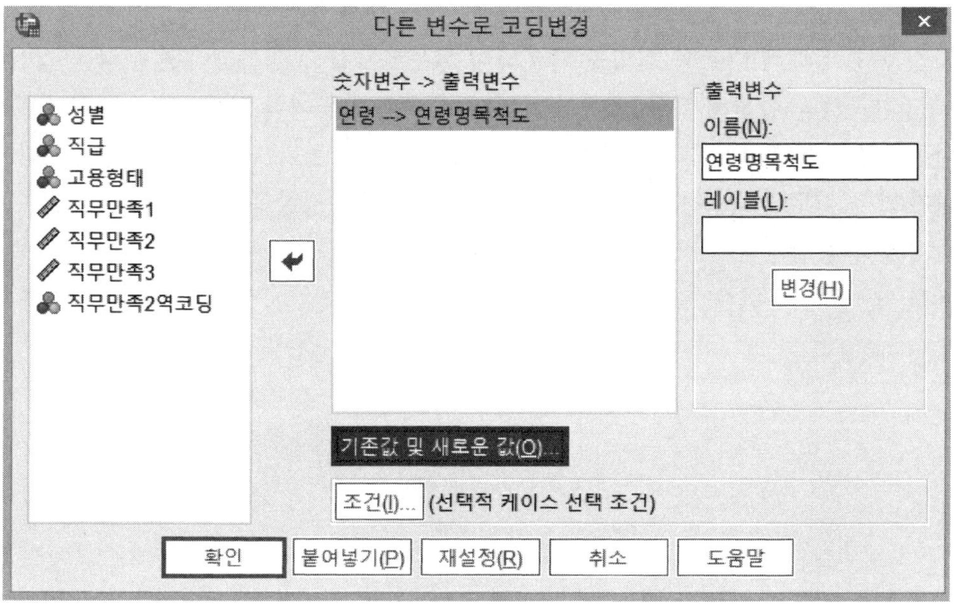

[그림 3.38]

7 **[그림 3.39]**처럼 오른쪽 끝 부분에 새로운 '연령명목척도'가 변경되어 새롭게 형성된 것을 확인할 수 있다.

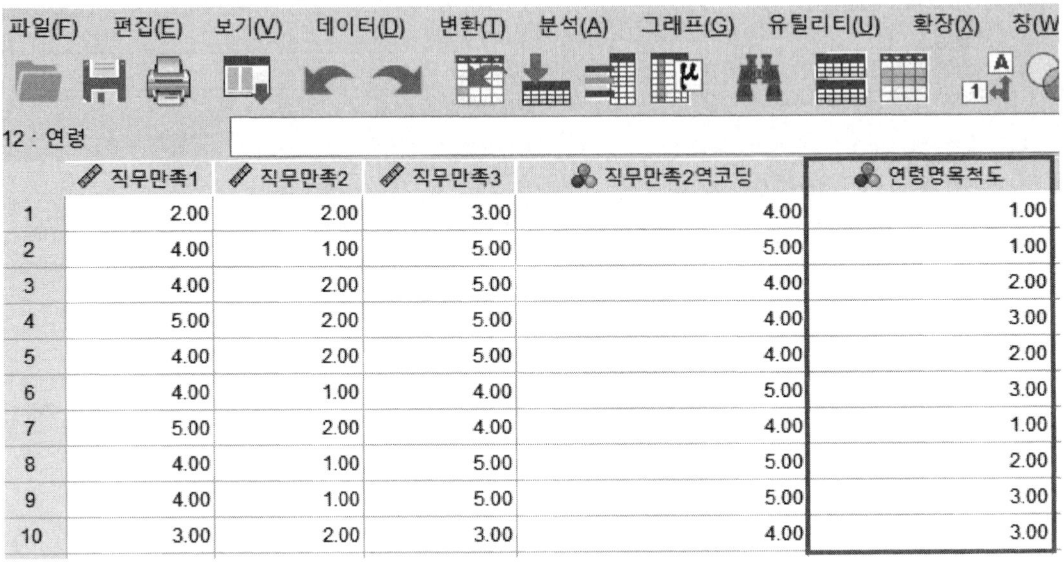

	직무만족1	직무만족2	직무만족3	직무만족2역코딩	연령명목척도
1	2.00	2.00	3.00	4.00	1.00
2	4.00	1.00	5.00	5.00	1.00
3	4.00	2.00	5.00	4.00	2.00
4	5.00	2.00	5.00	4.00	3.00
5	4.00	2.00	5.00	4.00	2.00
6	4.00	1.00	4.00	5.00	3.00
7	5.00	2.00	4.00	4.00	1.00
8	4.00	1.00	5.00	5.00	2.00
9	4.00	1.00	5.00	5.00	3.00
10	3.00	2.00	3.00	4.00	3.00

[그림 3.39]

3. 변수계산

특정 변수에 대해 다항목 척도를 사용하여 설문조사를 진행하였다면 분석을 실시하기 전에 측정항목들을 합산해 평균을 내어 하나의 변수로 만들어야 한다. 앞에서 예를 들어본 직무만족의 경우 '나는 내가 하는 일에 만족한다', '나는 동료들과 원만한 관계를 유지하고 있다', '내가 맡은 직무에 적정한 보상이 주어진다' 총 3개의 측정항목으로 구성되어 있다. 이러한 3개의 항목을 합산해야 직무만족이라는 하나의 변수가 된다. 변수를 합산하기 위해서는 변수계산 기능을 사용한다.

1 변수변환_합산.sav 파일을 실행시킨다. 이후 변환 → 변수 계산(C)을 클릭한다.

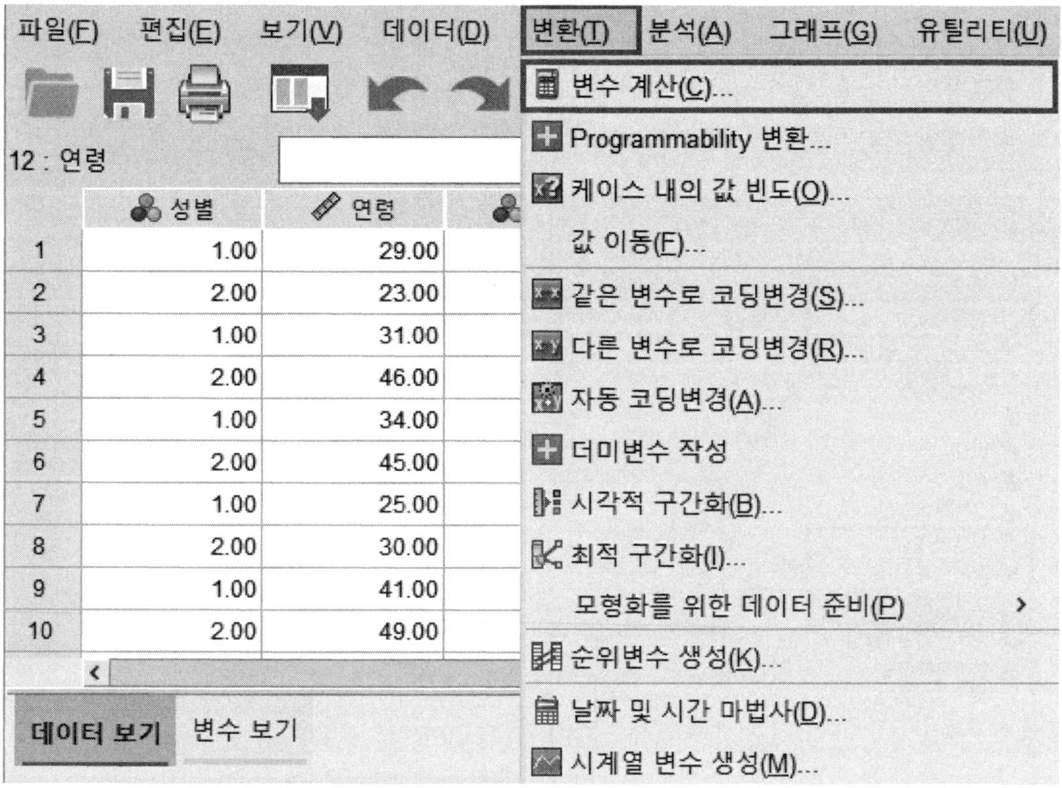

[그림 3.40]

변수를 합산해 하나의 변수로 보기 위해서는 척도의 타당성 및 신뢰도 검증을 실시해야 한다. 따라서 여기에서는 변수계산 기능의 개념과 사용법에 대해서만 알면 된다.

2 ① 목표변수(T)에 변수명을 입력한다. ② 숫자표현식(E)에 "(직무만족1 + 직무만족2 + 직무만족3)/3"을 입력한다. 이때 키보드를 사용하여 직접 입력해도 되고, 마우스를 이용하여 아래 연산자를 클릭해도 된다. 슬래시(/) 뒤에 숫자는 측정항목의 총 숫자이다. 만약 직무만족이 5개의 문항이라면 뒤에 슬래시(/)후 숫자 5를 입력하면 된다. ③ 입력이 완료되었다면 확인버튼을 클릭한다.

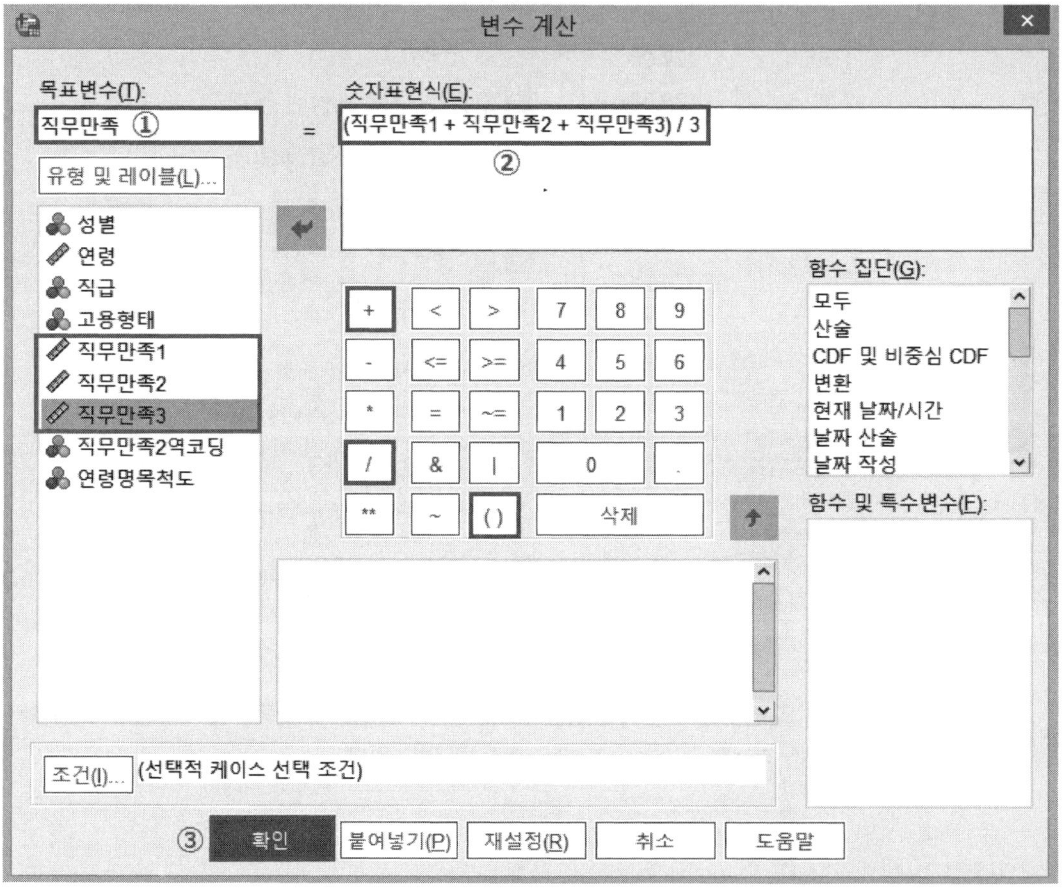

[그림 3.41]

3 데이터 보기 우측에 '직무만족'의 평균값이 새롭게 형성된 것으로 확인할 수 있다. 이 방법 외에 MEAN 함수를 사용해도 된다.

파일(F) 편집(E) 보기(V) 데이터(D) 변환(T) 분석(A) 그래프(G) 유틸리티(U) 확장(X) 창(W) 도움말(H)

12 : 연령

	직무만족1	직무만족2	직무만족3	직무만족2역코딩	연령명목척도	직무만족
1	2.00	2.00	3.00	4.00	1.00	2.33
2	4.00	1.00	5.00	5.00	1.00	3.33
3	4.00	2.00	5.00	4.00	2.00	3.67
4	5.00	2.00	5.00	4.00	3.00	4.00
5	4.00	2.00	5.00	4.00	2.00	3.67
6	4.00	1.00	4.00	5.00	3.00	3.00
7	5.00	2.00	4.00	4.00	1.00	3.67
8	4.00	1.00	5.00	5.00	2.00	3.33
9	4.00	1.00	5.00	5.00	3.00	3.33
10	3.00	2.00	3.00	4.00	3.00	2.67

[그림 3.42] 변수 계산 결과

4 ① 목표변수(T)에 변수명을 입력한다. ② 통계를 클릭한다. ③ Mean을 더블클릭한다. ④ 숫자표현식(E)에 MEAN(?,?)이 나타난다.

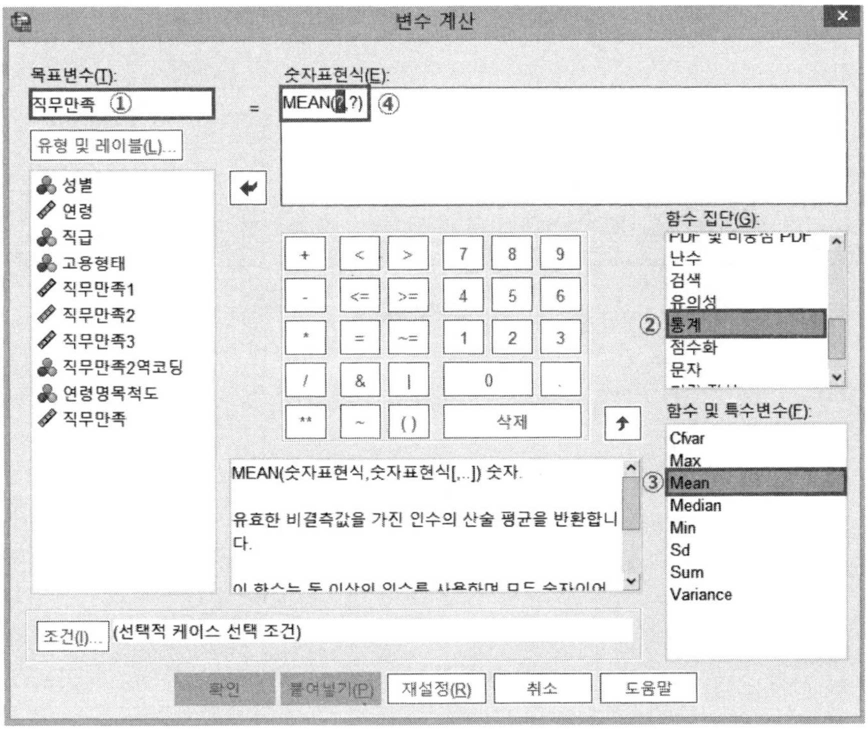

[그림 3.43] MEAN 함수를 사용한 평균 계산

5 가로 안의 ?,?를 삭제한 후 콤마를 활용하여 "MEAN(직무만족1,직무만족2,직무만족3)" 입력한 후 확인을 클릭한다. 이때 숫자표현식(E)에 키보드를 사용하여 직접 입력해도 된다. 평균이 아닌 합을 구하고 싶다면 'Mean'함수를 'Sum'함수로 바꿔 동일한 방법으로 진행하면 된다.

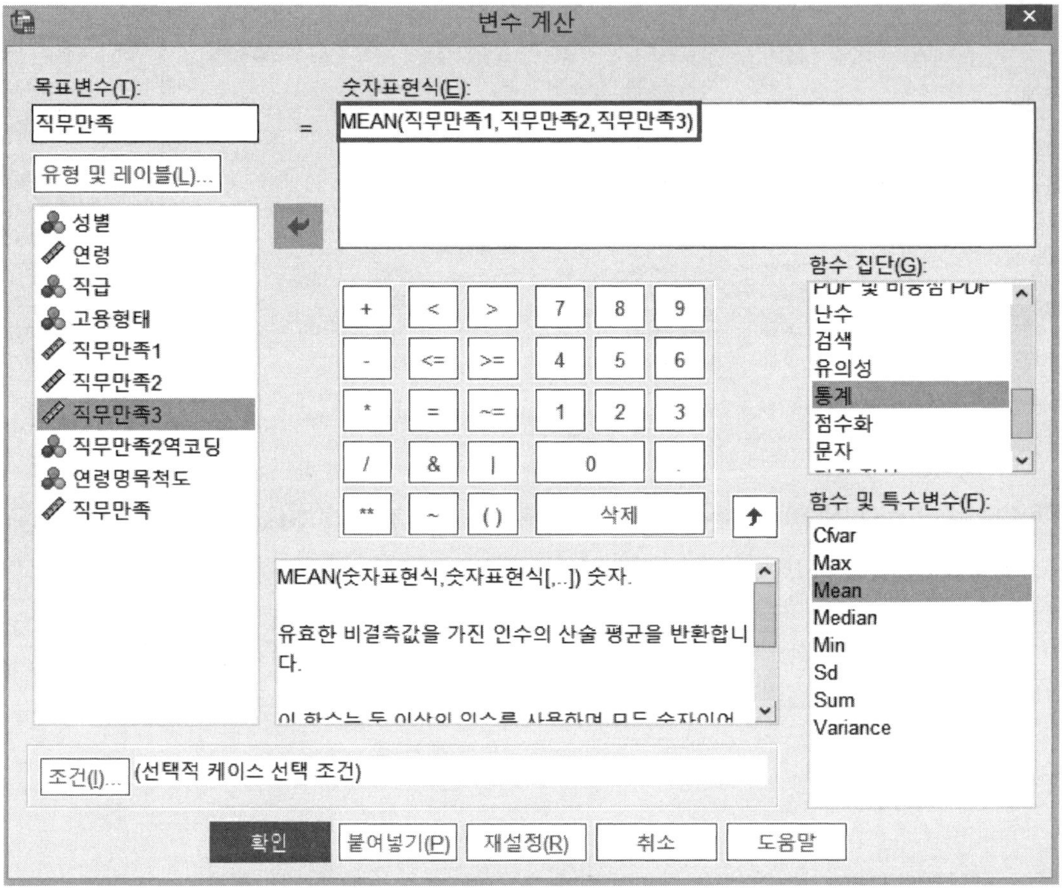

[그림 3.44]

Chapter 04

기초통계분석

학습목표

☞ 빈도분석, 교차분석, 다중응답, 기술통계 분석방법을 숙지한다.

4장에서는 논문통계분석에서 가장 기초가 되는 분석에 대해 알아본다. 기초통계분석은 논문에서 표본의 특성과 평균값을 구할 때 많이 사용한다. 구체적인 분석방법은 빈도분석, 교차분석, 다중응답, 기술통계 분석 총 네 가지이다.

1. 빈도분석

빈도분석은 빈도와 백분율(%)을 확인할 때 사용하는 분석방법으로, 논문에서 주로 표본의 인구통계학적 특성을 분석할 때 사용된다. 빈도분석을 통해 설문에 참여한 응답자들의 성별, 연령, 학력, 직업 등의 빈도와 백분율을 확인할 수 있다. 이외에도 평균, 중위수, 분산, 최소값, 최대값 등 다양한 수치들을 확인할 수 있고, 도표와 히스토그램을 통해 수치들을 시각화 할 수 있다. 분석 가능한 척도는 명목척도, 순위척도, 등간척도, 비율척도이다.

1 '01_기초통계분석_빈도_교차.SAV' 파일을 실행시킨다. 이후 분석 → 기술통계량 → 빈도분석을 클릭한다.

[그림 4.1] 빈도분석 실시하기

2 ① 인구통계학적 특성인 성별, 연령, 직업, 결혼여부를 전체 선택 후 ②번 화살표를 클릭한다.

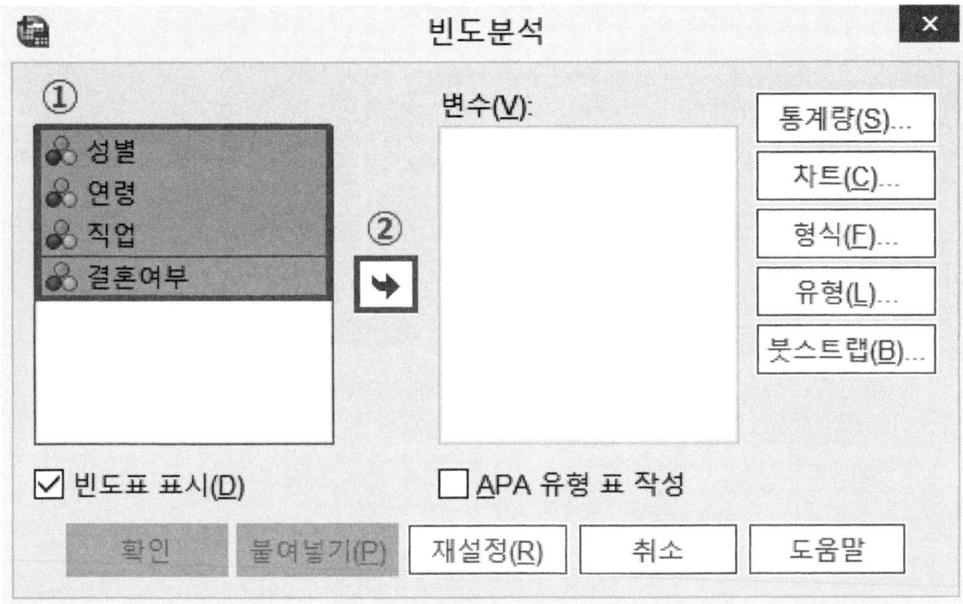

[그림 4.2]

3 확인버튼을 클릭한다.

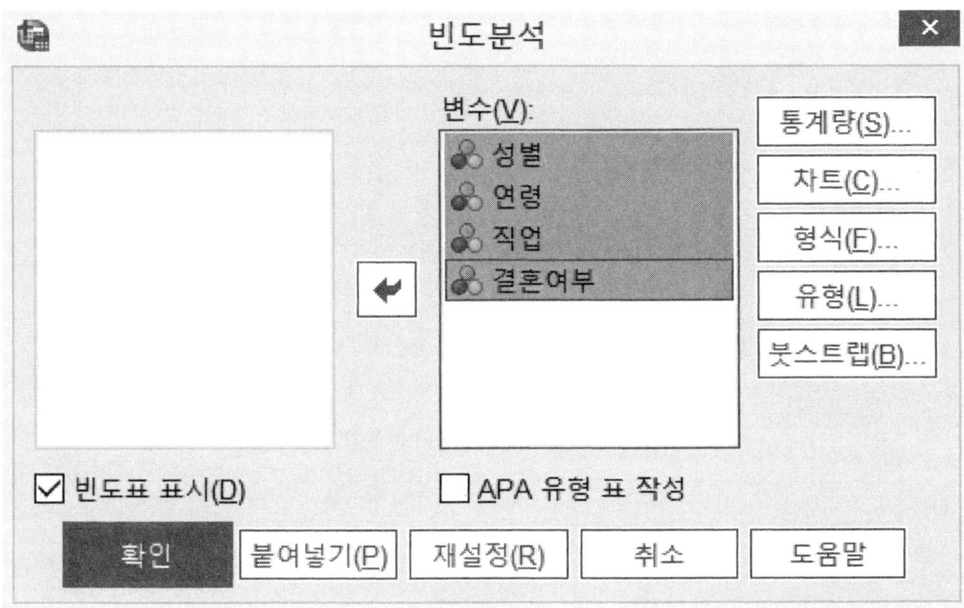

[그림 4.3]

5 출력결과를 확인한다.

통계량

		성별	연령	직업	결혼여부
N	유효	268	268	268	268
	결측	0	0	0	0

빈도표

성별

		빈도	퍼센트	유효 퍼센트	누적 퍼센트
유효	남	136	50.7	50.7	50.7
	여	132	49.3	49.3	100.0
	전체	268	100.0	100.0	

연령

		빈도	퍼센트	유효 퍼센트	누적 퍼센트
유효	20-29	26	9.7	9.7	9.7
	30-39	102	38.1	38.1	47.8
	40-49	58	21.6	21.6	69.4
	50-59	46	17.2	17.2	86.6
	60이상	36	13.4	13.4	100.0
	전체	268	100.0	100.0	

직업

		빈도	퍼센트	유효 퍼센트	누적 퍼센트
유효	대학 및 대학원생	53	19.8	19.8	19.8
	직장인	97	36.2	36.2	56.0
	주부	38	14.2	14.2	70.1
	자영업	12	4.5	4.5	74.6
	기타	68	25.4	25.4	100.0
	전체	268	100.0	100.0	

결혼여부

		빈도	퍼센트	유효 퍼센트	누적 퍼센트
유효	미혼	138	51.5	51.5	51.5
	기혼	130	48.5	48.5	100.0
	전체	268	100.0	100.0	

[그림 4.5] 인구통계학적 특성 빈도분석 결과

■ 분석결과 논문에 적용하기

빈도분석 결과의 경우 빈도와 유효 퍼센트를 사용하여 표 형식으로 논문에 작성하면 된다.

표본의 인구통계학적 특성

본 연구에 참여한 응답자의 경우 총 268명으로 인구통계학적 특성은 **<표 1>**과 같다. 성별의 경우 남자 136명(50.7%), 여자 132명(49.3%)으로 남자가 여자보다 많은 것으로 나타났다. 연령의 경우 20-29세 26명(9.7%), 30-39세 102명(38.1%), 40-49세 58명(21.6%), 50-59세 46명(17.2%), 60세 이상 36명(13.4%)으로 30-39세가 많은 것으로 나타났다. 직업의 경우 대학 및 대학원생 53명(19.8%), 직장인 97명(36.2%), 주부 38명(14.2%), 자영업 12명(4.5%), 기타 68명(25.4%)으로 직장인이 많은 것으로 나타났다. 마지막으로 결혼여부의 경우 미혼 138명(51.5%), 기혼 130명(48.5%)으로 미혼이 많은 것으로 나타났다.

<표 1> 표본의 인구통계학적 특성

구분		빈도	퍼센트
성별	남	136	50.7
	여	132	49.3
연령	20-29	26	9.7
	30-39	102	38.1
	40-49	58	21.6
	50-59	46	17.2
	60이상	36	13.4
직업	대학 및 대학원생	53	19.8
	직장인	97	36.2
	주부	38	14.2
	자영업	12	4.5
	기타	68	25.4
결혼여부	미혼	138	51.5
	기혼	130	48.5
전체		268	100.0

2. 교차분석

교차분석은 두 집단 간의 빈도와 백분율을 비교하는 분석방법이다. 빈도분석의 경우 한 개의 변수에 대한 빈도와 백분율을 보여줬다면 교차분석은 두 개의 변수를 교차(cross)하여 빈도와 백분율을 확인할 수 있다. 교차분석을 진행한 후 두 집단 간의 유의한 차이가 있는지 확인하기 위해 카이제곱 검정(chi-square test)을 진행한다.

카이제곱 검정은 교차분석에서 옵션설정을 통해 추가로 분석을 진행할 수 있다. 카이제곱 검정의 경우 χ^2 검정 또는 카이스퀘어 검정이라고도 불리는데 모두 동일한 개념이다. 분석 가능한 척도는 독립변수와 종속변수가 모두 범주형 척도(명목, 순위)로 구성되거나 독립변수가 범주형 척도, 종속변수가 연속형 척도로 구성될 경우 가능하다.[1)]

분석결과를 확인하고 해석하기 위해 연구가설을 설정한 후 실습을 진행해보자.

[연구가설]

가설1) 성별에 따라 직업은 차이가 있을 것이다.

- 독립변수 : 성별
- 종속변수 : 직업

1 '01_기초통계분석_빈도_교차.SAV' 파일을 실행시킨다. 이후 분석 → 기술통계량 → 교차분석을 클릭한다.

[그림 4.6] 교차분석 실시하기

1) 논문에서 교차분석을 진행하는 경우는 대부분 독립변수와 종속변수가 범주형 척도로 구성되어 있다. 종속변수가 연속형 척도일 경우 뒤에서 알아볼 t-test(t검정)와 ANOVA(F검정) 분석이 더욱 바람직한 분석 방법이다.

2 ① 열 부분에 독립변수 성별을 넣고 ② 행 부분에 종속변수 직업을 넣는다. ③ 통계량을 클릭한 후 옵션을 선택한 후 ④ 셀을 클릭하여 옵션을 선택한다.

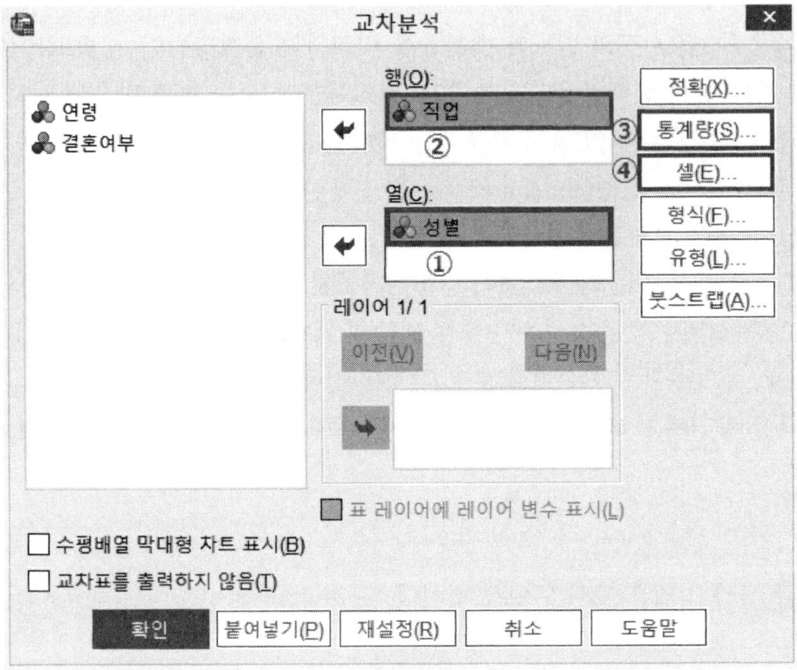

[그림 4.7]

3 통계량에서 ① 카이제곱을 선택한 후 ② 계속을 클릭한다.

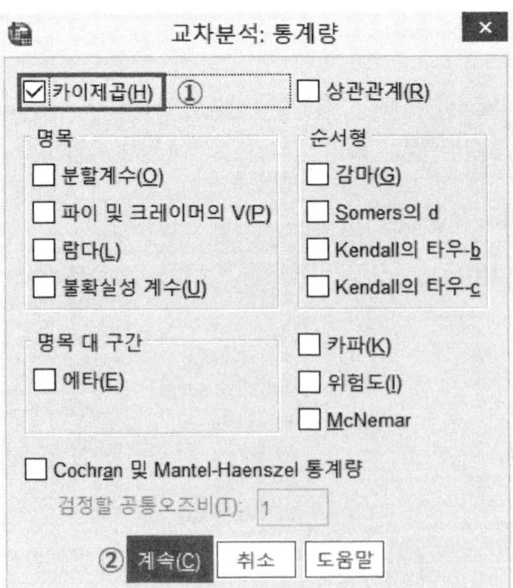

[그림 4.8] 통계량 선택하기

4 셀에서 ① 열 부분을 선택한 후 계속을 클릭한다.

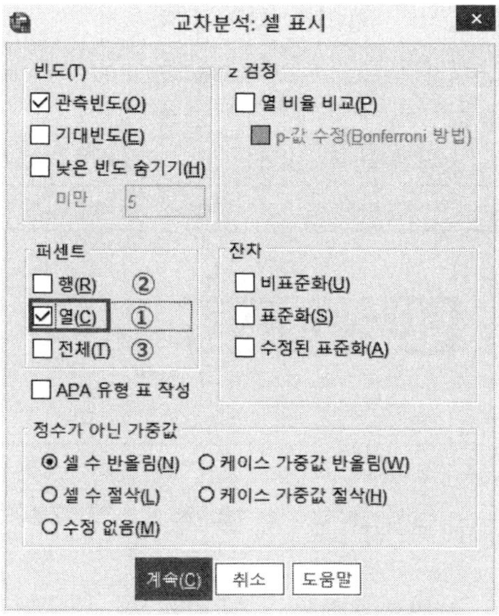

[그림 4.9] 셀 선택하기

셀에서 ① 열에 대한 퍼센트만 선택했다. 그 이유는 독립변수인 성별이 열 부분에 들어갔기 때문이다. 만약 독립변수가 행 부분에 들어가 있다면 ② 행에 대한 퍼센트를 체크하면 된다. 열과 행에 대한 모든 퍼센트를 알고 싶다면 전부 체크해도 상관없다. 전체값에 대한 퍼센트를 알고 싶다면 ③ 전체를 선택하면 확인할 수 있다. 열과 행의 위치가 바뀌어도 결과값은 동일하다.

5 확인버튼을 클릭한다.

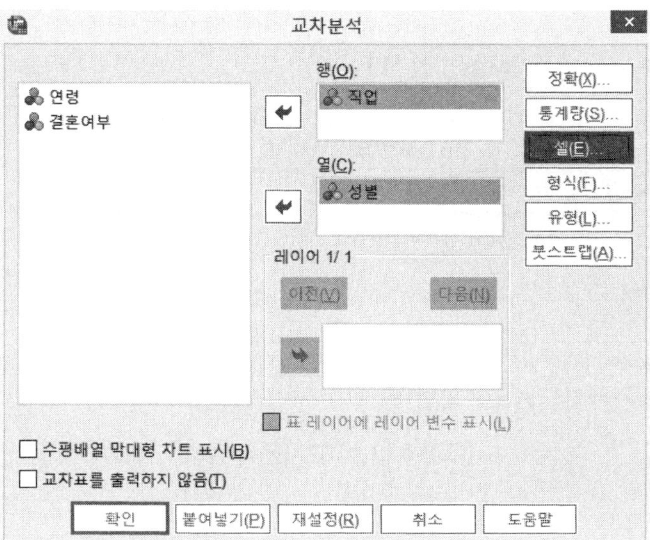

[그림 4.10]

6 출력결과를 확인한다.

케이스 처리 요약

	케이스					
	유효		결측		전체	
	N	퍼센트	N	퍼센트	N	퍼센트
직업 * 성별	268	100.0%	0	0.0%	268	100.0%

직업 * 성별 교차표

			성별		
			남	여	전체
직업	대학 및 대학원생	빈도	23	30	53
		성별 중 %	16.9%	22.7%	19.8%
	직장인	빈도	37	60	97
		성별 중 %	27.2%	45.5%	36.2%
	주부	빈도	2	36	38
		성별 중 %	1.5%	27.3%	14.2%
	자영업	빈도	10	2	12
		성별 중 %	7.4%	1.5%	4.5%
	기타	빈도	64	4	68
		성별 중 %	47.1%	3.0%	25.4%
전체		빈도	136	132	268
		성별 중 %	100.0%	100.0%	100.0%

카이제곱 검정

	① 값	자유도	근사 유의확률 (양측검정)	
Pearson 카이제곱	95.035[a]	4	<.001	②
우도비	113.046	4	<.001	
선형 대 선형결합	47.102	1	<.001	
유효 케이스 수	268			

a. 0 셀 (0.0%)은(는) 5보다 작은 기대 빈도를 가지는 셀입니다. 최소 기대빈도는 5.91입니다.

[그림 4.11] 교차분석 결과

■ 분석결과 논문에 적용하기

교차분석 결과의 경우 **[그림 4.11]**에서 직업*성별 교차표(빈도, 유효 퍼센트)와 카이제곱 검정에서 ① Pearson 카이제곱 값 ② 근사 유의확률(p-value)을 사용하여 논문에 작성하면 된다.

유의확률의 경우 <.001(P=.000)[2]으로 .001보다 낮기 때문에 통계적으로 유의한 수준에서 차이가 있다고 할 수 있다. 논문에는 p<.001 또는 p=.000으로 표기한다. 만약 .05보다 높게 나타난다면 p>.05로 표기해준다.

성별에 따른 직업 차이분석

성별에 따라 직업에 차이가 있는지 확인하기 위해 교차분석을 실시하였다. 분석결과는 **<표 1>**과 같다. 남자의 경우 기타가 64명(47.1%)으로 가장 많았고, 다음은 직장인 37명(27.2%), 대학 및 대학원생 23명(16.9%), 자영업 10명(7.4%), 주부 2명(1.5%) 순으로 나타났다. 여자의 경우 직장인이 60명(45.5%)으로 가장 많았고, 다음은 주부 36명(27.3%), 대학 및 대학원생 30명(22.7%), 기타 4명(3.0%), 자영업 2명(1.5%) 순으로 나타났다.

성별에 따른 직업 차이의 유의성을 확인하기 위해 카이제곱 검정을 진행한 결과 $\chi^2=95.035$, $p<.001$으로 통계적으로 유의한 것으로 나타났다. 즉, 성별에 따른 직업은 차이가 있다고 할 수 있다.

<표 1> 교차분석 결과

		성별		전체	카이제곱	p-value
		남자	여자			
직업	대학 및 대학원생	23(16.9)	30(22.7)	53(19.8)	95.035	.000
	직장인	37(27.2)	60(45.5)	97(36.2)		
	주부	2(1.5)	36(27.3)	38(14.2)		
	자영업	10(7.4)	2(1.5)	12(4.5)		
	기타	64(47.1)	4(3.0)	68(25.4)		
전체		136(100.0)	132(100.0)	268(100.0)		

교차분석을 실시했을 경우 응답자 수가 줄어드는 경우가 있다. 교차되는 두 개의 변수(성별, 직업) 중 한쪽이 무응답이라면 제외된 후 분석이 진행된다. 따라서 분석이 잘못진행된 것이 아니라 무응답이 있다고 보면 된다.

2) 분석결과에서 유의확률이 <.001으로 표기되는데 정확한 유의확률의 수치는 .000이다. SPSS 26버전까지 .000으로 표기되었으나 그 이후 버전부터는 .000이 <.001으로 표기된다.

3. 다중응답

다중응답은 한 개의 질문에 여러 번 중복으로 답변한 경우를 말한다. 다중응답을 분석하는 방법은 이분형 방법과 범주형 방법이 있다.

3-1. 이분형 다중응답

이분형 다중응답의 경우 선택한 항목들을 1(선택)로 코딩하고, 선택하지 않은 항목은 0(미선택)으로 코딩하여 분석하는 방법이다. 아래에 설문지로 예를 들어보자.

[이분형 다중응답 설문지 예]

1. 귀하가 좋아하는 음료수를 모두 선택하세요.
① 코카콜라 ② 칠성사이다 ③ 밀키스 ④ 맥콜 ⑤ 기타

다섯 개의 보기가 있다. 다섯 개의 음료수 보기 중 코카콜라와 밀키스를 선택했다면 1, 0, 1, 0, 0 으로 코딩한다. 만약 5개 모두를 선택했다면 1, 1, 1, 1, 1 으로 코딩한다.

1 '02_기초통계분석_이분형_다중응답.SAV' 파일을 실행시킨다. 이후 분석 → 다중반응 → 변수군 정의를 클릭한다.

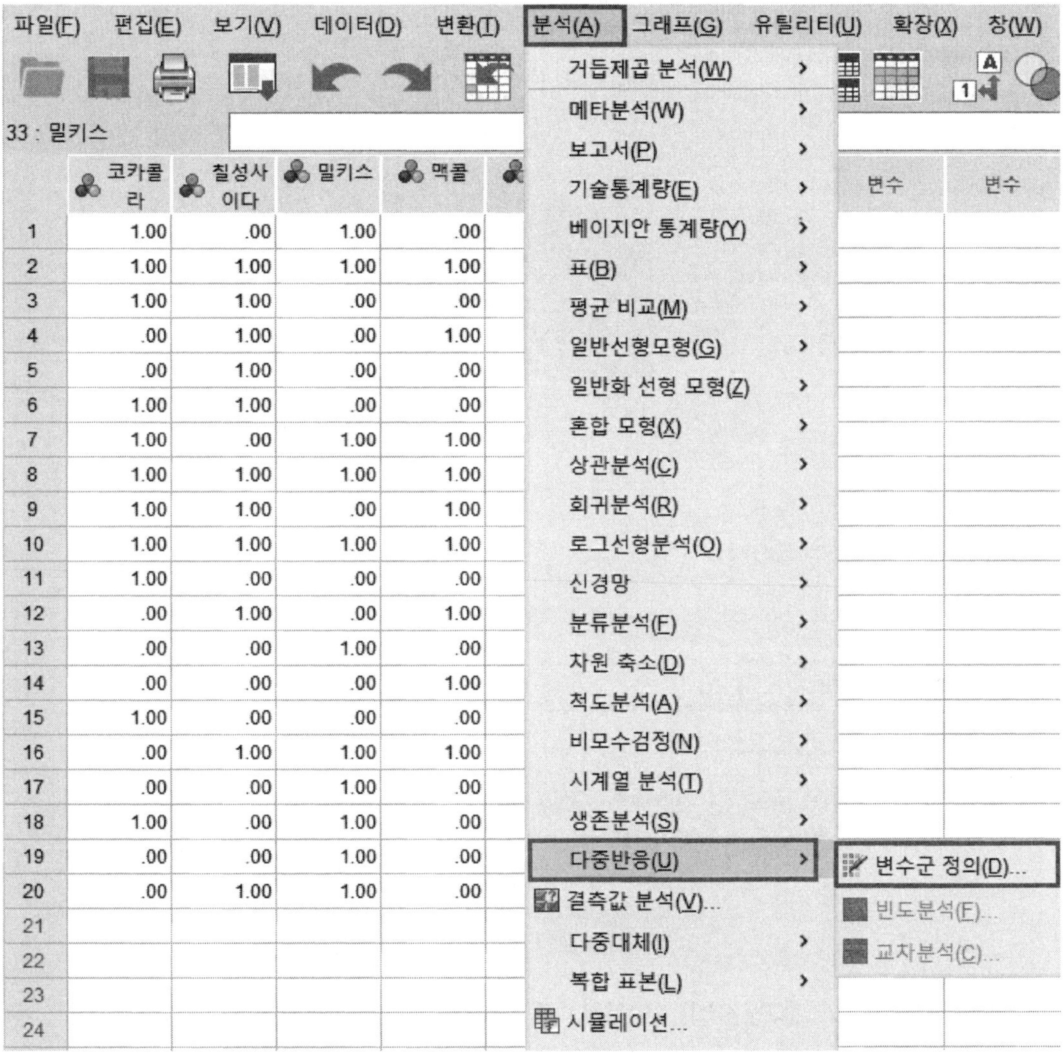

[그림 4.12] 이분형 다중응답 실시하기

2 ① 다섯 개의 보기를 변수군에 포함된 변수로 이동한다. ② 변수들의 코딩형식에 이분형을 선택하고, 빈도화 값에 1을 입력한다. ③ 이름과 레이블을 연구자 임의대로 작성한다. ④ 추가버튼을 클릭한다. ⑤ 닫기를 클릭한다.

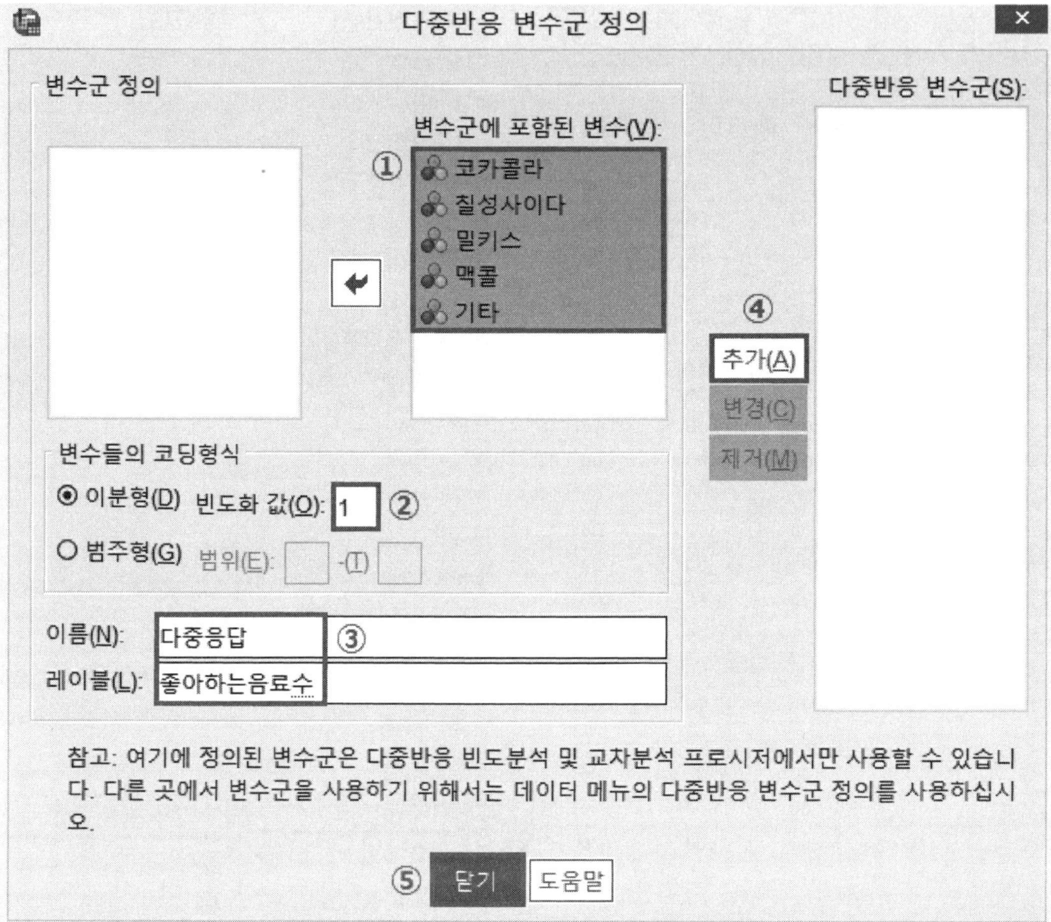

[그림 4.13] 이분형 다중응답 변수군 정의내리기

❸ 분석 → 다중반응 → 빈도분석을 클릭한다.

[그림 4.14] 이분형 빈도분석

4 ① 다중반응 변수군에서 표작성 반응군으로 정의내린 변수군을 이동한다. ② 확인버튼을 클릭한다.

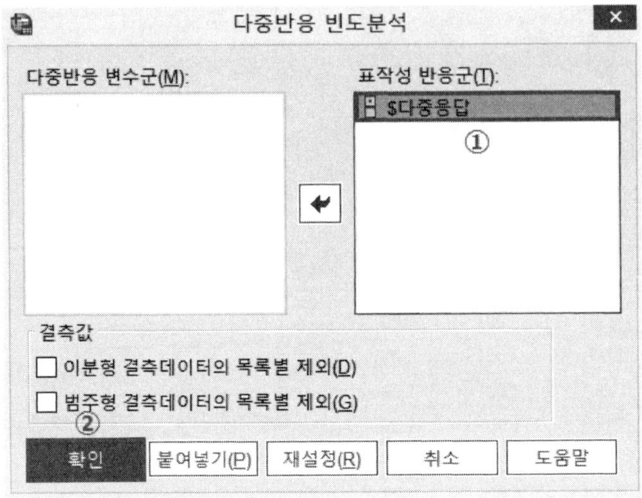

[그림 4.15]

5 출력결과를 확인한다.

케이스 요약

	케이스					
	유효		결측		전체	
	N	퍼센트	N	퍼센트	N	퍼센트
$다중응답[a]	20	100.0%	0	0.0%	20	100.0%

a. 값 1을(를) 가지는 이분형 변수 집단입니다.

$다중응답 빈도

		반응		
		N	퍼센트	케이스 중 %
좋아하는음료수[a]	코카콜라	11	21.6%	55.0%
	칠성사이다	11	21.6%	55.0%
	밀키스	11	21.6%	55.0%
	맥콜	9	17.6%	45.0%
	기타	9	17.6%	45.0%
전체		51	100.0%	255.0%

a. 값 1을(를) 가지는 이분형 변수 집단입니다.

[그림 4.16] 이분형 다중응답 빈도분석 결과

■ 분석결과 논문에 적용하기

이분형 다중응답 빈도분석의 경우 빈도분석과 동일하게 논문에 작성해주면 된다. N은 응답수를 말하며, 퍼센트는 응답기준 백분율, 케이스 중 %는 중복응답에 대한 백분율을 의미한다.

3-2. 범주형 다중응답

이번에는 범주형 다중응답의 분석방법에 대해 알아보자. 아래에 설문지로 예를 들어보자. 질문의 경우 좋아하는 음료수를 세 가지 선택하는 것이다. 따라서 총 세 개의 변수가 필요하다. 변수의 보기는 설문지의 보기가 총 5개이기 때문에 코딩의 범위는 1번부터 5번까지 총 5개이다.

[범주형 다중응답 설문지 예]

1. 귀하가 좋아하는 음료수 3가지를 선택하세요.

1, (   )   2, (   )   3, (   )

① 코카콜라 ② 칠성사이다 ③ 밀키스 ④ 맥콜 ⑤ 기타

1 '03_기초통계분석_범주형_다중응답.SAV' 파일을 실행시킨다. 이후 분석 → 다중반응 → 변수군 정의를 클릭한다.

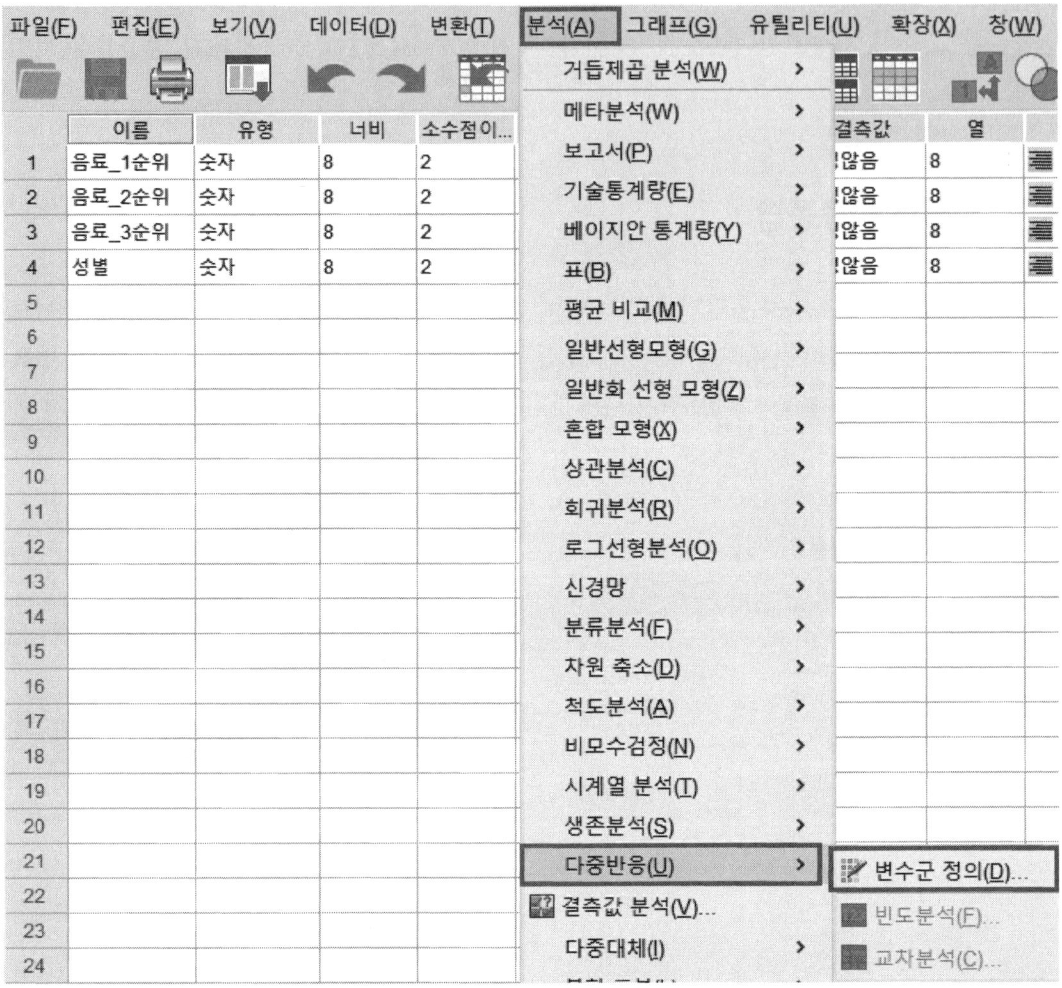

[그림 4.17] 범주형 다중응답 실시하기

2 ① 세 개의 보기를 변수군에 포함된 변수로 이동한다. ② 변수들의 코딩형식에 범주형을 선택하고, 범위에 1과 5를 입력한다(질문의 보기가 1번 코카콜라부터 5번 기타까지 총 5개이기 때문에 1과 5를 입력, 질문의 보기가 8개라면 1과 8을 입력하면 된다). ③ 이름과 레이블을 연구자 임의대로 작성한다. ④ 추가버튼을 클릭한다. ⑤ 닫기를 클릭한다. 이후 이분형 다중응답과 동일하게 분석 → 다중반응 → 빈도분석을 실시한다.

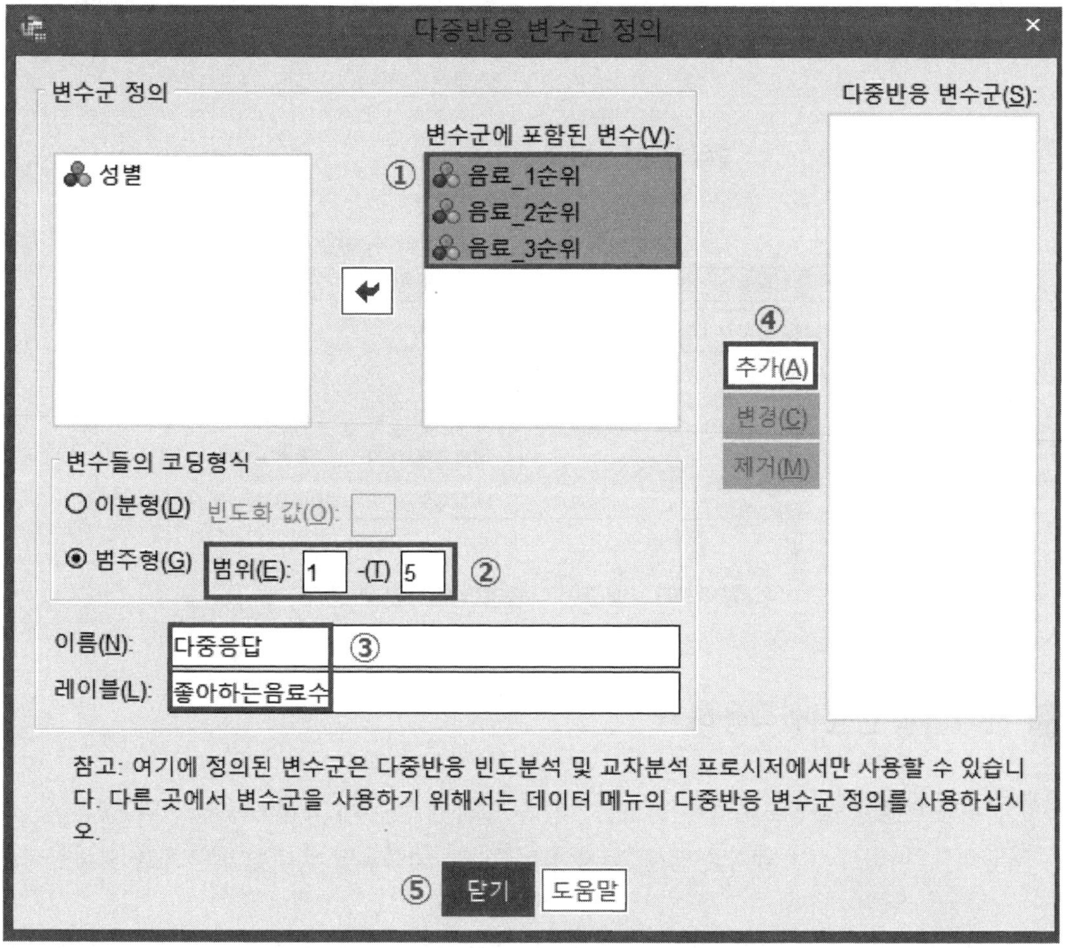

[그림 4.18] 범주형 다중응답 변수군 정의내리기

3 출력결과를 확인한다.

케이스 요약

	케이스					
	유효		결측		전체	
	N	퍼센트	N	퍼센트	N	퍼센트
$다중응답[a]	20	100.0%	0	0.0%	20	100.0%

a. 범주형 변수 집단

$다중응답 빈도

		반응		케이스 중 %
		N	퍼센트	
좋아하는음료수[a]	코카콜라	20	33.3%	100.0%
	칠성사이다	11	18.3%	55.0%
	밀키스	10	16.7%	50.0%
	맥콜	12	20.0%	60.0%
	키다	7	11.7%	35.0%
전체		60	100.0%	300.0%

a. 범주형 변수 집단

[그림 4.19] 범주형 다중응답 빈도분석 결과

분석결과 논문에 적용하기

범주형 다중응답 빈도분석은 빈도분석과 동일하게 논문에 작성해주면 된다. N은 응답수를 말하며, 퍼센트는 응답기준 백분율, 케이스 중%는 중복응답에 대한 백분율을 의미한다.

SPSS Statistics에서 1순위, 2순위, 3순위와 같이 우선순위를 두었을 때, 일반적인 방법으로 다중응답을 구할 수 없다. 따라서 우선순위 분석이 필요할 경우 연구자가 별도로 가중치를 주어 직접 계산해야 한다.

3-3. 다중응답 교차분석

다중응답은 빈도분석 뿐만 아니라 교차분석도 가능하다. 예를 들어 성별에 따라 좋아하는 음료수에 차이가 있는지 확인하고자 한다. 이때 좋아하는 음료수의 경우 다중응답을 통해 조사를 진행했다고 가정해보자. 다중응답의 경우 이분형, 범주형 모두 분석방법은 동일하다.

1 '03_기초통계분석_범주형_다중응답.SAV' 파일을 실행시킨 후 분석 → 다중반응 → 변수군 정의에 들어가 앞에서 알아본 데로 이분형 또는 범주형 자료를 분석이 가능하게 정의해 준다. 이후 분석 → 다중반응 → 교차분석을 클릭한다.

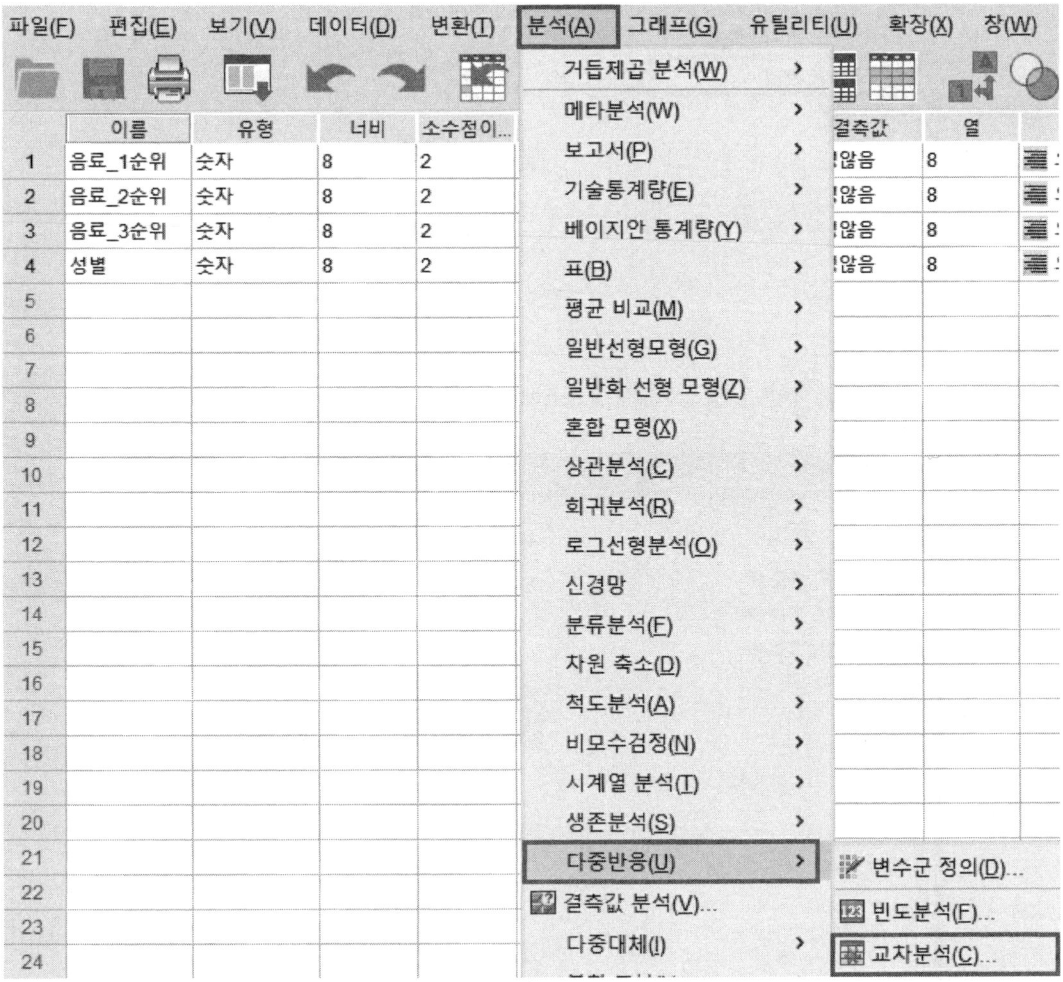

[그림 4.20] 다중응답 교차분석 실시하기

2 ① 성별을 열로 이동한다. ② 다중응답 변수군은 행으로 이동한다.

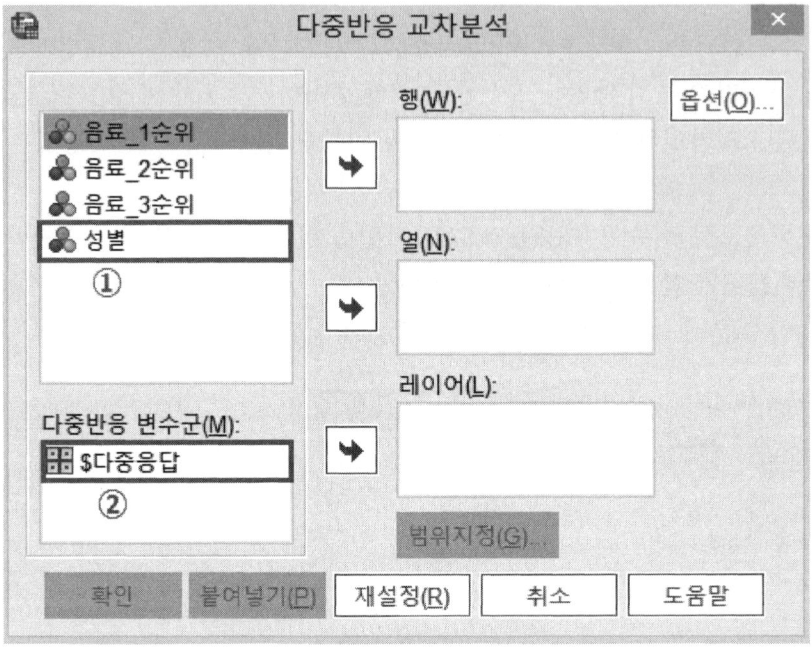

[그림 4.21]

3 ① 열에 성별을 클릭한 후 ② 범위지정을 클릭한다.

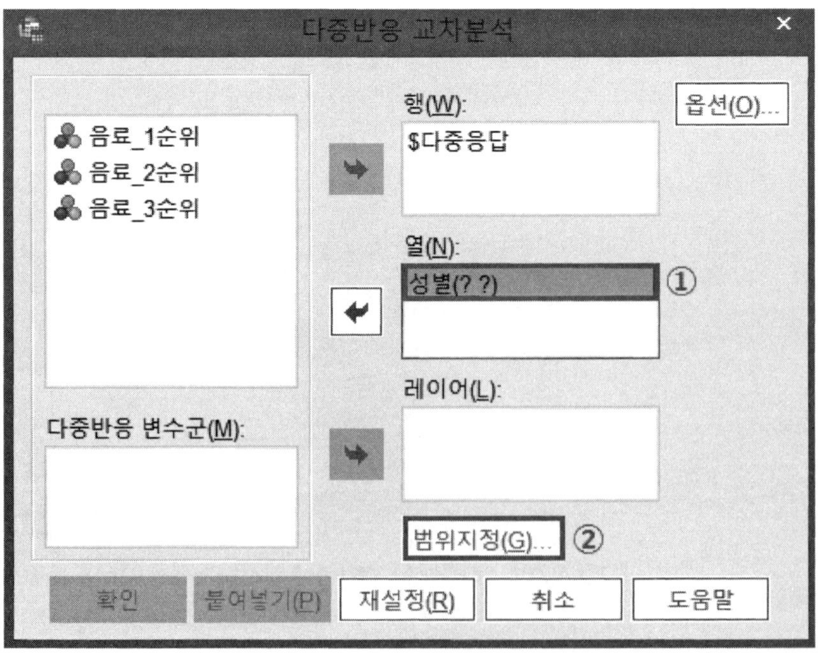

[그림 4.22]

4 최소값에 1을 입력하고, 최대값에 2를 입력한다. 이후 계속을 클릭한다. (성별의 경우 남자 1번, 여자 2번으로 코딩되어 있다. 따라서 최소값은 1이 되고, 최대값은 2가 된다. 예를 들어 연령의 경우 1번 20대, 2번 30대, 3번 40대, 4번 50대가 있다면 최소값은 1이 되고 최대값은 4가 된다.)

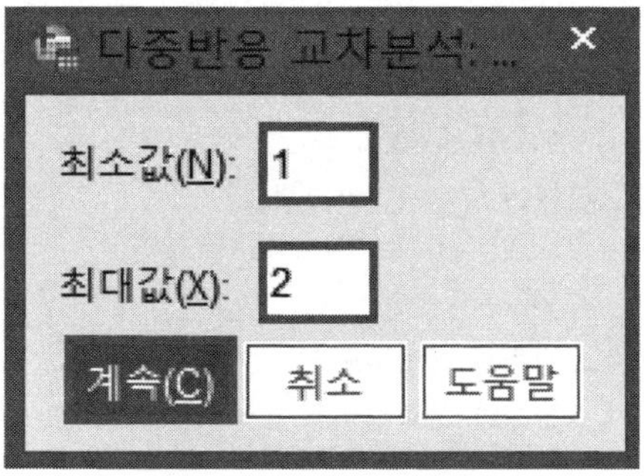

[그림 4.23]

5 옵션을 클릭한다.

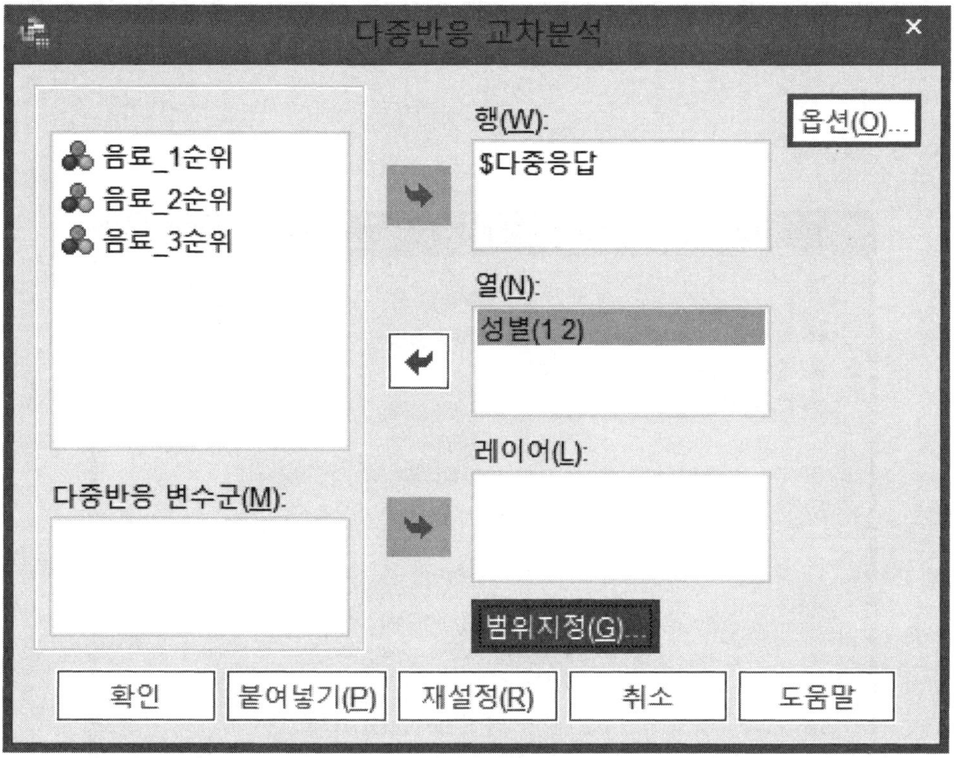

[그림 4.24]

6 ① 셀 퍼센트 열을 선택한 후 ② 계속을 클릭한다.

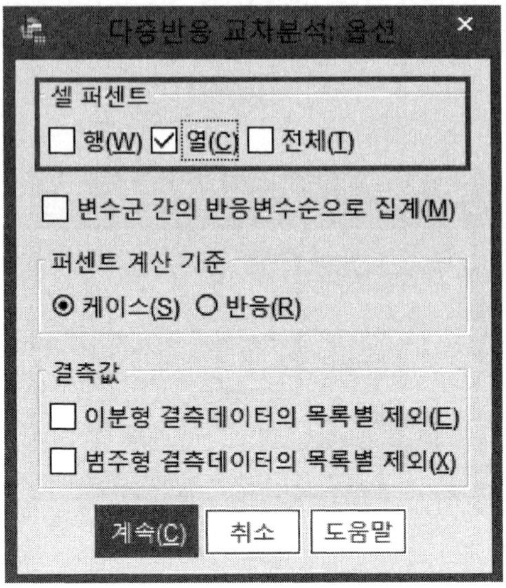

[그림 4.25]

만약 행과 전체의 퍼센트를 모두 확인하고 싶다면 행과 전체를 체크해서 확인하면 된다. 연구자가 확인하고 싶은 부분에 체크하면 된다.(일반 교차분석과 동일함)

7 확인을 클릭한다.

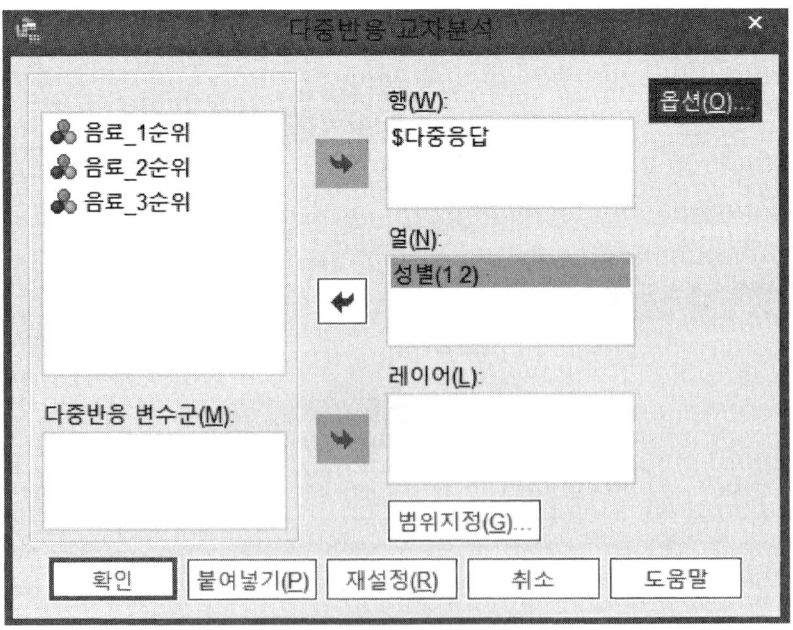

[그림 4.26]

8 출력결과를 확인한다.

케이스 요약

	케이스					
	유효		결측		전체	
	N	퍼센트	N	퍼센트	N	퍼센트
$다중응답*성별	20	100.0%	0	0.0%	20	100.0%

$다중응답*성별 교차표

			성별		전체
			남자	여자	
좋아하는음료수[a]	코카콜라	빈도	6	14	20
		성별 중 %	66.7%	127.3%	
	칠성사이다	빈도	4	7	11
		성별 중 %	44.4%	63.6%	
	밀키스	빈도	8	2	10
		성별 중 %	88.9%	18.2%	
	맥콜	빈도	6	6	12
		성별 중 %	66.7%	54.5%	
	키다	빈도	3	4	7
		성별 중 %	33.3%	36.4%	
전체		빈도	9	11	20

퍼센트 및 합계는 반응자수를 기준으로 합니다.

a. 범주형 변수 집단

[그림 4.27] 다중응답 교차분석 결과

■ 분석결과 논문에 적용하기

다중응답 교차분석의 경우도 앞에서 살펴본 교차분석과 같은 방법으로 논문에 적용한다. 단, 다중응답을 통해 교차분석을 실시하는 경우 카이제곱 값을 통한 유의확률은 확인할 수 없다.

4. 기술통계

기술통계 분석은 주로 연속형 척도인 등간척도와 비율척도의 평균과 표준편차를 확인할 때 사용하는 분석방법이다. 예를 들어 20세~40세까지 연령을 비율척도로 조사했다면 기술통계 분석을 통해 '설문에 참여한 사람들의 연령은 20세부터 40세까지이며 이들의 평균 연령은 34세이다'라고 간략히 설명할 수 있다. 리커트 5점 또는 7점 척도의 경우 등간척도이기 때문에 기술통계 분석을 통해 평균과 표준편차를 확인할 수 있다. 이외에 최소값과 최대값, 정규성(왜도, 첨도), 표준화 값도 구할 수 있다.

1 '04_기초통계분석_기술통계.SAV' 파일을 실행시킨다. 연령의 경우 비율척도, 직무만족1, 2, 3의 경우 등간척도(리커트 5점)이다.

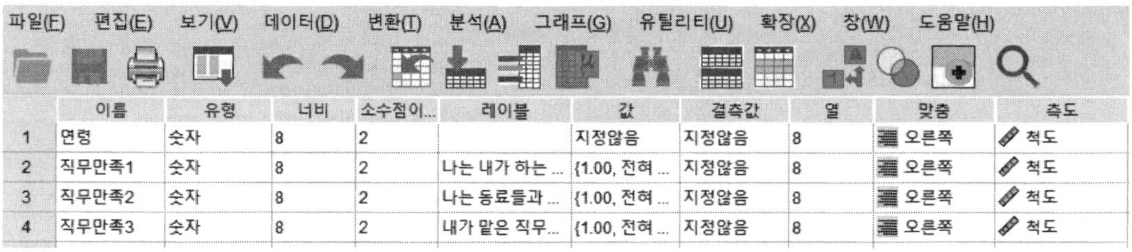

[그림 4.28]

2 분석 → 기술통계량 → 기술통계를 클릭한다.

[그림 4.29] 기술통계분석 실시하기

3 ① 연령과 직무만족 변수를 모두 클릭하고 ② 화살표를 클릭한다.

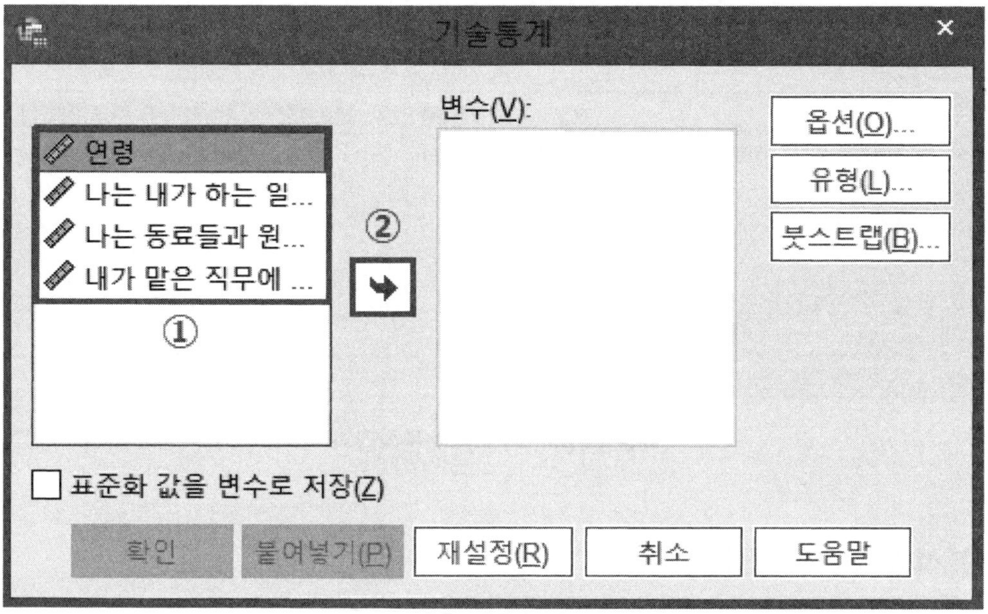

[그림 4.30]

4 확인을 클릭한다.

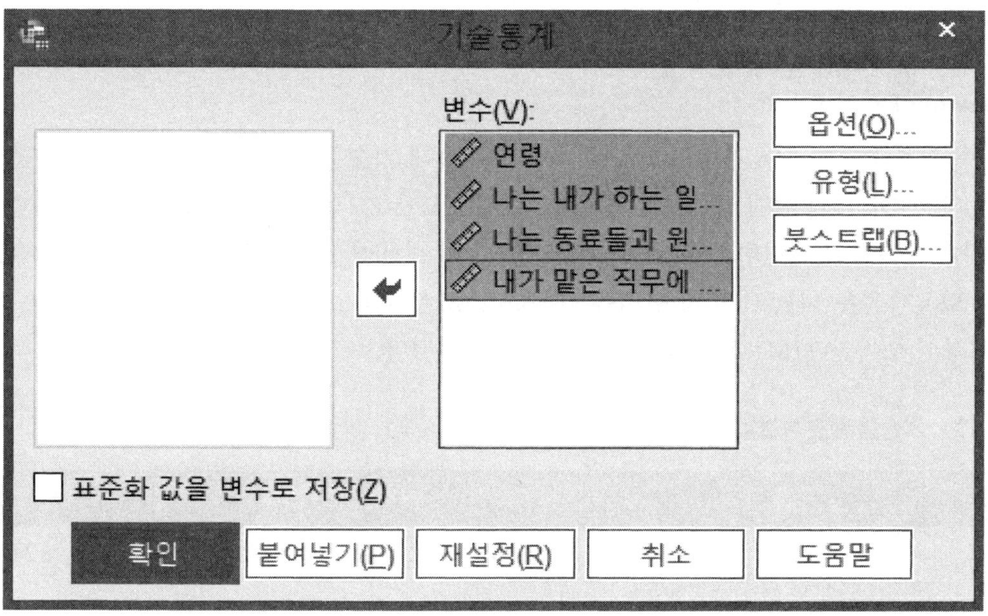

[그림 4.31]

5 출력결과를 확인한다.

기술통계량

	N	최소값	최대값	평균	표준편차
연령	20	21.00	48.00	34.3500	8.23519
나는 내가 하는 일에 만족한다	20	2.00	5.00	3.6000	.68056
나는 동료들과 원만한 관계를 유지하고 있다	20	2.00	5.00	3.7000	.97872
내가 맡은 직무에 적정한 보상이 주어진다	20	2.00	5.00	3.5500	.88704
유효 N(목록별)	20				

[그림 4.32] 기술통계 분석결과

분석결과 논문에 적용하기

기술통계 분석의 경우 평균과 표준편차를 사용하여 표 형식으로 논문에 작성하면 된다. 평균의 경우 M으로 표준편차의 경우 SD로 표기하며, 소수점 두 자리 수까지 반올림해주면 좋다.

기술통계 분석결과

주요 변수들의 평균과 표준편차를 파악하기 위해 기술통계 분석을 실시하였다. 분석결과는 다음 **<표 1>**과 같다. 연령의 경우 평균 34.35(SD=8.24)세로 나타났다. 직무만족의 경우 '나는 동료들과 원만한 관계를 유지하고 있다'의 평균이 가장 높게 나타났으며(M=3.70, SD=.98), 다음은 '나는 내가 하는 일에 만족한다'(M=3.60, SD=.68), '내가 맡은 직무에 적정한 보상이 주어진다'(M=3.55, SD=.89) 순으로 나타났다.

<표 1> 기술통계 분석결과

구분	N	최소값	최대값	평균	표준편차
연령	20	21.00	48.00	34.35	8.24
나는 내가 하는 일에 만족한다	20	2.00	5.00	3.60	.68
나는 동료들과 원만한 관계를 유지하고 있다	20	2.00	5.00	3.70	.98
내가 맡은 직무에 적정한 보상이 주어진다	20	2.00	5.00	3.55	.89

Chapter 05

요인분석 및 신뢰도 분석

학습목표

☞ 요인분석과 신뢰도 분석의 개념을 이해한다.

☞ 요인분석과 신뢰도 분석을 실습하고 실제로 논문에 반영할 수 있다.

요인분석과 신뢰도 분석은 설문 조사를 통해 변수의 개념을 측정했을 때, 측정 항목들이 얼마나 정확하고, 일관성 있게 조사되었는지를 확인할 때 사용하는 통계분석 방법이다. SPSS Statistics에서 분석할 수 있는 탐색적 요인분석(exploratory factor analysis)과 Cronbach의 알파 계수를 활용한 신뢰도 분석 방법에 대해 알아본다.

연구문제 및 가설을 검증하기에 앞서 변수(variable)의 개념을 관찰하기 위해 설문조사에 사용한 측정항목들이 얼마나 타당성과 신뢰성을 가지고 조사되었는지 확인하는 과정을 거쳐야 한다. 타당성은 변수를 설명하기 위한 각각의 측정항목들이 얼마나 정확하게 측정되었는지를 판단하는 기준이며, 신뢰성은 얼마나 일관성 있게 측정되었는지를 판단하는 기준이다.

타당성 검정은 요인분석을 통해 확인하며, 신뢰성의 경우 신뢰도 분석을 통해 확인한다. 논문에서 높은 타당성과 신뢰성의 확보는 중요하게 다루어지기 때문에 요인분석과 신뢰도 분석은 연구문제나 가설을 검증하기 전에 진행해주는 것이 좋다. 아래 그림은 타당성과 신뢰성을 과녁판의 사격으로 비유한 표현으로 정확성과 일관성은 과녁 4와 같이 나타나야 한다.

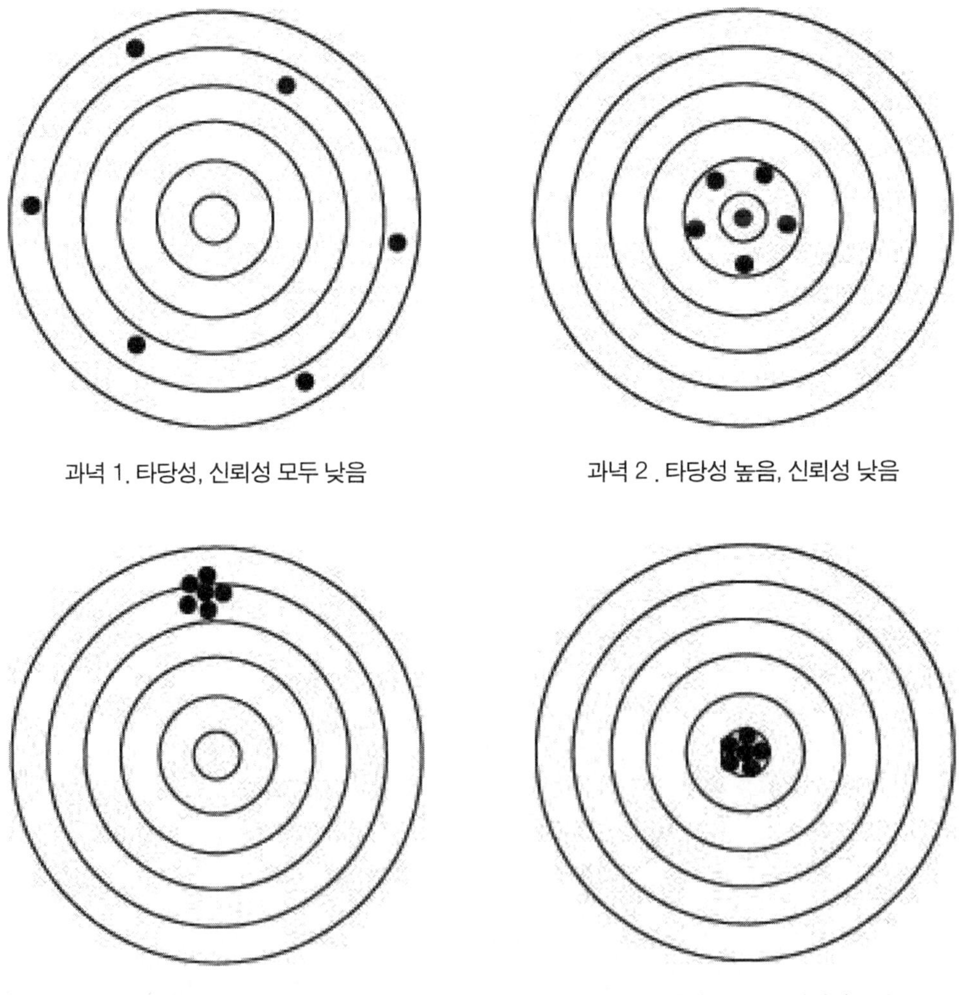

과녁 1. 타당성, 신뢰성 모두 낮음

과녁 2 . 타당성 높음, 신뢰성 낮음

과녁 3. 타당성 낮음, 신뢰성 높음

과녁 4. 타당성 높음, 신뢰성 높음

[그림 5.1] 타당성과 신뢰성에 대한 비유

1. 요인분석

요인분석(factor analysis)[1]은 변수의 개념을 얼마나 정확하고 적합하게 측정하였는가를 파악하는 과정으로 변수들 사이의 관계를 분석하여 측정항목들이 가진 공통된 차원(common underlying dimensions)을 설명하는 통계분석 방법이다. 이러한 요인분석은 독립변수와 종속변수의 구분이 없고, 연속형 척도(등간척도, 비율척도)로 구성되어야 분석가능하다.

요인분석의 중요한 목적은 정보의 손실을 최소화하면서 측정항목들을 그룹핑(grouping)하는 것에 있다. 이를 위해 전체 변수에 공통요인이 있다고 가정한 후 변수들 간의 관계를 분석하여 요인을 추출한다. 요인추출 방법은 공통요인 분석(common factor analysis)과 주성분 분석(principle factor analysis)이 있으며, 이중 주성분 분석을 주로 사용한다.

추출할 요인의 수를 결정할 때는 고유값(eigenvalue)을 통해 결정하는 방법과 요인의 수를 사전에 지정하는 방법을 많이 사용한다. 고유값 방법은 해당 값이 1 이상을 갖는 요인의 수만큼 추출하는 방법이다. 요인의 수를 사전에 지정하는 방법은 선행연구에서 사용한 측정항목을 그대로 가져와 반복적으로 활용하는 경우에 사용한다. 즉, 선행연구와 동일하게 요인을 추출할 때 사용하는 방법이다. 또는 연구자가 사전에 추출해야 할 요인의 수를 미리 알고 있을 때 사용한다.

한편, 요인분석을 진행하기 위해서는 요인회전 방법을 선택해야 한다. 요인회전의 경우 직각요인회전(orthogonal factor rotation)과 사각요인회전(oblique factor rotation)이 있다. 직각요인회전은 요인들 간의 독립성을 유지하면서 요인을 회전시키는 방법으로 베리멕스(varimax), 쿼티멕스(quartimax), 이쿼멕스(equimax) 세 가지가 있다. 사각요인회전은 직각을 유지하지 않고 요인을 회전하는 방법으로 직접 오블리민(oblique), 프로멕스(promax) 두 가지가 있다.

사회과학 논문에서 직각회전방식인 베리맥스 회전방법을 많이 사용한다. 베리맥스 방법은 요인부하량의 열(column)의 분산 합계를 최대화하여 열을 단순화시키는 방법이다. 이 방법을 통해 얻는 요인구조의 경우 변수들이 바뀌어도 크게 변하지 않아 안정감이 높다는 장점을 가지고 있다. 따라서 이 책에서는 직각회전 방식인 베리맥스 회전 방법을 중심으로 실습을 진행한다.

1) SPSS Statistics 프로그램에서 분석하는 요인분석은 탐색적 요인분석(exploratory factor analysis)이며, AMOS 프로그램에서 분석하는 요인분석은 확인적 요인분석(confirmatory factor analysis)이다.

요인분석의 경우 Q-type 요인분석과 R-type 요인분석, 두 가지 종류가 있다. Q-type 요인분석의 경우 대상들을 그룹핑 하는 방법이다. 그러나 계산방법이 어렵다는 단점이 있어 사회과학 논문에서 거의 사용하지 않는다. 이를 대신하여 대상들을 그룹핑 하는 분석 방법으로 군집분석을 많이 활용한다. 반면 R-type 요인분석은 변수들을 그룹핑 하는 방법이다. 사회과학 논문에서 R-type 요인분석 방법을 가장 많이 사용한다. 따라서 이 책에서 다루는 요인분석도 R-type 요인분석이다.

[요인회전방법]

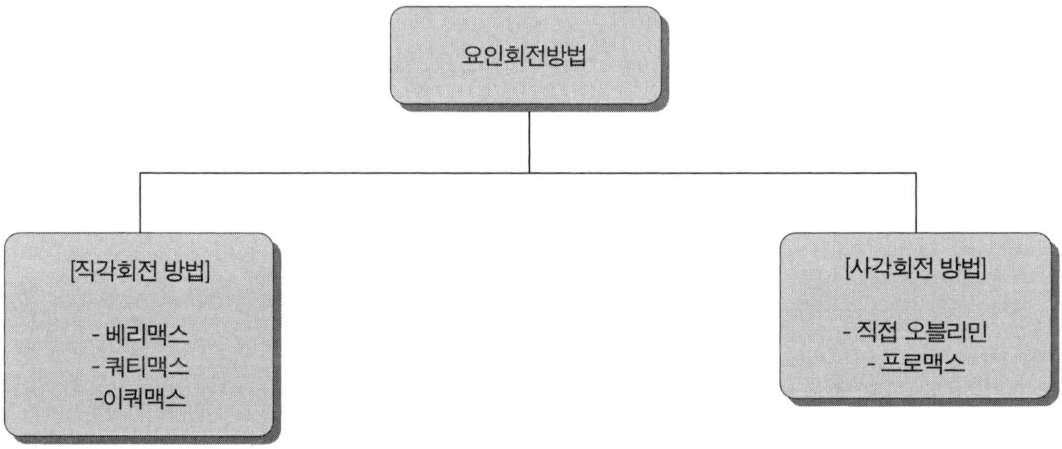

요인분석을 통해 도출한 결과들을 바탕으로 타당성을 확인할 때, 주로 KMO(Kaiser-Meyer-Olkin)와 Bartlett, 공통성(communality), 요인 적재값(factor loading)을 기준으로 평가한다. 아래에 제시한 기준치를 충족할 경우 타당성이 있다고 판단한다.

① KMO(Kaiser-Meyer-Olkin)와 Bartlett : 적합성을 검정하는 수치로 0.5 에서 1 사이의 값을 가진다. 0.5 이상이면 양호, 0.6 이상이면 적합하다고 평가함.

② 공통성 : 주요인에 의해 설명되는 분산의 비율로 0 에서 1 사이의 값을 가진다. 0.4 이상일 경우 양호, 0.5 이상일 경우 적합하다고 평가함.

③ 요인 적재값 : 변수와 요인 사이의 관계를 나타내는 값으로 +1 과 −1 사이의 값을 가진다. 0.4 이상일 경우 양호, 0.5 이상일 경우 적합하다고 평가함. 요인 적재값의 경우 요인 부하값(부하량)이라도 하며, SPSS Statistics 분석결과에는 성분행렬로 표기됨.

전공 분야마다 다르지만 요인분석을 진행하지 않는 분야도 있다. 특히, 교육학 분야의 논문들은 요인분석 없이 신뢰도 분석만 진행하는 경우가 많다. 이러한 논문들은 주로 척도 개발 연구를 통해 개발된 측정항목들을 그대로 사용하거나 오랫동안 선행연구에서 검증된 항목들을 사용하는 경우가 많다. 이럴 경우 선행연구에서 이미 요인분석 통해 타당성을 확인했기 때문에 요인분석을 진행하지 않고 신뢰도 분석을 통해 신뢰성만 검정해도 크게 문제되지 않는다.

아래 표는 신뢰성, 대응성, 만족도, 공감성, 재방문의도 변수를 측정하기 위한 설문지다. 설문지에 변수들의 측정 항목들을 활용하여 S사의 서비스 센터를 방문한 사람들을 대상으로 서비스 실태를 조사하였다고 가정해 보자. 이제 요인분석을 실습하면서 조사 결과가 얼마나 타당성 있게 진행되었는지 확인해보자.

[서비스 실태를 조사하기 위한 설문지, 리커트 7점 척도]

구분	측정항목	전혀 동의하지 않는다 / 보통이다 / 매우 동의한다
신뢰성	1. 약속한 시간 안에 서비스를 제공했다.	1 --- 2 --- 3 --- 4 --- 5 --- 6 --- 7
	2. 약속한 서비스를 모두 지켰다.	1 --- 2 --- 3 --- 4 --- 5 --- 6 --- 7
	3. 발생한 문제를 해결하기 위해 노력했다.	1 --- 2 --- 3 --- 4 --- 5 --- 6 --- 7
대응성	1. 고객의 요구에 신속하게 대응했다.	1 --- 2 --- 3 --- 4 --- 5 --- 6 --- 7
	2. 직원이 자발적으로 도움을 주었다.	1 --- 2 --- 3 --- 4 --- 5 --- 6 --- 7
	3. 서비스 제공 계획을 상세하게 공지해 주었다.	1 --- 2 --- 3 --- 4 --- 5 --- 6 --- 7
만족도	1. 서비스를 제공한 시설에 만족한다.	1 --- 2 --- 3 --- 4 --- 5 --- 6 --- 7
	2. 서비스 시설 직원들의 친절함에 만족한다.	1 --- 2 --- 3 --- 4 --- 5 --- 6 --- 7
	3. 서비스를 제공한 담당자의 전문성에 만족한다.	1 --- 2 --- 3 --- 4 --- 5 --- 6 --- 7
공감성	1. 고객의 입장에서 생각해주었다.	1 --- 2 --- 3 --- 4 --- 5 --- 6 --- 7
	2. 고객의 필요를 잘 이해해주었다.	1 --- 2 --- 3 --- 4 --- 5 --- 6 --- 7
	3. 고객에게 관심을 가져주었다.	1 --- 2 --- 3 --- 4 --- 5 --- 6 --- 7
재방문의도	1. 서비스 센터를 다시 방문할 의사가 있다.	1 --- 2 --- 3 --- 4 --- 5 --- 6 --- 7
	2. 서비스 센터를 지속적으로 이용할 것이다.	1 --- 2 --- 3 --- 4 --- 5 --- 6 --- 7
	3. 서비스 센터에 대해 다른 사람에게 권유하고 싶다.	1 --- 2 --- 3 --- 4 --- 5 --- 6 --- 7

논문에서 설문지를 만들 때, 척도 개발 연구가 아닌 이상 연구자가 임의대로 측정항목을 작성하면 안 된다. 따라서 꼭 선행연구에서 검증된 항목들을 바탕으로 설문지를 구성해야 한다.

1 '05_요인분석_신뢰도분석.SAV' 파일을 실행시킨다. 이후 분석 → 차원축소 → 요인분석을 클릭한다.

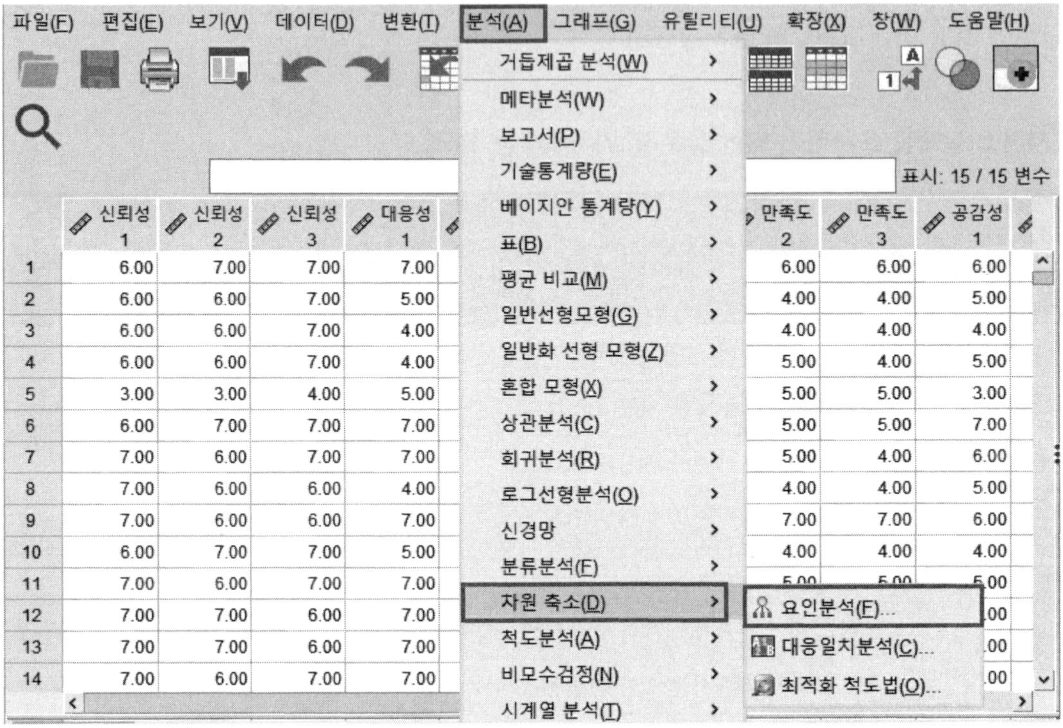

[그림 5.2] 요인분석 실시하기

2 ① 측정항목들을 전체 선택한 후 ② 화살표를 클릭하여 변수란으로 이동한다.

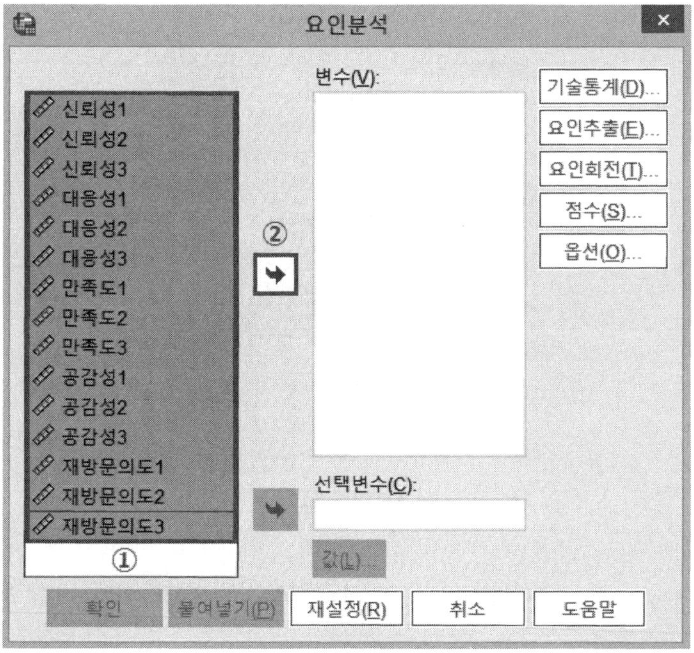

[그림 5.3]

3 ① 기술통계, ② 요인추출, ③ 요인회전, ④ 옵션을 차례대로 클릭하여 선택한다.

[그림 5.4]

4 ① 기술통계에서 KMO와 Bartlett의 구형성 검정을 선택한다.

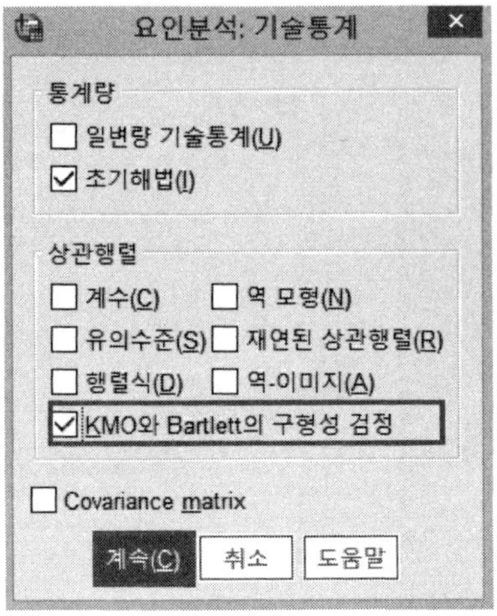

[그림 5.5]

5 ② 요인추출에서 방법을 주성분으로 선택한다. 이후 고유값 기준을 1로 하고 계속을 클릭한다.

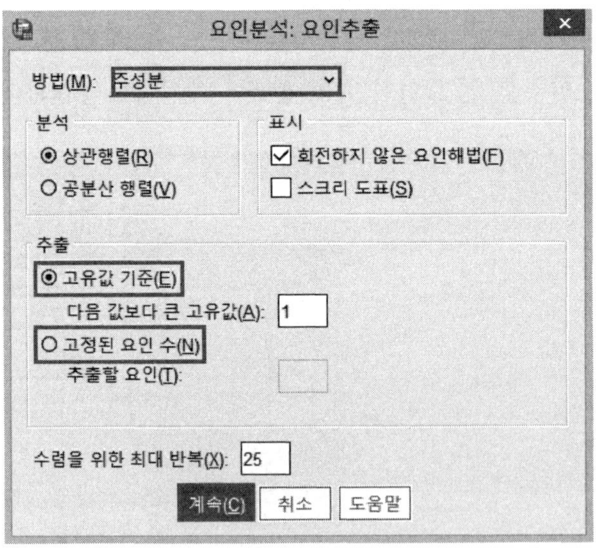

[그림 5.6]

추출부분에서 고유값이 아닌 아래 고정된 요인 수의 경우 연구자가 추출해야할 요인의 수를 지정하여 결과를 출력하고 싶을 때 사용한다. 예를 들어 현재 추출되어야 할 요인의 수는 신뢰성, 대응성, 만족도, 공감성, 재방문의도 총 5개이다. 요인분석을 고유값 기준으로 체크한 후 분석을 진행했을 때 5개의 요인이 아닌 3개 또는 6개의 요인으로 추출되었다면, 고정된 요인수를 체크한 후 5를 입력하여 다시 분석을 실시하면 5개의 요인으로 추출된다.

6 ③ 요인회전에서 베리멕스를 선택한 후 계속을 클릭한다.

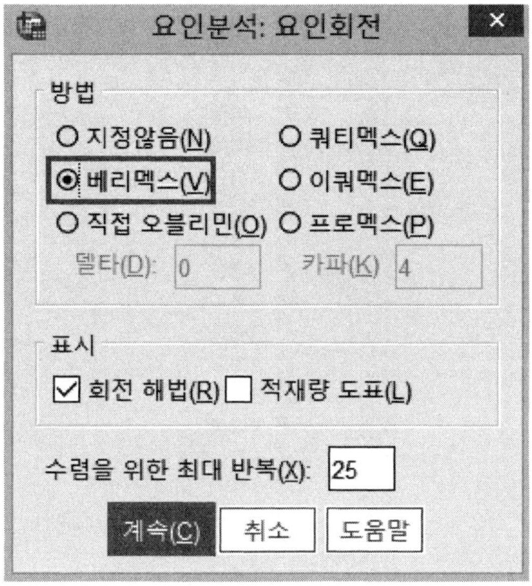

[그림 5.7]

7 옵션에서 크기순 정렬을 체크 후 계속을 클릭한다.

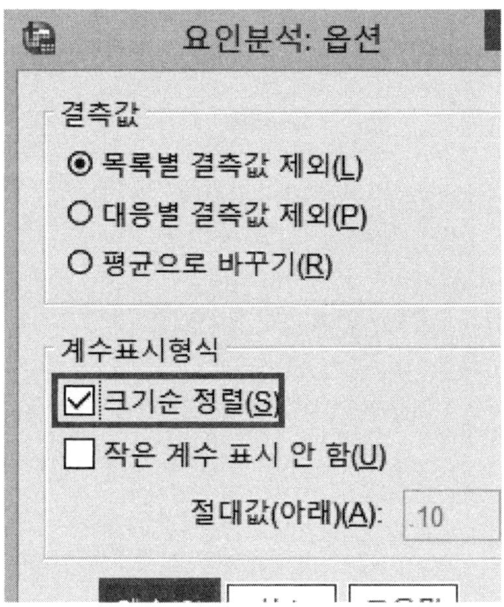

[그림 5.8]

크기순 정렬은 요인 적재값 행렬 및 구조 행렬을 정렬하여 크기가 높은 적재값부터 차례대로 나타나게 하는 옵션이다. 체크를 하지 않아도 분석결과는 동일하다.

8 확인을 클릭한다.

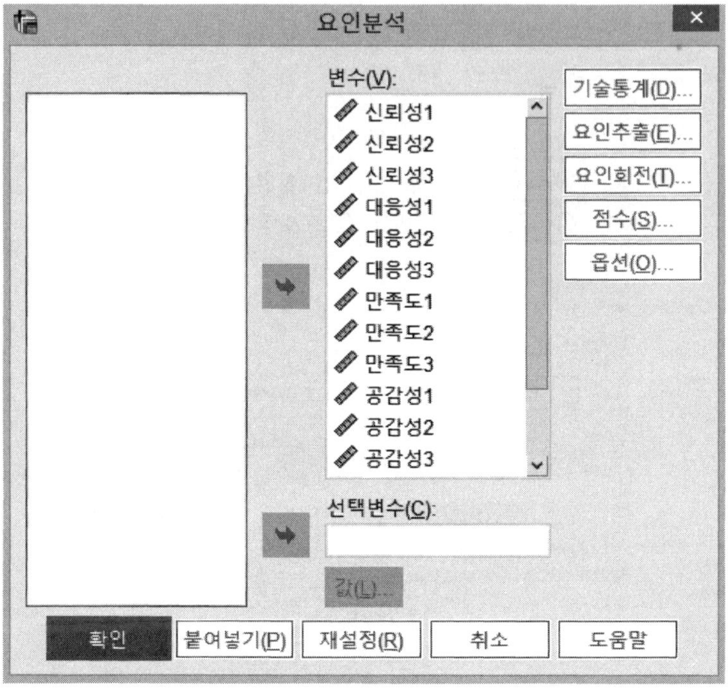

[그림 5.9]

9 출력결과를 확인한다.

KMO와 Bartlett의 검정 ①

표본 적절성의 Kaiser-Meyer-Olkin 측도.		.843
Bartlett의 구형성 검정	근사 카이제곱	5308.147
	자유도	105
	유의확률	.000

공통성 ②

	초기	추출
신뢰성1	1.000	.835
신뢰성2	1.000	.840
신뢰성3	1.000	.854
대응성1	1.000	.861
대응성2	1.000	.909
대응성3	1.000	.901
만족도1	1.000	.855
만족도2	1.000	.896
만족도3	1.000	.906
공감성1	1.000	.916
공감성2	1.000	.867
공감성3	1.000	.886
재방문의도1	1.000	.689
재방문의도2	1.000	.834
재방문의도3	1.000	.741

추출 방법: 주성분 분석.

[그림 5.10] KMO와 Bartlett와 공통성 결과

① KMO와 Bartlett의 경우 0.843으로 0.6 이상으로 나타났으며 유의확률이 0.000으로 통계적으로 유의한 것으로 나타나 적합한 것으로 나타났다. ② 공통성도 모두 0.4 이상으로 나타나 적합한 것을 알 수 있다.

설명된 총분산

성분	초기 고유값			추출 제곱합 적재량			회전 제곱합 적재량		
	전체	% 분산	누적 %	전체	% 분산	누적 %	전체	% 분산	누적 %
1	6.200	41.337	41.337	6.200	41.337	41.337	2.676	17.842	17.842
2	2.438	16.256	57.592	2.438	16.256	57.592	2.667	17.779	35.620
3	1.529	10.193	67.785	1.529	10.193	67.785	2.640	17.599	53.219
4	1.398	9.321	77.106	1.398	9.321	77.106	2.560	17.067	70.286
5	1.225	8.170	85.276	1.225	8.170	85.276	2.248	14.990	85.276
6	.489	3.263	88.539				③	④	⑤
7	.312	2.080	90.619						
8	.262	1.745	92.365						
9	.243	1.620	93.985						
10	.202	1.348	95.333						
11	.194	1.295	96.628						
12	.155	1.035	97.664						
13	.133	.885	98.549						
14	.117	.779	99.328						
15	.101	.672	100.000						

추출 방법: 주성분 분석.

[그림 5.11] 고유값, 공통분산, 누적분산 결과

③ 고유값 ④ 공통분산 ⑤ 누적분산이다. 총 5개의 요인으로 나누어졌으며, 누적분산이 총 85.276이다. 누적 분산의 경우 절대적인 기준은 없으나 사회과학에서 60% 이상이면 설명력이 높다고 판단한다.

성분행렬[a]

	성분 1	2	3	4	5
공감성1	.747	.110	-.372	-.420	-.176
대응성2	.737	-.265	-.247	.484	-.011
대응성3	.733	-.261	-.298	.455	-.027
만족도3	.731	-.143	.512	-.034	-.296
만족도2	.728	-.142	.488	-.051	-.324
공감성2	.724	.118	-.399	-.399	-.102
만족도1	.713	-.146	.495	.002	-.283
공감성3	.709	.075	-.382	-.448	-.177
재방문의도3	.665	.007	.215	-.127	.485
대응성1	.654	-.307	-.304	.495	-.033
재방문의도2	.642	-.088	.201	-.188	.582
재방문의도1	.604	-.133	.060	-.033	.550
신뢰성3	.309	.850	.062	.176	.025
신뢰성2	.337	.826	.056	.201	.000
신뢰성1	.326	.826	.025	.216	-.007

추출 방법: 주성분 분석.
a. 추출된 5 성분

회전된 성분행렬[a]

⑥	성분 1	2	3	4	5
대응성1	.890	.158	.159	-.011	.137
대응성2	.886	.223	.175	.048	.203
대응성3	.883	.194	.223	.038	.181
만족도3	.184	.893	.168	.061	.207
만족도2	.181	.888	.197	.054	.181
만족도1	.208	.865	.143	.064	.201
공감성3	.169	.181	.891	.084	.155
공감성1	.192	.199	.891	.133	.167
공감성2	.201	.132	.863	.140	.210
신뢰성3	-.013	.043	.093	.915	.071
신뢰성2	.029	.068	.099	.906	.059
신뢰성1	.046	.043	.102	.905	.038
재방문의도2	.106	.210	.180	.035	.864
재방문의도3	.129	.260	.179	.146	.777
재방문의도1	.269	.107	.143	.018	.765

추출 방법: 주성분 분석.
회전 방법: 카이저 정규화가 있는 베리멕스.
a. 5 반복계산에서 요인회전이 수렴되었습니다.

[그림 5.12] 요인 적재값 결과

성분행렬은 회전되기 전의 요인 적재값이고, 회전된 성분행렬은 주성분 분석 추출방법, 베리멕스 회전 방식을 통해 산출된 요인 적재값이다. 회전된 성분행렬을 기준으로 요인이 제대로 나눠졌는지 확인한다. ⑥의 경우 1부터 5까지로 나타나 총 5개의 요인으로 나눠진 것을 알 수 있으며, 각각의 요인 적재값 중 0.4 이상인 수치들끼리 묶어 그룹핑(grouping)한다.

구체적으로 살펴보면 요인 1에는 대응성1(0.890), 대응성2(0.886), 대응성3(0.883)이 묶였으며, 요인 2에는 만족도3(0.893), 만족도2(0.888), 만족도1(0.865), 요인3에는 공감성3(0.891), 공감성1(0.891), 공감성2(0.863), 요인4에는 신뢰성3(0.915), 신뢰성2(0.906), 신뢰성1(0.905), 요인5에는 재방문의도2(0.864), 재방문의도3(0.777), 재방문의도1(0.765)이 묶인 것을 알 수 있다. 즉, 변수의 개념을 측정하기 위해 설문지에 사용한 항목들이 각각의 개념에 맞게 그룹핑 되어 정확히 측정된 것을 확인할 수 있다.

회전된 성분행렬[a]

	성분 1	성분 2	성분 3	성분 4	성분 5
대응성1	.890	.158	.159	-.011	.137
대응성2	.886	.223	.175	.048	.203
대응성3	.883	.194	.223	.038	.181
만족도3	.184	.893	.168	.061	.207
만족도2	.181	.888	.197	.054	.181
만족도1	.208	.865	.143	.064	.201
공감성3	.169	.181	.891	.084	.155
공감성1	.192	.199	.891	.133	.167
공감성2	.201	.132	.863	.140	.210
신뢰성3	-.013	.043	.093	.915	.071
신뢰성2	.029	.068	.099	.906	.059
신뢰성1	.046	.043	.102	.905	.038
재방문의도2	.106	.210	.180	.035	.864
재방문의도3	.129	.260	.179	.146	.777
재방문의도1	.269	.107	.143	.018	.765

추출 방법: 주성분 분석.
회전 방법: 카이저 정규화가 있는 베리멕스.
a. 5 반복계산에서 요인회전이 수렴되었습니다.

회전된 성분행렬[a]

	성분 1	성분 2	성분 3	성분 4	성분 5
신뢰성1	.046	.043	.102	.905	.038
신뢰성2	.029	.068	.099	.906	.059
신뢰성3	-.013	.043	.093	.915	.071
대응성1	.890	.158	.159	-.011	.137
대응성2	.886	.223	.175	.048	.203
대응성3	.883	.194	.223	.038	.181
만족도1	.208	.865	.143	.064	.201
만족도2	.181	.888	.197	.054	.181
만족도3	.184	.893	.168	.061	.207
공감성1	.192	.199	.891	.133	.167
공감성2	.201	.132	.863	.140	.210
공감성3	.169	.181	.891	.084	.155
재방문의도1	.269	.107	.143	.018	.765
재방문의도2	.106	.210	.180	.035	.864
재방문의도3	.129	.260	.179	.146	.777

추출 방법: 주성분 분석.
회전 방법: 카이저 정규화가 있는 베리멕스.
a. 5 반복계산에서 요인회전이 수렴되었습니다.

[그림 5.13] 왼쪽의 경우 크기순 정렬을 체크, 우측은 크기순 정렬을 체크하지 않음

[그림 5.8]에서 요인분석 옵션에 크기순 정렬을 체크하지 않으면 **[그림 5.13]** 오른쪽과 같은 결과가 나타난다. 왼쪽과 비교해보면 동일하게 요인이 5개로 분류되며 결과도 동일한 것을 확인할 수 있다. 단, 크기순 정렬을 선택하려면 왼쪽처럼 요인별로 변수를 배치한 후 크기가 큰 적재값 내림차순 순으로 결과를 배치한다.

만약 요인분석을 했을 때, 공통성과 요인 적재값이 0.4보다 낮은 항목이 있다면 두 가지 방법을 통해 해결할 수 있다. 첫째, 미달된 측정항목을 제거한 후 다시 요인분석을 진행한다. 둘째, 해당 변수를 무시하고 해석한다. 두 가지 방법 모두 틀린 방법은 아니지만 첫 번째 방법인 미달된 항목을 제거한 후 재분석 하는 방법이 더욱 바람직하다. 또한 요인이 5개로 나눠져야 하는데 제대로 나눠지지 않는다면 **[그림 5.6]** 추출 선택부분에 고유값 기준을 고정된 요인 수로 체크하고 추출하고자 하는 요인의 수를 입력한 후 분석하면 된다. 그래도 제대로 분류되지 않았다면 독립변수, 종속변수 등 변수들을 나눠서 별도로 분석하거나 요인명을 연구자가 임의로 설정하여 하나의 요인으로 그룹핑 한다. 예를 들어 대응성과 만족도가 하나의 요인으로 묶였다면 '대응성과 만족도'와 같이 요인명을 설정하여 사용한다.

■ 분석결과 논문에 적용하기

요인분석의 경우 ① KMO와 Bartlett(KMO측도) ② 공통성 ③ 고유값 ④ 공통분산 ⑤ 누적분산 ⑥ 요인 적재값을 기준으로 논문에 작성한다. 대부분 신뢰도 분석 결과와 함께 표로 제시되기 때문에 논문에 작성하는 방법을 알아보기 전에 신뢰도 분석을 먼저 실습한다.

2. 신뢰도 분석

신뢰도 분석은 척도의 신뢰성(reliability)을 확인하는 분석으로 동일한 개념의 측정항목을 여러 번 반복적으로 측정했을 때, 얼마나 일관성 있는 결과가 나타나는지를 확인하는 통계분석 방법이다. 신뢰도 분석의 경우 요인분석 결과를 바탕으로 분석이 이루어지며, 연속형 척도(등간척도, 비율척도)로 구성되어야 분석가능하다.

신뢰성을 확인하는 방법은 반복측정 신뢰성(test-retest reliability), 평가자 간 신뢰성(inter-rater reliability), 내적 일관성(internal consistency), 반분 신뢰성(split-half reliability) 등이 있다. 이중 논문에서 가장 많이 사용하는 방법은 내적 일관성 방법이다. 내적 일관성에 의한 측정항목의 신뢰성 확인 방법은 크론바흐 알파 계수(Cronbach's α)를 사용한다. 알파 계수를 구하는 공식은 다음과 같다.

$$\alpha = \frac{k}{k-1}\left(1 - \sum\frac{\sigma_t^2}{\sigma_i^2}\right)$$

k = 측정 항목의 수

σ_i^2 = 각 측정항목의 분산

σ_t^2 = 전체 분산

크론바흐 알파 계수는 0에서 1까지 값을 가진다. 반드시 몇 점 이상이 나와야 한다는 기준은 없으나 높으면 높을수록 좋다고 평가한다. 아래에 제시한 기준치를 충족하면 신뢰성이 있다고 판단한다.

① 0.5 이상~0.6 이하일 경우 양호한 수준으로 평가함.
② 0.6 이상~0.7 이하일 경우 적합한 수준으로 평가함.
③ 0.7 이상~0.8 이하일 경우 높은 수준으로 평가함.
④ 0.8 이상이면 매우 높은 수준으로 평가함.

앞서 진행한 요인분석의 결과들을 바탕으로 신뢰도 분석을 실시해보자.

1 '05_요인분석_신뢰도분석.SAV' 파일을 실행시킨다. 이후 분석 → 척도분석 → 신뢰도 분석을 클릭한다.

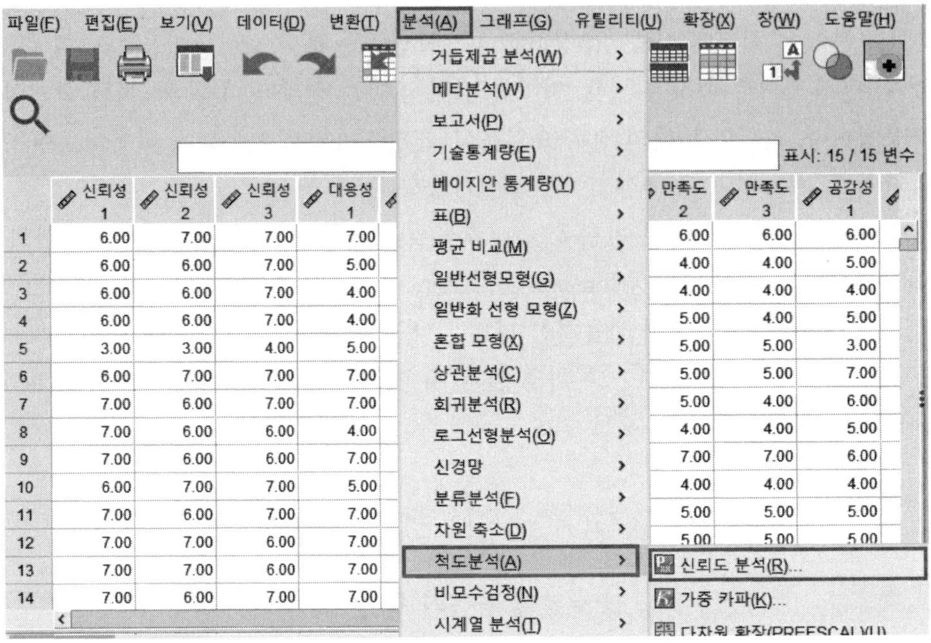

[그림 5.14] 신뢰도 분석 실시하기

2 ① 요인분석을 통해 묶인 항목들을 선택한다. ② 화살표를 클릭하여 항목으로 이동한다. ③ 통계량을 클릭한다.

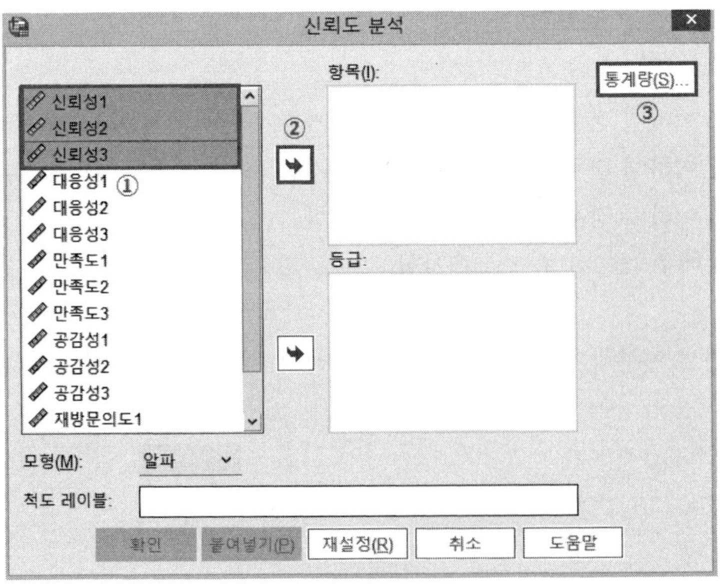

[그림 5.15]

3 통계량에서 항목제거시 척도를 선택한 후 계속을 클릭한다.

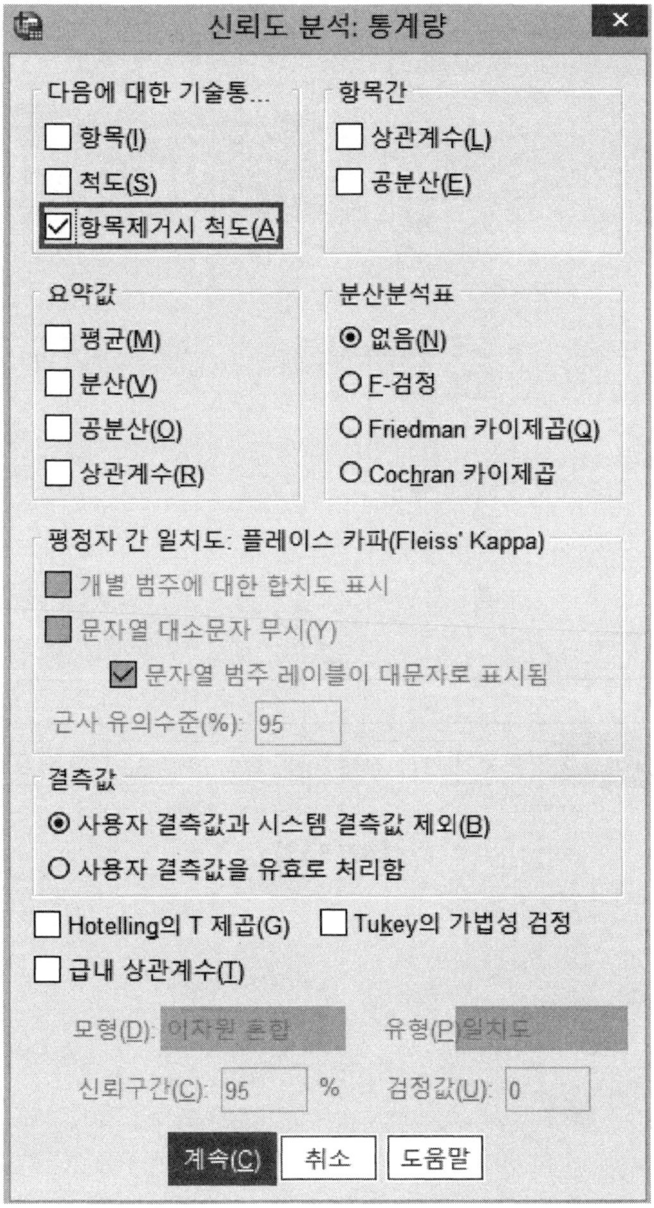

[그림 5.16]

4 확인을 클릭한다.

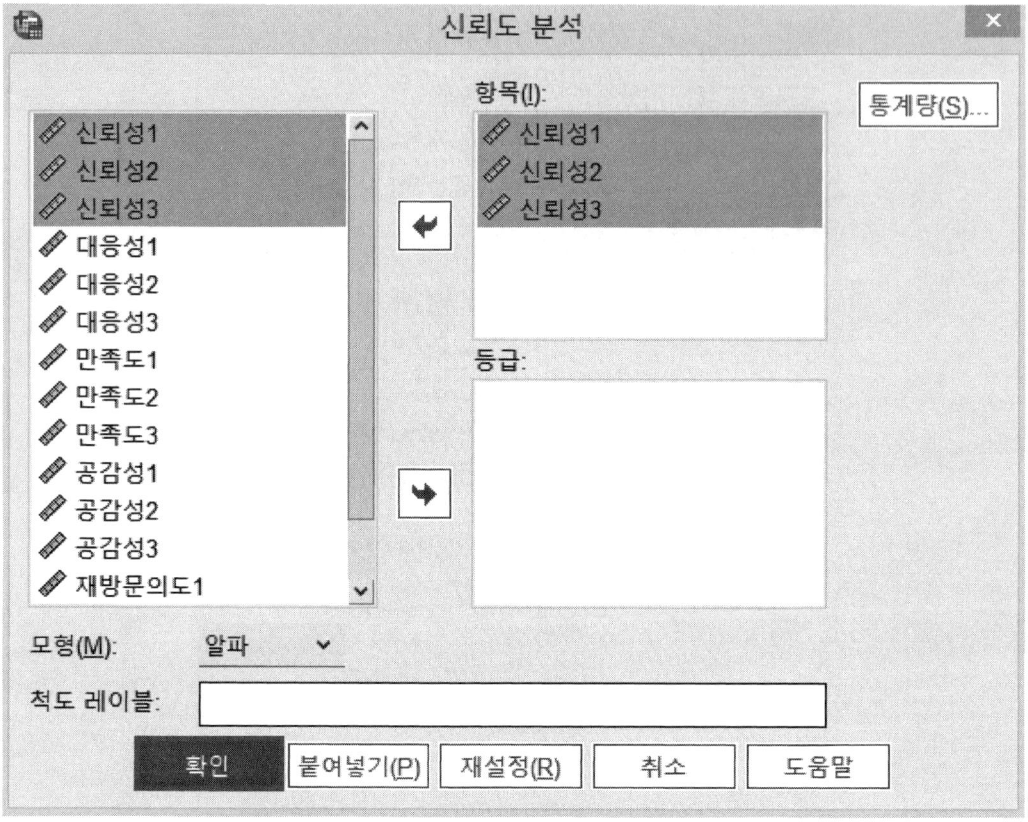

[그림 5.17]

5 출력결과를 확인한다.

척도: 모든 변수

케이스 처리 요약

		N	%
케이스	유효	431	100.0
	제외됨[a]	0	.0
	전체	431	100.0

a. 목록별 삭제는 프로시저의 모든 변수를 기준으로 합니다.

신뢰도 통계량

Cronbach의 알파	항목 수
.906	3

①

항목 총계 통계량

②

	항목이 삭제된 경우 척도 평균	항목이 삭제된 경우 척도 분산	수정된 항목-전체 상관계수	항목이 삭제된 경우 Cronbach 알파
신뢰성1	12.7169	3.036	.805	.873
신뢰성2	12.7401	3.090	.811	.867
신뢰성3	12.6868	3.095	.823	.857

[그림 5.18] 신뢰도 분석결과

신뢰도 분석결과 신뢰성의 Cronbach의 알파 계수는 ① 0.906으로 매우 높은 수준임을 알 수 있다. 만약 Cronbach의 알파값이 0.5 이하로 미달일 경우 ② 항목이 삭제된 경우 Cronbach의 알파를 통해 계수 값을 개선할 수 있다. 신뢰성1이 삭제될 경우 현재 Cronbach의 알파계수가 0.906에서 0.873으로 변경된다는 뜻이다. 신뢰성의 경우 전체적으로 개선되는 효과가 없기 때문에 항목을 삭제할 필요는 없다. 삭제를 진행할 경우 1개씩 제거하면서 결과를 확인한다.

동일한 방법으로 대응성(Cronbach의 알파=0.938), 만족도(Cronbach의 알파=0.936), 공감성(Cronbach의 알파=0.936), 재방문의도(Cronbach의 알파=0.822) 모두 신뢰도 분석을 진행한다.

■ 분석결과 논문에 적용하기

요인분석의 경우 ① KMO와 Bartlett(KMO측도) ② 공통성 ③ 고유값 ④ 공통분산 ⑤ 누적분산 ⑥ 요인 적재값을 사용하고, 신뢰도 분석의 경우 ① Cronbach의 알파 계수를 사용하여 논문에 작성하면 된다. 해당 결과들은 하나의 표로 만들어준다.

척도의 타당성과 신뢰성 분석결과

본 연구에서 활용한 측정 항목들의 타당성과 신뢰성을 확인하기 위해 요인분석 및 신뢰도 분석을 실시하였다. 분석결과는 다음 **<표 1>**과 같다. 요인분석의 경우 주성분분석(principal components analysis)추출모델을 사용하였고, 회전방식의 경우 직각회전 방식인 베리멕스(Varimax)회전 방식을 이용하였다.

KMO측도의 경우 0.6 이상으로 나타났으며, Bartlett의 구형성 검증결과 유의확률이 .000으로 유의하게 나타났다. 공통성과 요인 적재값의 경우 모두 0.4 이상으로 나타나 기준치를 충족한 것으로 나타났다. 따라서 척도의 타당성은 적합하다고 볼 수 있다.

척도의 타당성 분석 후 추가로 요인분석을 통해 선정된 측정 항목에 대한 신뢰성(reliability)을 확인하기 위해 신뢰도 분석을 실시하였다. 신뢰도 분석의 경우 크론바흐 알파(Cronbach's α) 계수를 이용해 검증을 실시하였다. 분석결과 크론바흐 알파(Cronbach's α) 계수의 경우 모두 0.6 이상으로 나타나 기준치를 충족한 것으로 나타났다. 즉, 내적 일관성이 있는 항목으로 구성되어 있음을 확인할 수 있다. 따라서 해당 항목들은 문제없이 분석에 투입하였다.

〈표 1〉 요인분석 및 신뢰도 분석결과

요인명	공통성	요인 적재값	고유값	공통 분산	누적 분산	Cronbach의 알파
신뢰성1	.835	.905	2.676	17.842	17.842	.906
신뢰성2	.840	.906				
신뢰성3	.854	.915				
대응성1	.861	.890	2.667	17.779	35.620	.938
대응성2	.909	.886				
대응성3	.901	.883				
만족도1	.855	.865	2.640	17.599	53.219	.936
만족도2	.896	.888				
만족도3	.906	.893				
공감성1	.916	.891	2.560	17.067	70.826	.936
공감성2	.867	.863				
공감성3	.886	.891				
재방문의도1	.689	.765	2.248	14.990	85.276	.822
재방문의도2	.834	.864				
재방문의도3	.741	.777				
Kaiser-Meyer-Olkin 측도 = .843 Bartlett의 구형성 검정: χ^2 = 5308.147 자유도 = 105, p=.000						

요인분석과 신뢰도 분석을 진행하여 척도의 타당성과 신뢰성 검증을 완료하였다. 각 변수들의 측정항목들이 정확하고 적합하게 분류되었고, 일관성 있게 조사된 것을 확인할 수 있다. 이제 신뢰성, 대응성, 만족도, 공감성, 재방문의도에 대한 측정항목들을 하나의 변수로 만들어 가설검증을 위한 분석을 실시하면 된다. 각각의 측정항목을 합산하여 하나의 변수로 만드는 방법은 Chapter 03. 3.3 변수계산, **[그림 3.40]**과 **[그림 3.41]**을 참고한다.

[변수계산]

신뢰성 : (신뢰성1+신뢰성2+신뢰성3)/3

대응성 : (대응성1+대응성2+대응성3)/3

만족도 : (만족도1+만족도2+만족도3)/3

공감성 : (공감성1+공감성2+공감성3)/3

재방문의도 : (재방문의도1+재방문의도2+재방문의도3)/3

Chapter 06

t검정(t-test)

학습목표

☞ 두 개의 집단을 비교할 때 사용하는 t검정의 개념을 이해한다.

☞ t검정의 종류를 구분하고 이해한다.

☞ 실습을 통해 분석방법을 숙지하고 실제로 논문에 반영할 수 있다.

t검정(t-test)은 두 개의 집단을 비교할 때 사용하는 통계분석 방법이다. 이러한 t검정은 동일한 표본을 사전과 사후로 나눠 두 번의 조사를 통해 차이를 비교하는 대응표본 t검정과 두 개의 집단을 비교하는 독립표본 t검정이 있다.

1. 대응표본 t검정

대응표본 t검정(paired sample t-test)은 동일한 표본을 대상으로 사전과 사후, 총 2회 설문을 조사하여 평균의 차이를 비교할 때, 사용하는 통계분석 방법이다. 사전과 사후는 두 개로 나눠지지만 조사에 참여하는 표본은 사전과 사후가 동일인이어야 한다.

예를 들어 고등학생들을 대상으로 수업의 집중력을 향상시킬 수 있는 미술심리교육 프로그램을 개발한다고 가정해 보자. 이때 미술심리교육 프로그램이 실제 수업의 집중력을 높여주는지 확인하기 위해 프로그램 참여 전에 집중력을 조사하고, 프로그램 참여 후에 집중력을 조사한다. 이후 실제 집중력에 변화가 있는지 통계분석을 통해 확인해야 하는데 이때 사용하는 분석방법이 대응표본 t검정이다. 이러한 대응표본 t검정은 독립변수와 종속변수가 모두 연속형 척도(등간척도, 비율척도)로 구성되어야 분석가능하다.

분석결과를 확인하고 해석하기 위해 연구가설을 설정한 후 실습을 진행해보자.

[연구가설]

가설1) 미술심리교육 프로그램의 참여 전과 후는 집중력에 차이가 있을 것이다.

- 사전 : 집중력
- 사후 : 집중력

[집중력 측정항목, 리커트 5점 척도]

구분	측정항목	전혀 동의하지 않는다 / 보통이다 / 매우 동의한다
집중력	1. 나는 항상 수업에 집중한다.	1 ----- 2 ----- 3 ----- 4 ----- 5
	2. 나는 수업 중 다른 생각이 들지 않았다	1 ----- 2 ----- 3 ----- 4 ----- 5
	3. 나는 수업 중 다른 행동을 하지 않았다.	1 ----- 2 ----- 3 ----- 4 ----- 5

측정항목들을 합산하여 하나의 집중력 변수로 만들기 위해서는 먼저 Chapter 05.에서 설명한 요인분석 및 신뢰도 분석을 실시하여 척도의 타당성과 신뢰성을 검증해야 한다. 이후 변수계산을 통해 평균값으로 합산한 후 분석을 실시한다. 변수계산의 경우 Chapter 03. **[그림 3.40]**과 **[그림 3.41]** 참고한다. 실습의 경우 변수계산까지의 과정은 생략하고 평균값으로 합산한 변수만을 가지고 진행한다.

1 '06_대응표본t검정.SAV' 파일을 실행시킨다.

[그림 6.1]

2 분석 → 평균 비교 → 대응표본 T 검정을 클릭한다.

[그림 6.2] 대응표본 t검정 실시하기

3 ① 사전_집중력 선택 후 ② 화살표를 클릭한다.

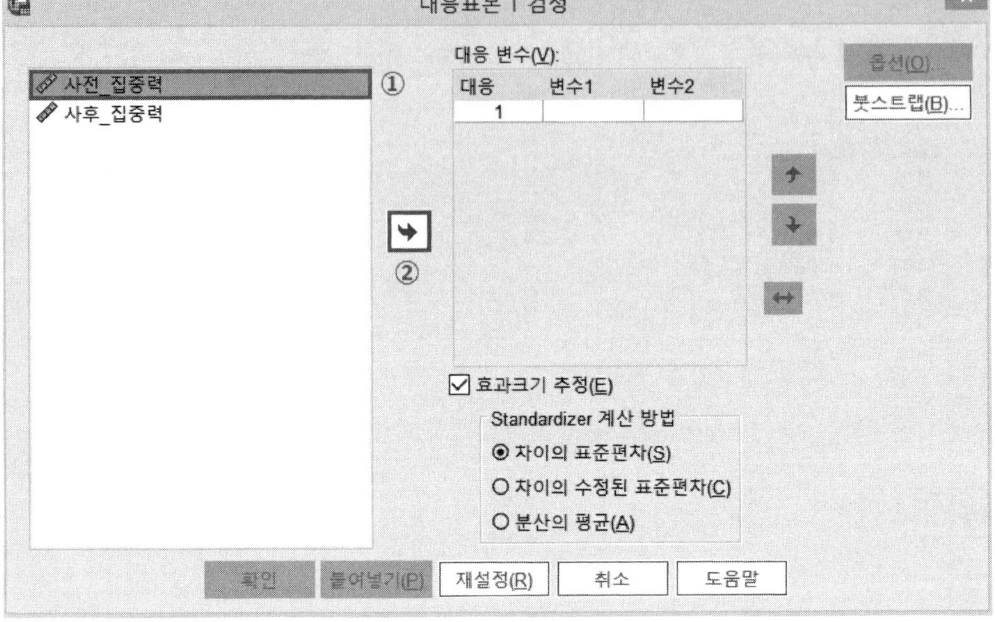

[그림 6.3]

4 ① 사후_집중력 선택 후 ② 화살표를 클릭한다. ③의 경우 사전변수 ④의 경우는 사후 변수이다.

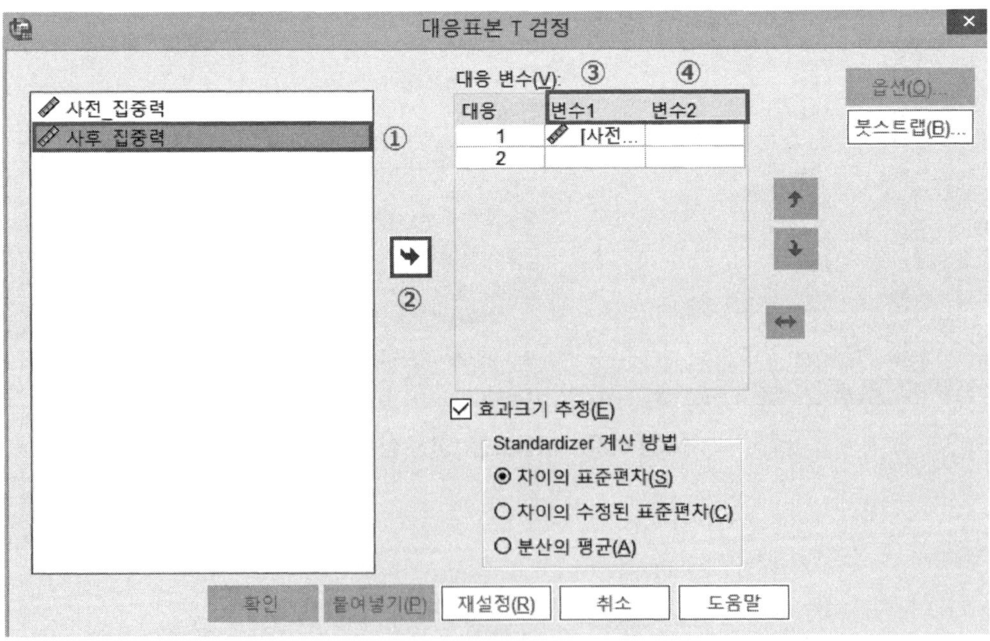

[그림 6.4]

5 확인을 클릭한다.

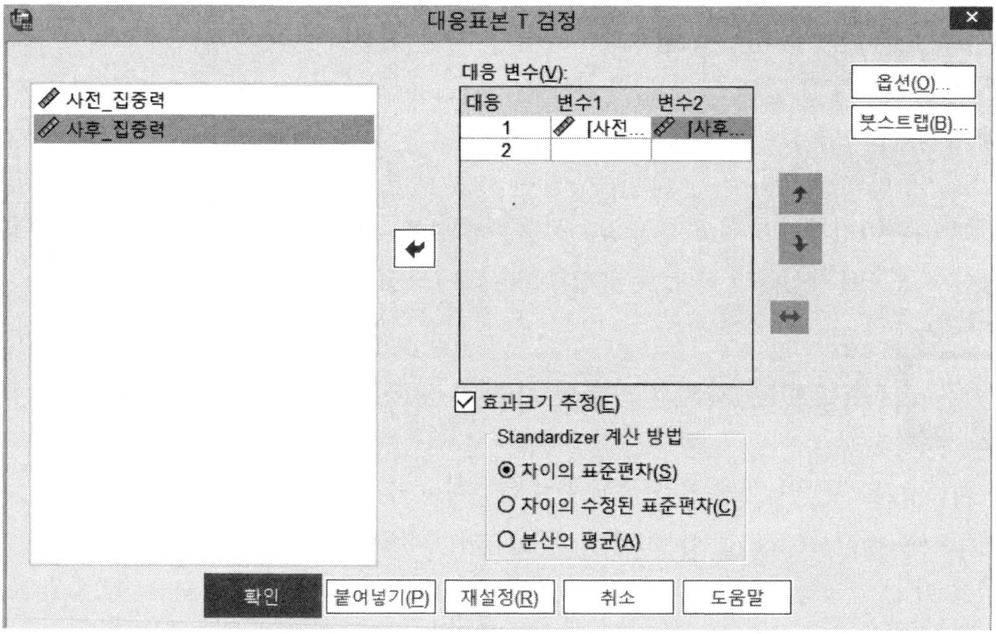

[그림 6.5]

6 출력결과를 확인한다.

대응표본 통계량

		평균	N	표준편차	평균의 표준오차
대응 1	사전_집중력	4.3267	100	1.20696	.12070
	사후_집중력	4.9067	100	1.63167	.16317
		①	②	③	

대응표본 상관계수

		N	상관관계	유의확률 단측 확률	유의확률 양측 확률
대응 1	사전_집중력 & 사후_집중력	100	.572	<.001	<.001

대응표본 검정

		대응차 평균	대응차 표준편차	대응차 평균의 표준오차	차이의 95% 신뢰구간 하한	차이의 95% 신뢰구간 상한	t	자유도	유의확률 단측 확률	유의확률 양측 확률
대응 1	사전_집중력 - 사후_집중력	-.58000	1.36545	.13655	-.85094	-.30906	-4.248	99	<.001	<.001
							④			⑤

[그림 6.6] 대응표본 t검정 분석결과

■ 분석결과 논문에 적용하기

대응표본 t검정의 경우 **[그림 6.6]**과 같이 ① 사전_집중력 보다 사후_집중력의 평균값이 높은 것을 확인할 수 있다. 또한 ④ 유의확률(p-value)이 <.001(p=.000)으로 .05보다 낮기 때문에 통계적으로 유의한 수준에서 차이가 있다고 할 수 있다. 논문에는 p<.001 또는 p=.000으로 표기한다. 만약 .05보다 높게 나타난다면 p>.05로 표기해준다.

대응표본 t검정의 경우 ① 평균(M) ② 표준화 편차(SD) ③ 표본 수 ④ t값 ⑤ 유의확률을 사용하여 논문에 작성하면 된다. 해당 결과들은 하나의 표로 만들어준다.

미술심리교육 프로그램 사전과 사후 집중력 차이비교 분석결과

미술심리교육 프로그램 참여 전과 후의 집중력의 차이를 비교 분석하기 위해 대응표본 t검정(paired sample t-test)을 실시하였다. 분석결과는 아래 **〈표 1〉**과 같다. 미술심리교육 프로그램 참여 전 학생들의 집중력(M=4.33, SD=1.21)보다 참여 후 집중력(M=4.91, SD=1.63)의 평균값이 높아진 것을 알 수 있다. 또한 통계적으로 유의한 수준으로 나타났다(p=.000). 즉, 미술심리교육 프로그램은 수업 집중력을 높여준다는 것을 알 수 있다.

〈표 1〉 미술심리교육 프로그램 사전, 사후 집중력 비교 분석결과

구분	N	M	SD	t	p-value
사전 집중력	100	4.33	1.21	−4.248	.000
사후 집중력	100	4.91	1.63		

2. 독립표본 t검정

독립표본 t검정(independent sample t-test)은 두 집단 간의 차이를 비교할 때 사용하는 통계분석 방법이다. 두 집단의 차이를 비교해야 되기 때문에 독립변수가 명목척도(범주형 척도)로 구성되어야 하고 종속변수는 연속형 척도(등간척도, 비율척도)로 구성되어야 한다.

예를 들어 성별에 대한 직무만족도에 차이를 확인해야 한다고 가정해보자. 이때 성별을 남자 집단과 여자 집단, 총 두 개의 집단으로 나눠 직무만족도를 조사한 후 실제 차이가 있는지 통계분석을 통해 확인해야 한다. 이때 사용하는 분석방법이 바로 독립표본 t검정이다.

분석결과를 확인하고 해석하기 위해 연구가설을 설정한 후 실습을 진행해보자.

[연구가설]

가설1) 성별에 따른 직무만족은 차이가 있을 것이다

- 독립변수 : 성별
- 종속변수 : 직무만족

[직무만족 측정항목, 리커트 5점 척도]

구분	측정항목	전혀 동의하지 않는다 / 보통이다 / 매우 동의한다
직무만족	1. 나는 내가 하는 일에 만족한다.	1 ----- 2 ----- 3 ----- 4 ----- 5
	2. 나는 동료들과 원만한 관계를 유지하고 있다.	1 ----- 2 ----- 3 ----- 4 ----- 5
	3. 내가 맡은 직무에 적정한 보상이 주어진다.	1 ----- 2 ----- 3 ----- 4 ----- 5

측정항목들을 합산하여 하나의 직무만족 변수로 만들기 위해서는 먼저 Chapter 05.에서 설명한 요인분석 및 신뢰도 분석을 실시하여 척도의 타당성과 신뢰성을 검증해야 한다. 이후 변수계산을 통해 평균값으로 합산한 후 분석을 실시한다. 변수계산의 경우 Chapter 03. **[그림 3.40]**과 **[그림 3.41]** 참고한다. 실습의 경우 변수계산까지의 과정은 생략하고 평균값으로 합산한 변수만을 가지고 진행한다.

1 '07_독립표본t검정.SAV' 파일을 실행시킨다.

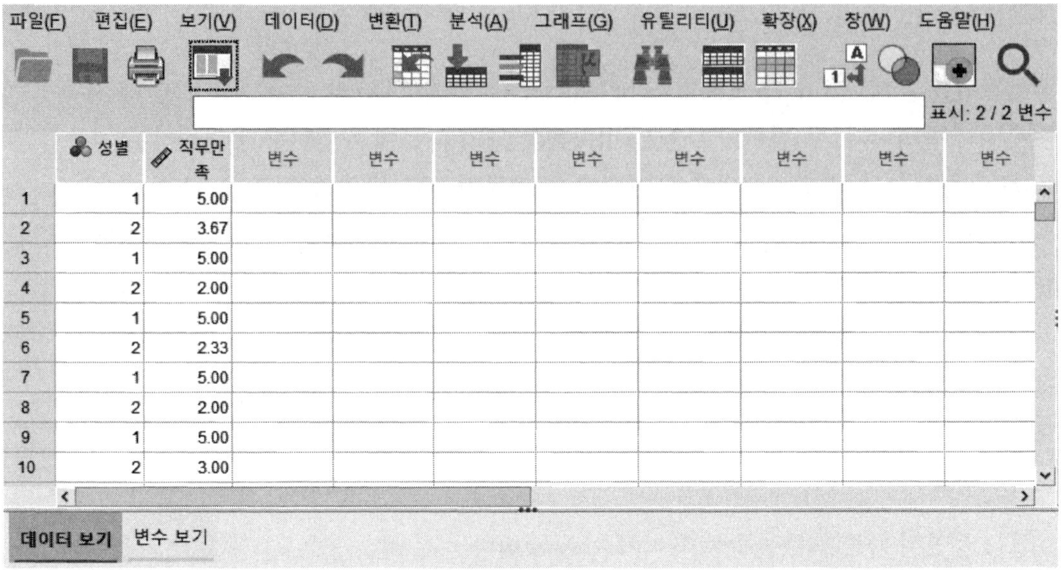

[그림 6.7]

2 분석 → 평균 비교 → 독립표본 T 검정을 클릭한다.

[그림 6.8] 대응표본 t검정 실시하기

3 ① 독립변수인 성별을 클릭한 후 ② 아래 화살표를 클릭하여 집단변수로 이동한다.

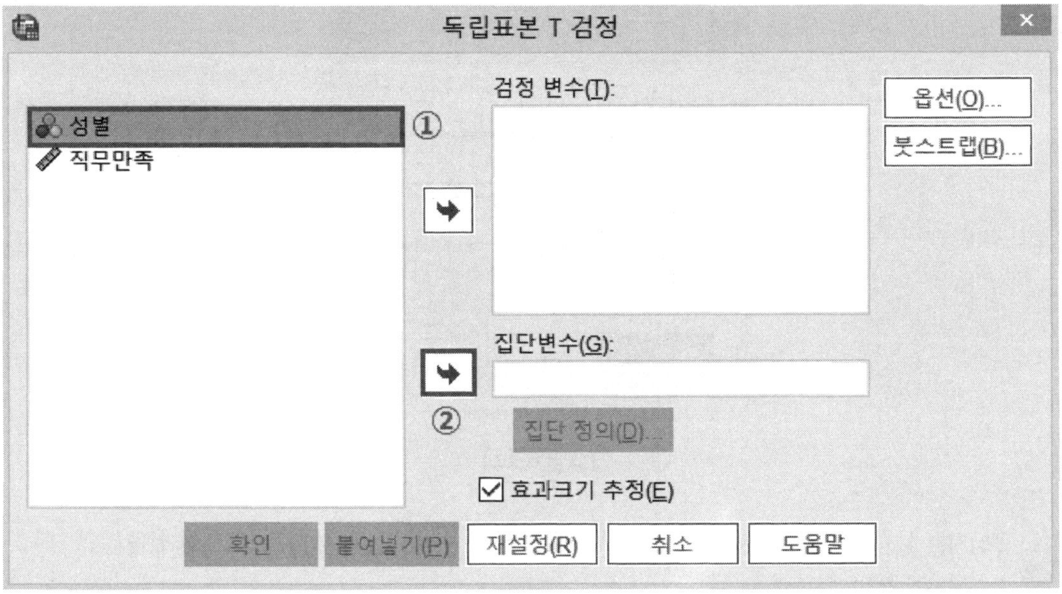

[그림 6.9]

4 집단정의를 클릭한다.

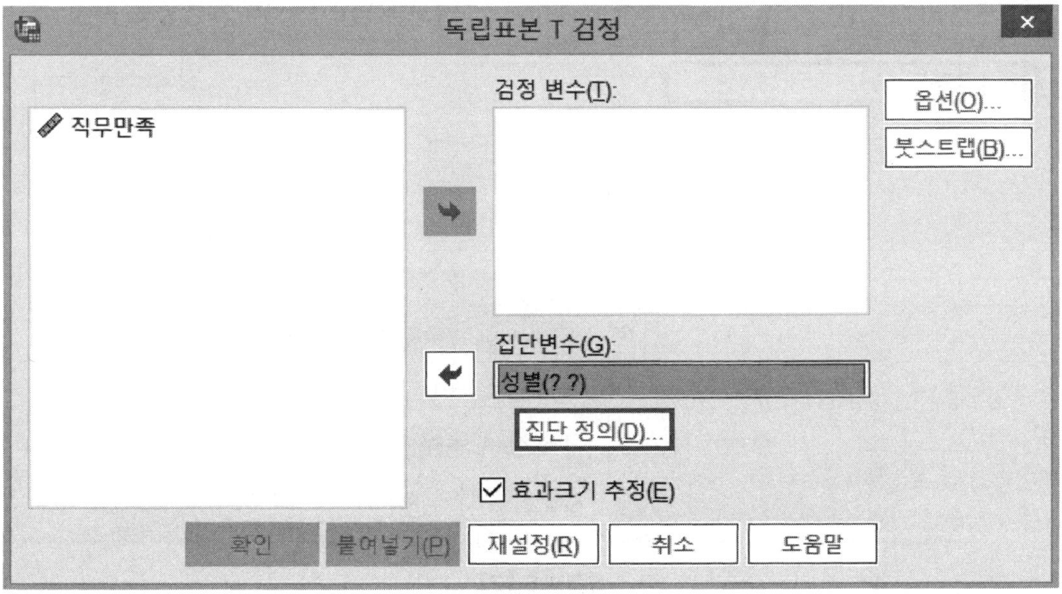

[그림 6.10]

5 집단 1에 1, 집단 2에 2를 입력한 후 계속을 클릭한다.

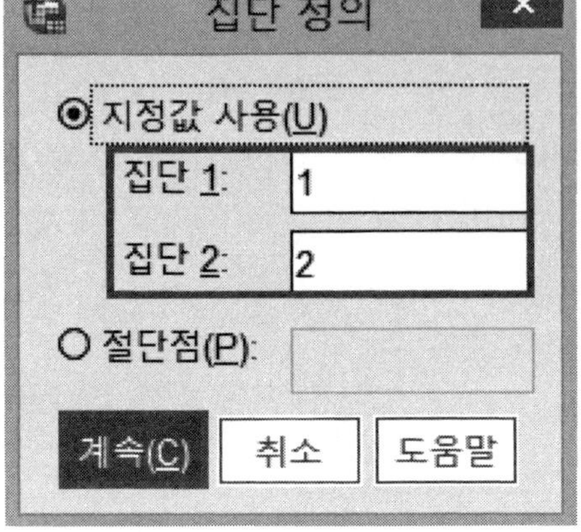

[그림 6.11]

남자는 1, 여자는 2로 코딩했기 때문에 1, 2를 입력. 만약 남자 0, 여자 1로 코딩되어 있음 집단 1에 0, 집단 2에 2를 입력하면 됨.

6 ① 종속변수인 직무만족을 클릭한 후 ② 위에 화살표를 클릭하여 검정 변수로 이동한다.

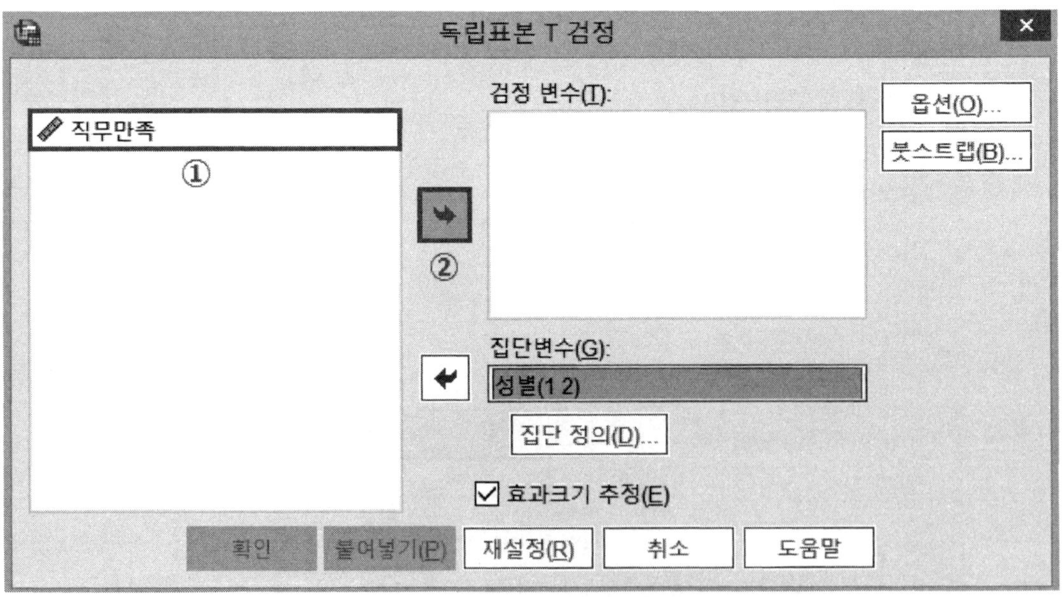

[그림 6.12]

7 확인을 클릭한다.

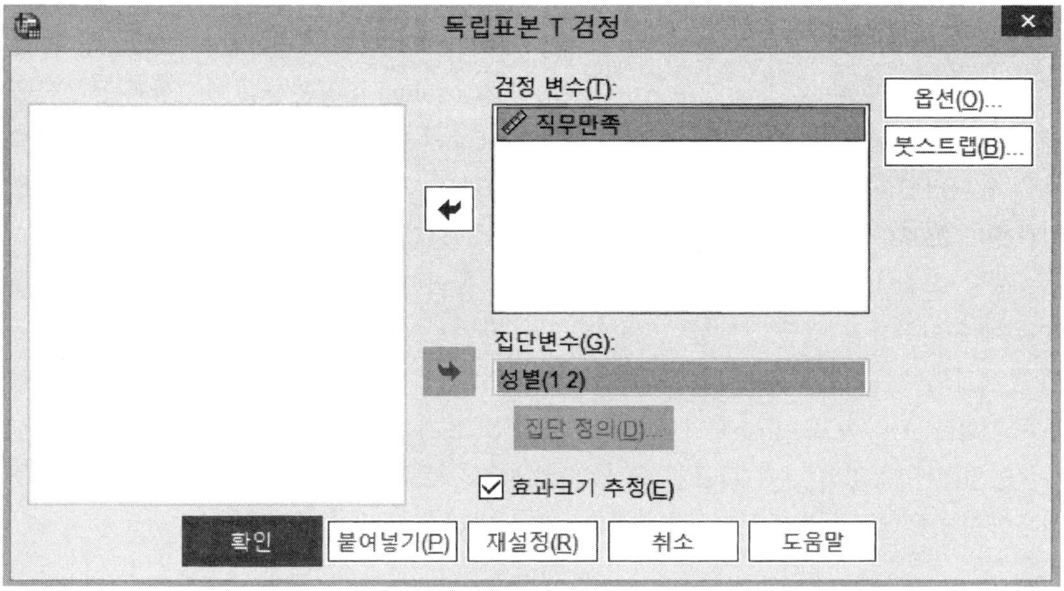

[그림 6.13]

8 출력결과를 확인한다.

집단통계량

	성별	N ①	평균 ②	표준편차 ③	평균의 표준오차
직무만족	남자	50	4.4800	.90140	.12748
	여자	50	3.0600	.96583	.13659

독립표본 검정

		Levene의 등분산 검정		평균의 동일성에 대한 T 검정							
						유의확률				차이의 95% 신뢰구간	
		F	④ 유의확률	t	자유도	단측 확률	양측 확률	평균차이	표준오차 차이	하한	상한
직무만족	등분산을 가정함	.809	.371	7.600	98	<.001	⑤ <.001	1.42000	.18683	1.04923	1.79077
	등분산을 가정하지 않음			7.600	97.536	<.001	⑥ <.001	1.42000	.18683	1.04921	1.79079

[그림 6.14] 독립표본 t검정 분석결과

분석결과 논문에 적용하기

독립표본 t검정의 경우 **[그림 6.14]**와 같이 ② 여자보다 남자의 평균값이 높은 것을 확인할 수 있다. 독립표본 t검정의 경우 ⑤, ⑥ 유의확률(p-value)이 등분산을 가정함과 등분산을 가정하지 않음, 총 두 개로 확인된다. 만약 왼쪽 Levene의 등분산 검정의 ④ 유의확률이 .05보다 높게 나타난다면 ⑤ 위에 유의확률과 t값을 참고하면 되고, Levene의 등분산 검정의 ④ 유의확률이 .05보다 낮게 나타난다면 ⑥ 아래 유의확률과 t값을 참고하면 된다.

해당 분석의 경우 Levene의 등분산 검정의 ④ 유의확률이 .371로 .05 보다 높게 나타나 ⑤ 위에 유의확률과 t값을 참고한다. 유의확률의 경우 <.001(p=.000)으로 .05보다 낮기 때문에 통계적으로 유의한 수준에서 차이가 있다고 할 수 있다. 논문에는 p<.001 또는 p=.000으로 표기한다. 만약 .05보다 높게 나타난다면 p>.05로 표기해준다.

독립표본 t검정의 경우 ① 표본 수 ② 평균(M) ③ 표준화 편차(SD) ⑤ t값과 유의확률을 사용하여 논문에 작성하면 된다. 해당 결과들은 하나의 표로 만들어준다.

성별에 따른 직무만족 차이비교 분석결과

성별인 남자와 여자의 직무만족 차이를 비교 분석하기 위해 독립표본 t검정(independent sample t-test)을 실시하였다. 분석결과는 아래 **〈표 1〉**과 같다. 남자(M=4.48, SD=.90)가 여자(M=3.06, SD=.97)보다 직무만족의 평균값이 높은 것을 알 수 있다. 또한 통계적으로 유의한 수준으로 나타났다(p=.000). 즉, 남자가 여자보다 직무만족이 높다는 것을 알 수 있다.

〈표 1〉 성별에 따른 직무만족 비교 분석결과

구분	N	M	SD	t	p-value
남자	50	4.48	.90	7.600	.000
여자	50	3.06	.97		

Chapter 07

분산분석(ANOVA)

학습목표

- ☞ 세 개 이상의 집단을 비교할 때 사용하는 분산분석의 개념을 이해한다.
- ☞ 분산분석의 종류를 구분하고 이해한다.
- ☞ 실습을 통해 분석방법을 숙지하고 실제로 논문에 반영할 수 있다.

분산분석(ANOVA, analysis of variance)은 세 개 이상의 집단을 비교할 때 사용하는 통계 분석 방법이다. 분산분석의 경우 검정 통계량은 F이며, 일원분산분석(One-way-ANOVA)과 이원분산분석(Two-way-ANOVA)을 가장 많이 사용한다.

1. 일원분산분석(One-way-ANOVA)

일원분산분석은 한 개의 독립변수 안에 세 개 이상의 집단을 비교할 때 실시하는 통계분석 방법이다. 예를 들어 연령에 따른 직무만족을 비교해본다고 가정해 보자. 이럴 경우 연령이 독립변수가 되고, 직무만족이 종속변수가 된다. 이때 독립변수인 연령이 20대, 30대, 40대 세 개의 집단으로 분류된다면, 연령이라는 한 개의 독립변수 안에 세 개의 집단이 구성된 것이다.

연령의 경우 세 개의 집단으로 구성되었기 때문에 직무만족의 평균값을 비교하기 위해서는 일원분산분석을 실시해야 한다. 이러한 일원분산분석은 독립변수가 명목척도(범주형 척도)로 구성되어야 하고 종속변수는 연속형 척도(등간척도, 비율척도)로 구성되어야 분석 가능하다.

분석결과를 확인하고 해석하기 위해 연구가설을 설정한 후 실습을 진행해보자.

[연구가설]

가설1) 연령에 따른 직무만족은 차이가 있을 것이다.

- 독립변수 : 연령
- 종속변수 : 직무만족

[직무만족 측정항목, 리커트 5점 척도]

구분	측정항목	전혀 동의하지 않는다	보통이다	매우 동의한다
직무만족	1. 나는 내가 하는 일에 만족한다.	1 ----- 2 ----- 3 ----- 4 ----- 5		
	2. 나는 동료들과 원만한 관계를 유지하고 있다.	1 ----- 2 ----- 3 ----- 4 ----- 5		
	3. 내가 맡은 직무에 적정한 보상이 주어진다.	1 ----- 2 ----- 3 ----- 4 ----- 5		

측정항목들을 합산하여 하나의 직무만족 변수로 만들기 위해서는 먼저 Chapter 05.에서 설명한 요인분석 및 신뢰도 분석을 실시하여 척도의 타당성과 신뢰성을 검증해야 한다. 이후 변수계산을 통해 평균값으로 합산한 후 분석을 실시한다. 변수계산의 경우 Chapter 03. **[그림 3.40]**과 **[그림 3.41]** 참고한다. 실습의 경우 변수계산까지의 과정은 생략하고 평균값으로 합산한 변수만을 가지고 진행한다.

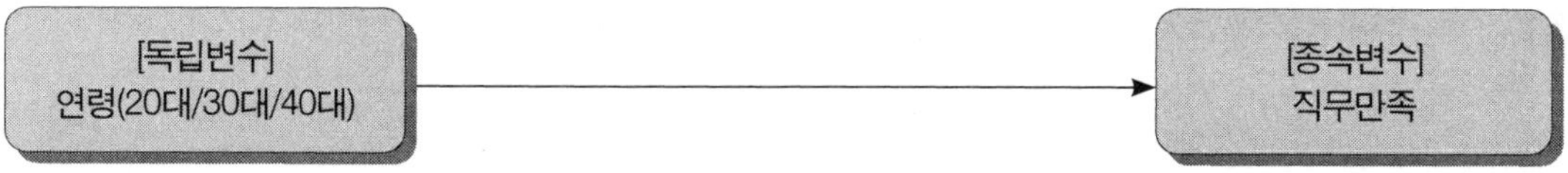

[그림 7.1] 일원분산분석(One-way-ANOVA)의 구성

1 '08_일원분산분석.SAV' 파일을 실행시킨다.

[그림 7.2]

2 분석 → 평균 비교 → 일원배치 분산분석을 클릭한다.

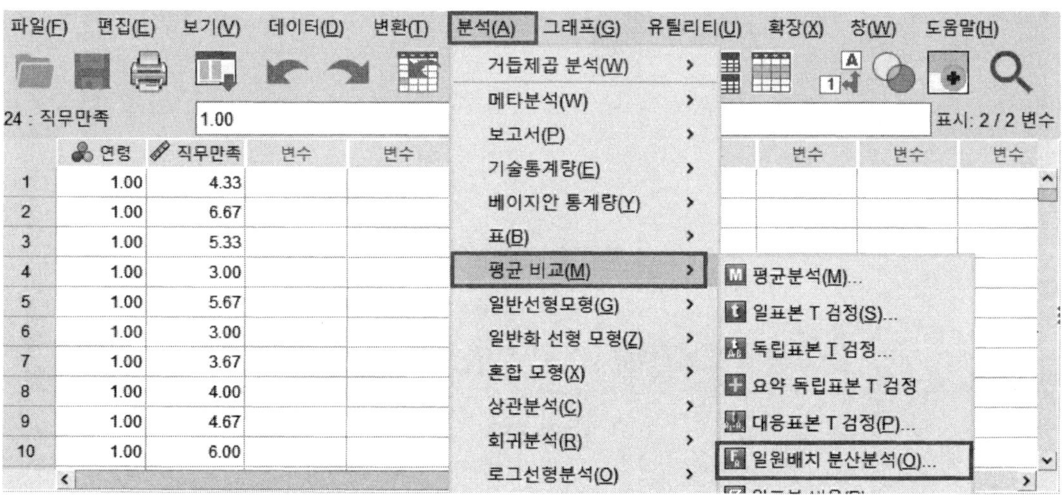

[그림 7.3] 일원분산분석 실시하기

3 ① 독립변수인 연령을 클릭한 후 ② 아래 화살표를 클릭하여 요인으로 이동한다.

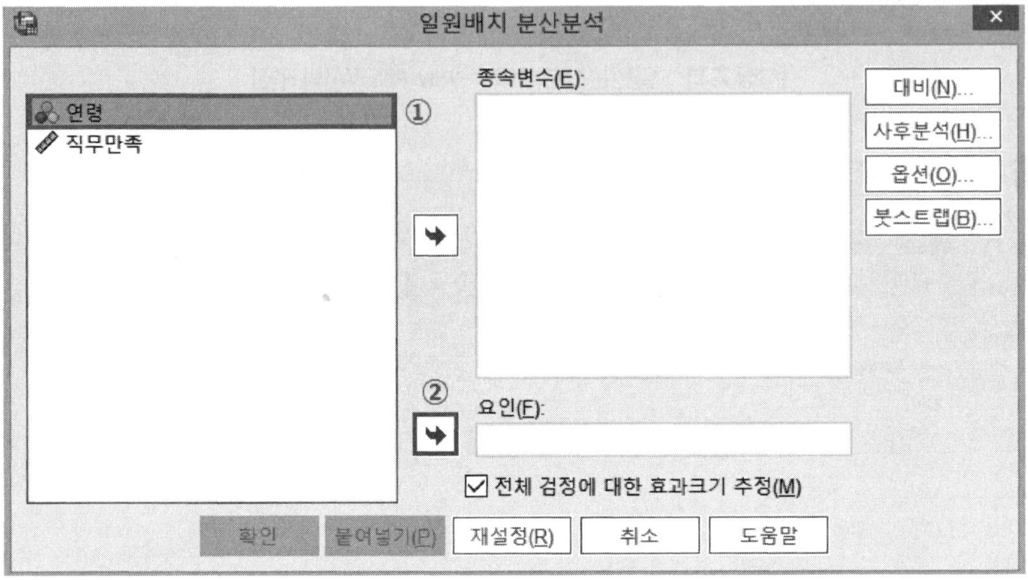

[그림 7.4]

4 ① 종속변수인 직무만족을 클릭한 후 ② 위 화살표를 클릭하여 종속변수로 이동한다.

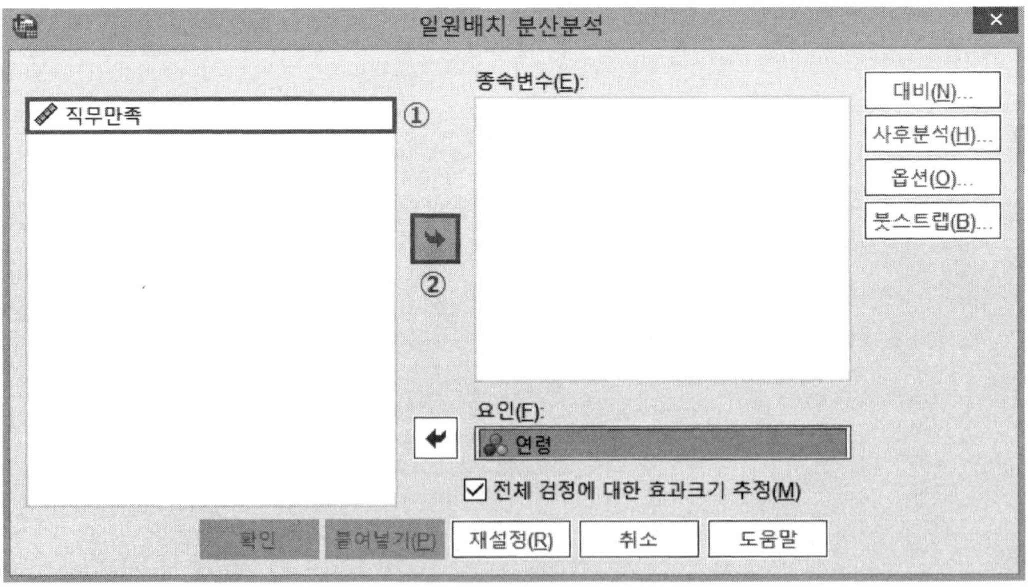

[그림 7.5]

5 사후분석을 클릭한다.

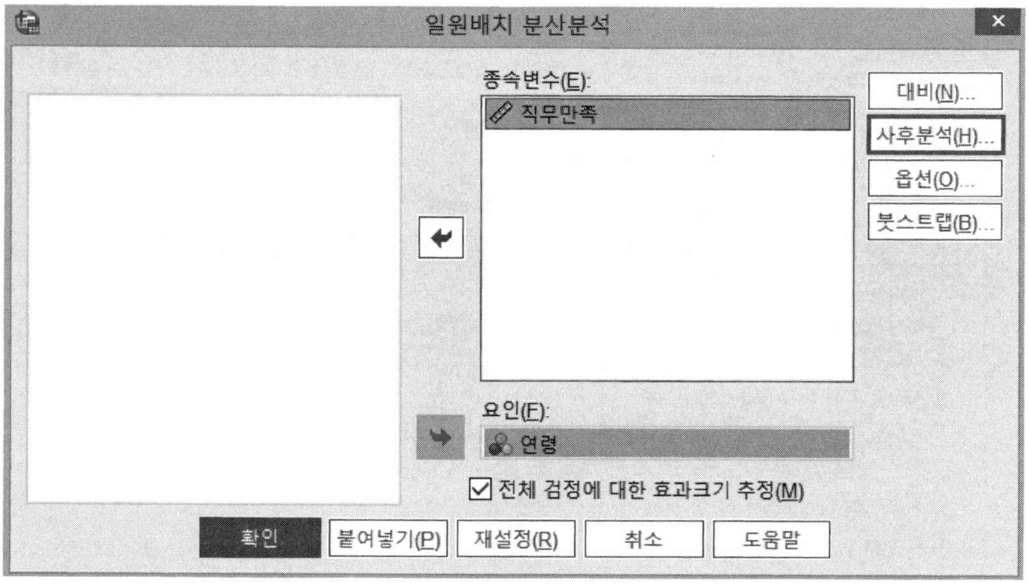

[그림 7.6]

❻ Scheffe를 선택한 후 계속을 클릭한다.

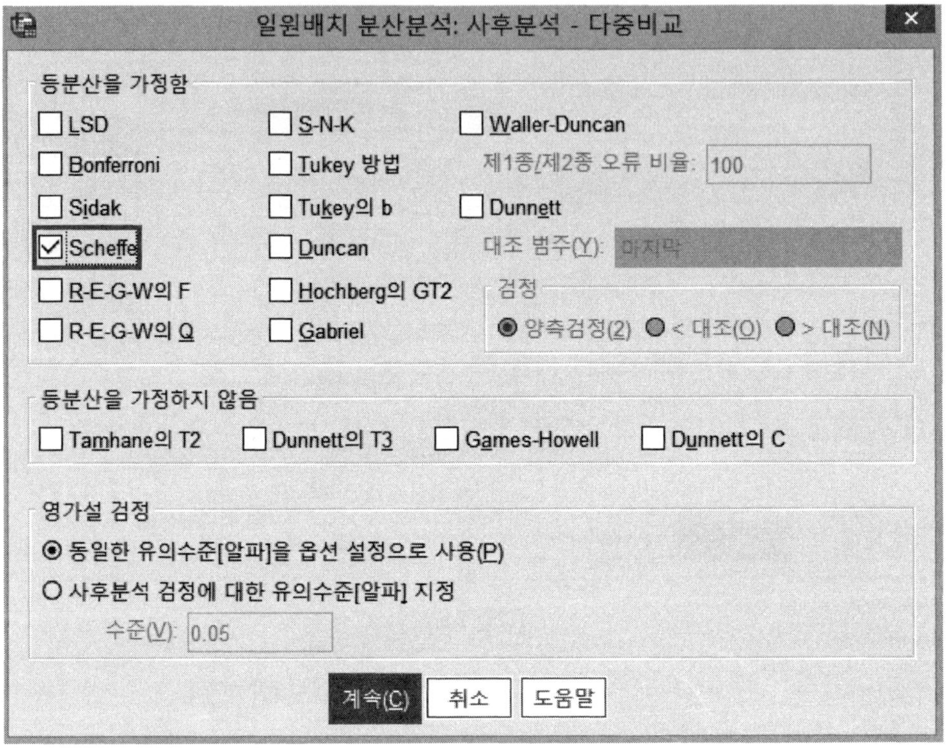

[그림 7.7]

사후검정의 경우 LSD, Duncan, Tukey, Scheffe 등 다양한 방법이 있지만 Scheffe가 일반적으로 가장 많이 사용되는 방법이기 때문에 여기서는 Scheffe 방법으로 분석을 진행한다.

7 옵션을 클릭한다.

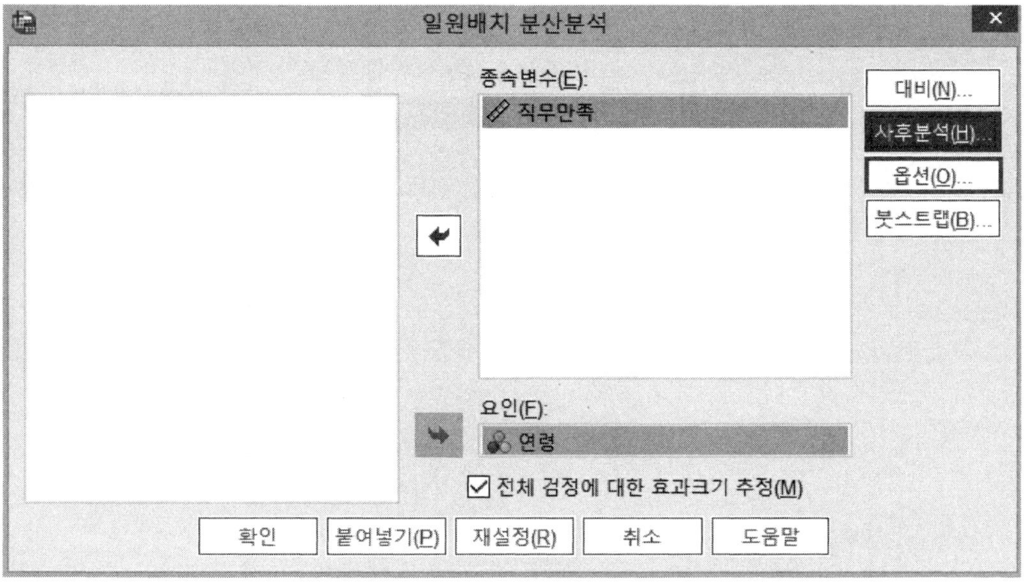

[그림 7.8]

8 기술통계, 분산 동질성 검정, Welch를 선택한 후 계속을 클릭한다.

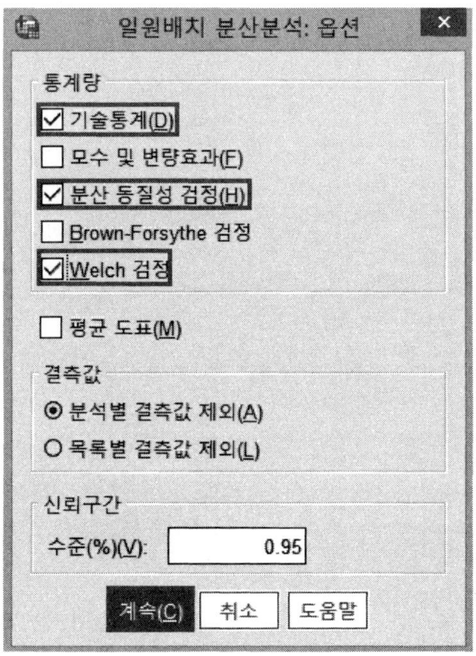

[그림 7.9]

9 확인을 클릭한다.

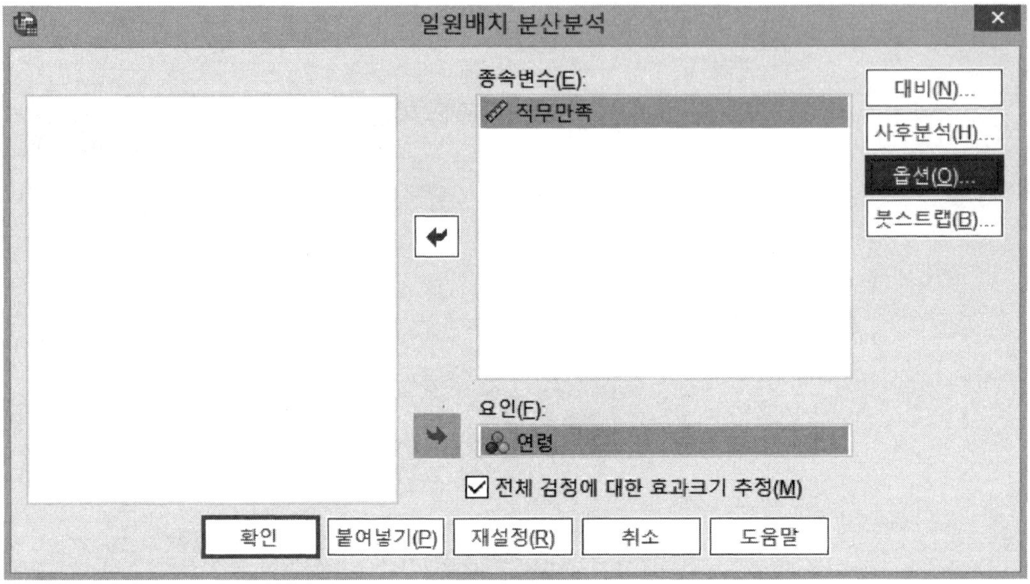

[그림 7.10]

10 출력결과를 확인한다.

기술통계

직무만족

	N	평균	표준편차	표준오차	평균의 95% 신뢰구간 하한	평균의 95% 신뢰구간 상한	최소값	최대값
20대	53	4.0818	1.43358	.19692	3.6866	4.4769	1.00	7.00
30대	67	4.7562	1.20825	.14761	4.4615	5.0509	1.00	7.00
40대	58	4.4138	1.29523	.17007	4.0732	4.7544	1.00	7.00
전체	178	4.4438	1.32849	.09957	4.2473	4.6403	1.00	7.00
	①	②	③					

분산의 동질성 검정

		Levene 통계량	df1	df2	CTT 유의확률 ④
직무만족	평균을 기준으로 합니다.	1.061	2	175	.348
	중위수를 기준으로 합니다.	.987	2	175	.375
	자유도를 수정한 상태에서 중위수를 기준으로 합니다.	.987	2	174.362	.375
	절삭평균을 기준으로 합니다.	1.081	2	175	.342

ANOVA

직무만족

	제곱합	자유도	평균제곱	F ⑤	CTT 유의확률 ⑥
집단-간	13.539	2	6.769	3.964	.021
집단-내	298.844	175	1.708		
전체	312.383	177			

ANOVA 효과 크기[a,b]

		포인트 추정값	95% 신뢰구간 하한	95% 신뢰구간 상한
직무만족	에타 제곱	.043	.001	.109
	엡실런 제곱	.032	-.011	.098
	오메가 제곱 고정 효과	.032	-.011	.098
	오메가 제곱 변량효과	.016	-.005	.051

a. 에타 제곱 및 엡실런 제곱은 고정 효과 모델을 기반으로 추정됩니다.

b. 음수이지만 편향이 적은 추정값은 유지되며 0으로 반올림되지 않습니다.

평균의 동질성 로버스트 검정

직무만족

	통계[a] ⑦	df1	df2	CTT 유의확률 ⑧
Welch	3.848	2	111.562	.024

a. 자동으로 F 분배합니다.

[그림 7.11] 일원분산분석(One-way-ANOVA) 분석결과

사후검정

다중비교

종속변수: 직무만족
Scheffe

(I) 연령	(J) 연령	평균차이(I-J)	표준오차	⑨ CTT 유의확률	95% 신뢰구간 하한	95% 신뢰구간 상한
20대	30대	-.67446*	.24023	.021	-1.2675	-.0814
	40대	-.33203	.24832	.411	-.9451	.2810
30대	20대	.67446*	.24023	.021	.0814	1.2675
	40대	.34243	.23437	.346	-.2362	.9211
40대	20대	.33203	.24832	.411	-.2810	.9451
	30대	-.34243	.23437	.346	-.9211	.2362

*. 평균차이는 0.05 수준에서 유의합니다.

[그림 7.12] 일원분산분석(One-way-ANOVA) 분석결과

■ 분석결과 논문에 적용하기

일원분산분석의 경우 **[그림 7.11]**과 같이 ② 30대가 20대와 40대보다 평균값이 높은 것을 확인할 수 있다. 이후 유의확률(p-value)을 확인해야 하는데 그 전에 분산의 동질성을 먼저 검토해야 한다. ④ 분산의 동질성 유의확률의 경우 .05보다 높게 나타나 통계적으로 유의하지 않은 것을 확인할 수 있다. 즉, 분산의 동질성 유의하지 않다는 것은 분산이 유의한 차이를 보이지 않아 동질성을 만족한다는 것이다. 이렇게 분산의 동질성이 유의하지 않게 나타날 경우 ⑥ ANOVA의 유의확률을 참고하면 된다. 유의확률이 .021로 .05보다 낮기 때문에 통계적으로 유의한 수준에서 차이가 있다고 할 수 있다. 논문에는 $p<.05$ 또는 $p=.021$로 표기한다. 유의확률이 .05보다 높게 나타난다면 $p>.05$로 표기해준다.

만약 ④ 분산의 동질성이 .05보다 낮아 통계적으로 유의하게 나타난다면 분산의 동질성을 만족하지 못한 것이다. 이럴 경우 ANOVA가 아닌 평균의 동질성 로버스트 검정의 ⑧ 유의확률을 참고하면 된다.

마지막으로 Scheffe 사후검증의 경우 **[그림 7.12]**과 같이 ⑨ 유의확률을 참고하면 된다. 사후검정 분석결과를 살펴보면 20대와 30대의 유의확률은 .021로 .05보다 낮아 통계적으로 유의한 수준에서 차이가 있다는 것을 알 수 있다. 반면 20대와 40대, 30대와 40대는 유의확률이 .05보다 높게 나타나 통계적으로 유의한 수준에서 차이가 없다는 것을 알 수 있다.

일원분산분석의 경우 ① 표본 수 ② 평균(M) ③ 표준화 편차(SD) ⑤ F ⑥ 유의확률(분산

의 동질성이 .05보다 낮을 경우 ⑤번과 ⑥번이 아닌 ⑦번과 ⑧번을 사용) ⑨ Scheffe의 사후검정을 사용하여 논문에 작성하면 된다. 해당 결과들을 하나의 표로 만들어준다.

연령에 따른 직무만족 차이비교 분석결과

연령인 20대, 30대, 40대의 직무만족의 차이를 비교 분석하기 위해 일원분산분석(One-way-ANOVA)를 실시하였으며, 사후검증의 경우 Scheffe검증을 실시하였다. 분석결과는 아래 **〈표 1〉**과 같다. 30대(M=4.76, SD=1.21)의 직무만족 평균값이 가장 높게 나타났고, 다음은 40대(M=4.41, SD=1.33), 20대(M=4.08, SD=1.43) 순으로 나타났다. 또한 통계적으로 유의한 수준으로 나타났다(p=.021). Scheffe의 사후검증 결과의 경우 20대와 30대가 통계적으로 유의한 수준에서 차이가 있는 것으로 나타났다(p=.021).

〈표 1〉 연령에 따른 직무만족 비교 분석결과

구분	N	M	SD	F	p-value	Scheffe
20대(a)	53	4.08	1.43			
30대(b)	67	4.76	1.21	3.964	.021	b>a
40대(c)	58	4.41	1.30			

- Scheffe 사후검증의 경우 연령을 a, b, c로 구분하여 표기함. 20대와 30대가 통계적으로 유의한 수준에서 차이가 나타남. 30대가 20대 보다 평균값이 높기 때문에 b(30대) > a(20대) 보다 크다고 표기한다.
- 만약 집단 간의 차이가 통계적으로 유의하게 나타났는데 Scheffe 사후검증에 차이가 없다면 두 가지 방법으로 처리할 수 있다. 해석에서 사후검증을 빼거나 Scheffe 사후검증보다 관대한 LSD나 Duncan으로 변경하여 재분석 후 유의확률을 다시 확인한다.

2. 이원분산분석(Two-way-ANOVA)

이원분산분석은 두 개의 독립변수를 비교할 때, 실시하는 통계분석 방법이다. 이러한 이원분산분석은 독립변수들의 차이를 비교하는 주효과(main effect)와 두 개의 독립변수를 결합하여 이들 간의 효과를 검정하는 상호작용효과(interaction effect)를 분석할 수 있다. 두 개의 독립변수를 결합했기 때문에 결합효과라고도 부른다. 즉, 한 번의 분석으로 두 개의 독립변수에 대한 차이를 분석할 수 있고, 상호작용효과도 확인할 수 있다.

이원분산분석의 경우 두 개의 독립변수가 각각 두 집단을 가져, 총 네 개의 집단을 갖는 2×2 이원적 요인설계(two-factor-design)에 가장 많이 사용된다. 예를 들어 성별과 연령에 따른 직무만족을 비교해본다고 가정해 보자. 이럴 경우 성별과 연령이 독립변수가 되고 직무만족이 종속변수가 된다. 이때 독립변수인 성별은 남자와 여자로 구분하고, 연령은 20대와 30대로 분류한다면 성별과 연령이라는 두 개의 독립변수 안에 네 개의 집단이 구성된다. 이러한 설계가 바로 2(성별 : 남자 vs. 여자) × 2(연령 : 20대 vs. 30대) 이원적 요인설계이다.

이원적 요인설계에서 이원적 분산분석을 통해 성별에 대한 직무만족의 차이와 연령에 대한 직무만족의 차이를 각각 검정할 수 있는데 이것을 주효과라고 한다. 반면 성별과 연령을 결합(성별×연령)하여 두 개의 독립변수에 따라 서로 상반된 차이를 검정할 수 있는데 이것을 상호작용효과라고 한다. 이원분산분석의 가장 큰 목적은 상호작용효과를 검증하는데 있다. 분석의 경우 독립변수가 명목척도(범주형 척도)로 구성되어야 하고, 종속변수는 연속형 척도(등간척도, 비율척도)로 구성되어야 분석가능하다.

분석결과를 확인하고 해석하기 위해 연구가설을 설정한 후 실습을 진행해보자.

[연구가설]

주효과1, 가설1) 성별에 따른 직무만족은 차이가 있을 것이다.
주효과2, 가설2) 연령에 따른 직무만족은 차이가 있을 것이다.
상호작용효과, 가설3) 성별과 연령은 직무만족에 상호작용효과가 있을 것이다.

- 독립변수1 : 성별
- 독립변수2 : 연령
- 종속변수 : 직무만족

[직무만족 측정항목, 리커트 5점 척도]

구분	측정항목	전혀 동의하지 않는다 보통이다 매우 동의한다
직무만족	1. 나는 내가 하는 일에 만족한다.	1 ----- 2 ----- 3 ----- 4 ----- 5
	2. 나는 동료들과 원만한 관계를 유지하고 있다.	1 ----- 2 ----- 3 ----- 4 ----- 5
	3. 내가 맡은 직무에 적정한 보상이 주어진다.	1 ----- 2 ----- 3 ----- 4 ----- 5

측정항목들을 합산하여 하나의 직무만족 변수로 만들기 위해서는 먼저 Chapter 05.에서 설명한 요인분석 및 신뢰도 분석을 실시하여 척도의 타당성과 신뢰성을 검증해야 한다. 이후 변수계산을 통해 평균값으로 합산한 후 분석을 실시한다. 변수계산의 경우 Chapter 03. **[그림 3.40]**과 **[그림 3.41]** 참고한다. 실습의 경우 변수계산까지의 과정은 생략하고 평균값으로 합산한 변수만을 가지고 진행한다.

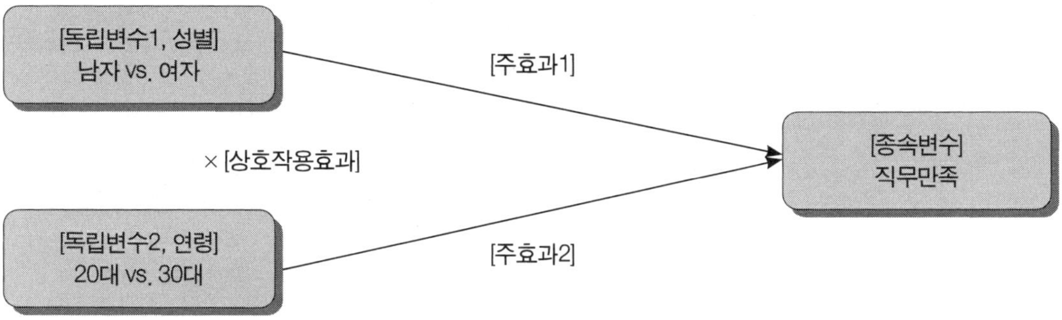

[그림 7.13] 이원분산분석(Two-way-ANOVA)의 구성

1 '09_이원분산분석.SAV' 파일을 실행시킨다.

[그림 7.14]

2 분석 → 일반선형모형 → 일변량을 클릭한다.

[그림 7.15] 이원분산분석 실시하기

3 ① 독립변수인 성별과 연령을 클릭한 후 ② 아래 화살표를 클릭하여 고정요인으로 이동한다.

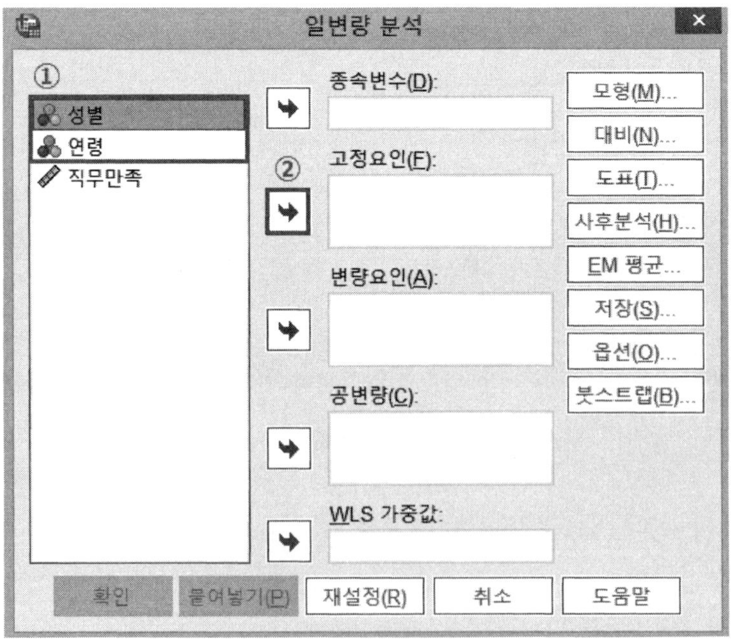

[그림 7.16]

4 ① 종속변수인 직무만족을 클릭한 후 ② 위 화살표를 클릭하여 종속변수로 이동한다.

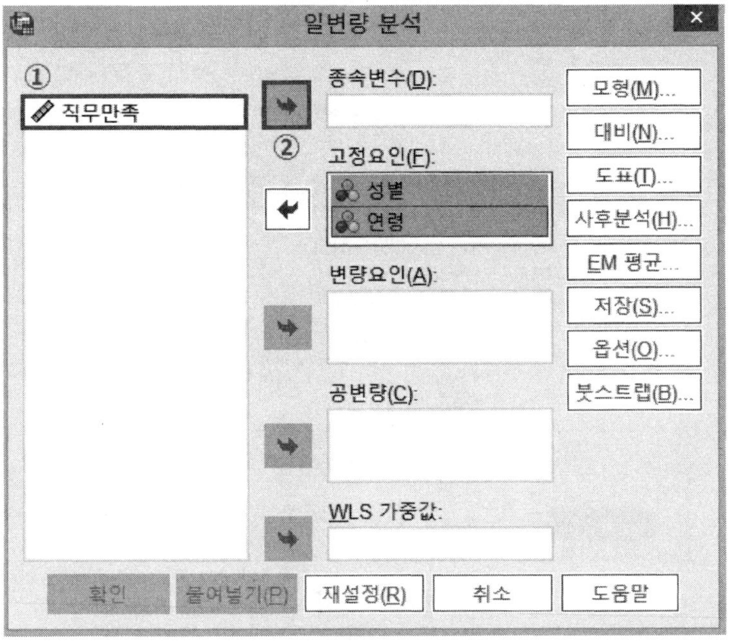

[그림 7.17]

만약 두 개의 독립변수 중 연속형 척도가 포함되어 있다면 평균값을 기준으로 낮음과 높음으로 변경하여 분석을 실시한다. 예를 들어 관여도라는 변수를 리커트 5점 척도를 사용하여 측정한 변수가 있다면, '4 기술통계'을 참고하여 평균값을 계산한다. 이후 '3.2 코딩변경하기'에서 '■ 비율척도 범주형 척도로 변경하기'를 참고하여 변경한다(등간척도도 비율척도와 동일하게 연속형 척도이기 때문에 변경하는 방법은 동일함). 만약 평균값이 3.224라면 **[그림 3.29]** 범위 '1에서 3.224'를 입력 후 값 1로 입력. 이후 범위 3.225에서 5를 입력 후 값 2로 입력하면 된다(1=낮음, 2=높음).

5 옵션을 클릭한다.

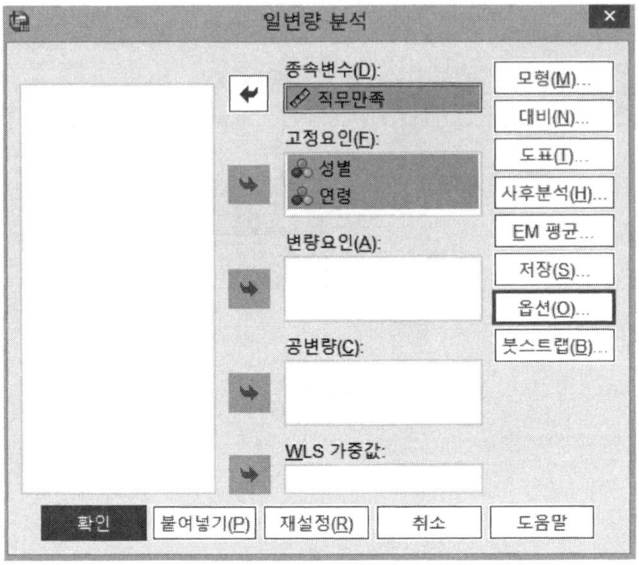

[그림 7.18]

6 기술통계량, 효과크기 추정값을 선택한 후 계속을 클릭한다.

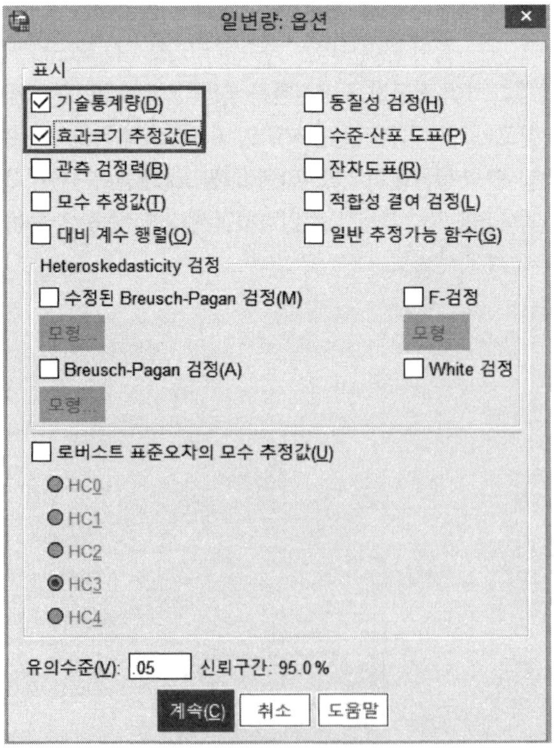

[그림 7.19]

7 도표를 클릭한다.

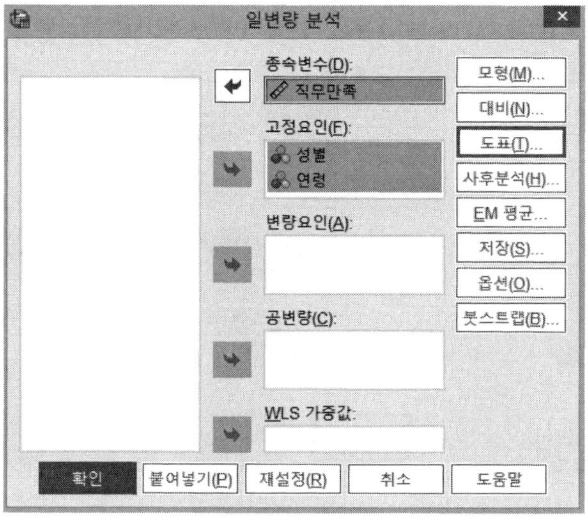

[그림 7.20]

8 ① 성별을 ③ 위 화살표를 클릭하여 수평축 변수로 이동한다. ② 연령은 ④ 아래 화살표를 클릭하여 선구분 변수로 이동한다.

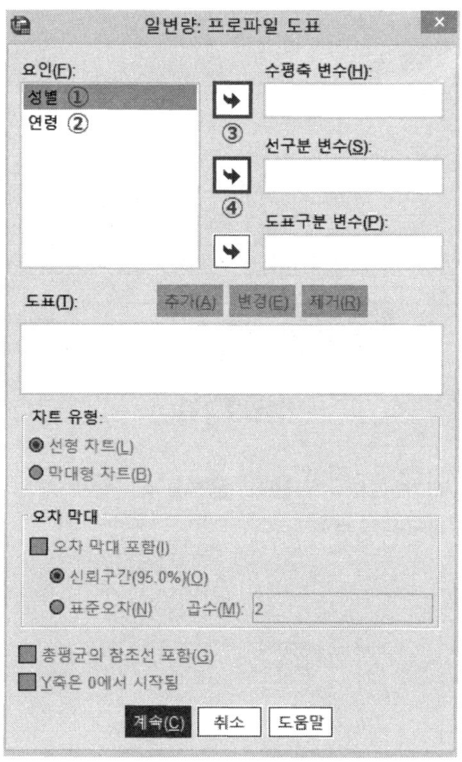

[그림 7.21]

❾ 추가를 클릭한다.

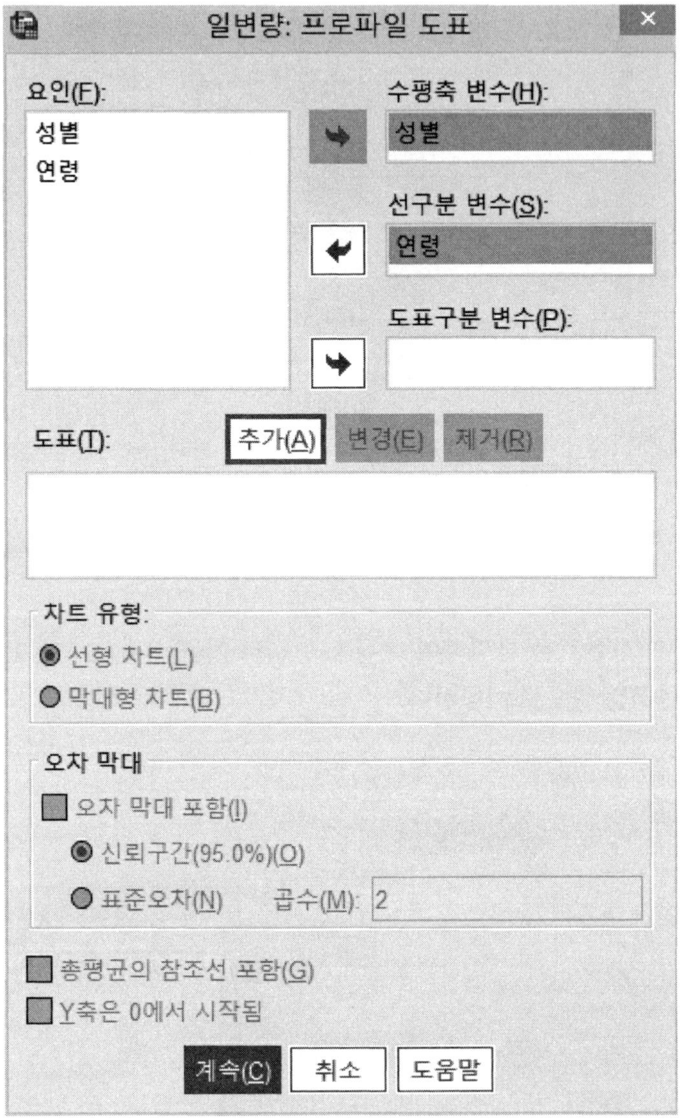

[그림 7.22]

도표의 경우 분석결과를 시각화하는 기능이기 때문에 수평축, 선구분 변수의 경우 성별, 연령의 순서가 바뀌어도 분석결과에 차이는 없음.

10 차트 유형을 ① 선형 차트를 선택한 후 계속을 클릭한다. 선형이 아닌 막대형 차트를 원할 경우 차트 유형을 ② 막대형 차트로 클릭한다.

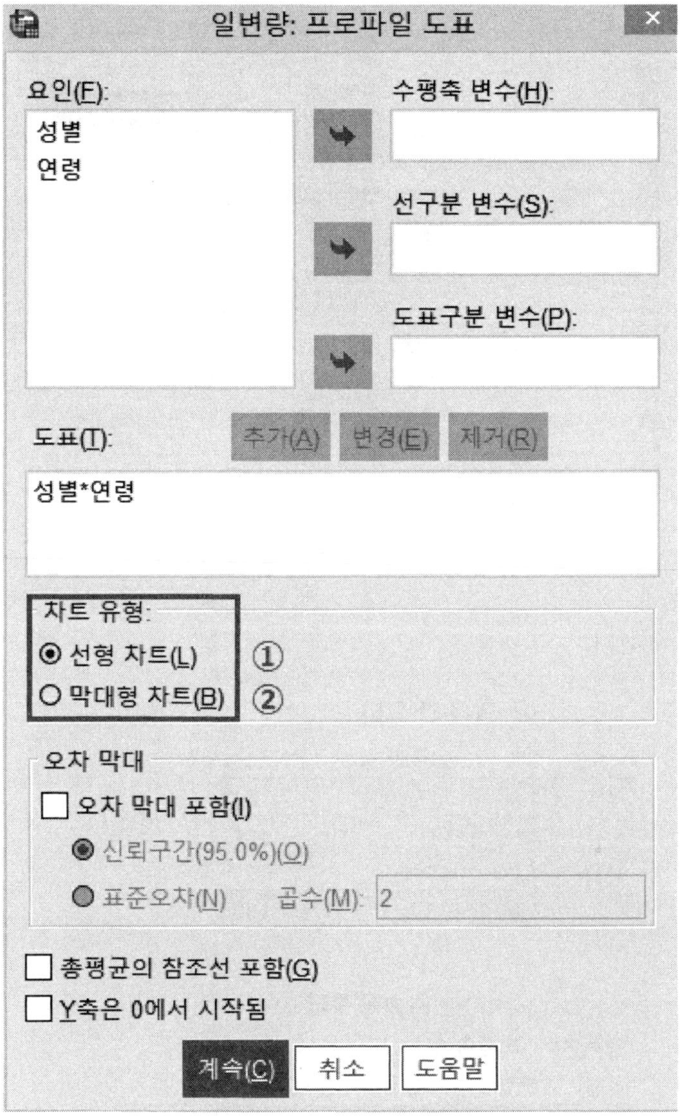

[그림 7.23]

11 확인을 클릭한다.

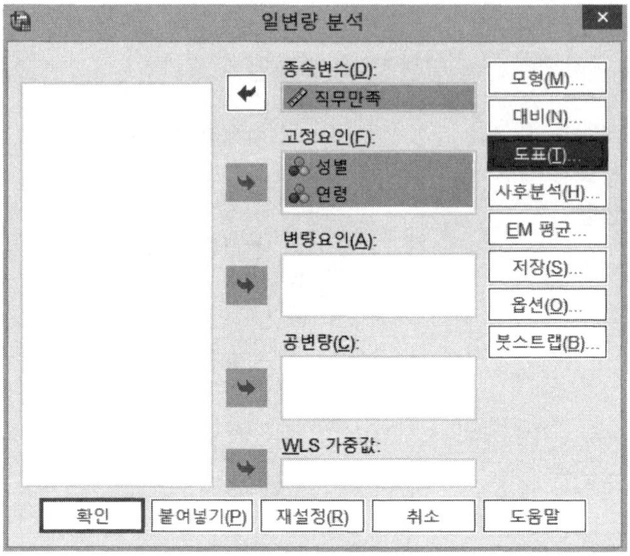

[그림 7.24]

12 출력결과를 확인한다.

개체-간 요인

		값 레이블	N
성별	1.00	남자	134
	2.00	여자	134
연령	1.00	20대	138
	2.00	30대	130

기술통계량

종속변수: 직무만족

성별	연령	평균	표준편차	N	
남자	20대	2.5024	.82570	① 69	
	30대	4.5487	.81529	65	
	전체	3.4950	1.31233	134	③
여자	20대	4.6763	.63906	② 69	
	30대	2.9590	.94006	65	
	전체	3.8433	1.17314	134	④
전체	20대	3.5894	1.31575	138	
⑤	30대	3.7538	1.18529	130	
	전체	3.6692	1.25454	268	

[그림 7.25] 이원분산분석(Two-way-ANOVA) 분석결과

개체-간 효과 검정

종속변수: 직무만족

원인	제 III 유형 제곱합	자유도	평균제곱	F	유의확률		부분 에타 제곱
수정된 모형	246.991[a]	3	82.330	125.471	<.001		.588
절편	3609.612	1	3609.612	5501.012	<.001		.954
성별	5.711	1	5.711	8.703	.003	⑥	.032
연령	1.811	1	1.811	2.760	.098	⑦	.010
성별 * 연령	237.054	1	237.054	361.268	<.001	⑧	.578
추정값	173.229	264	.656				
전체	4028.222	268					
수정된 합계	420.221	267					

a. R 제곱 = .588 (수정된 R 제곱 = .583)

프로파일 도표

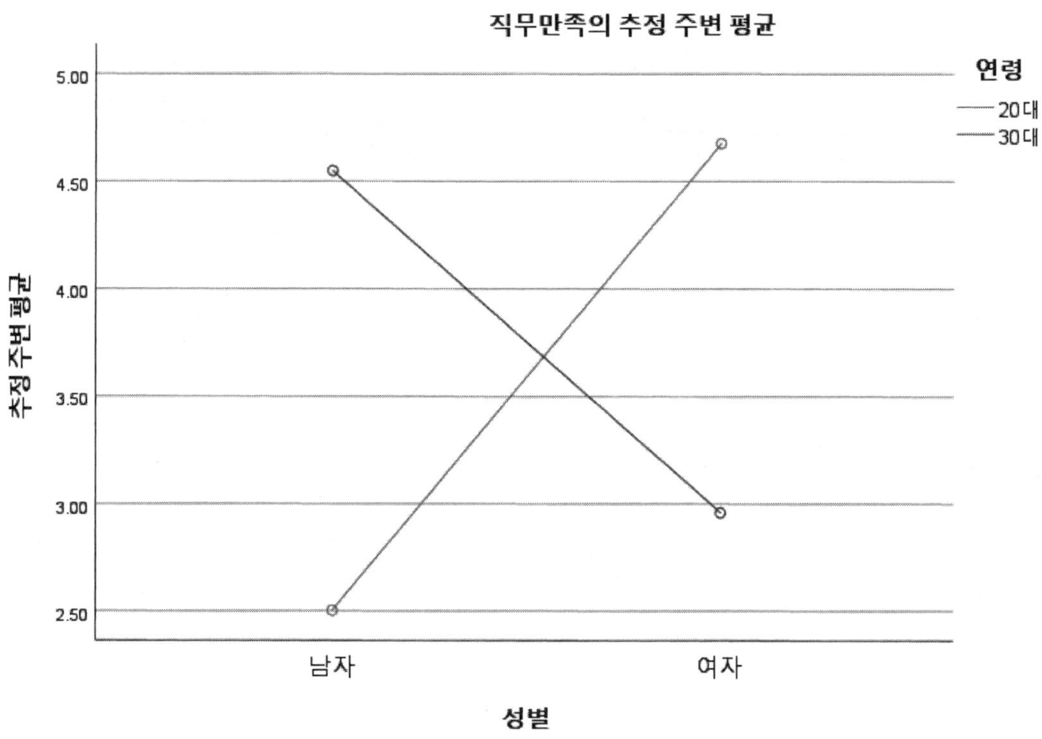

[그림 7.26] 이원분산분석(Two-way-ANOVA) 분석결과

프로파일 도표

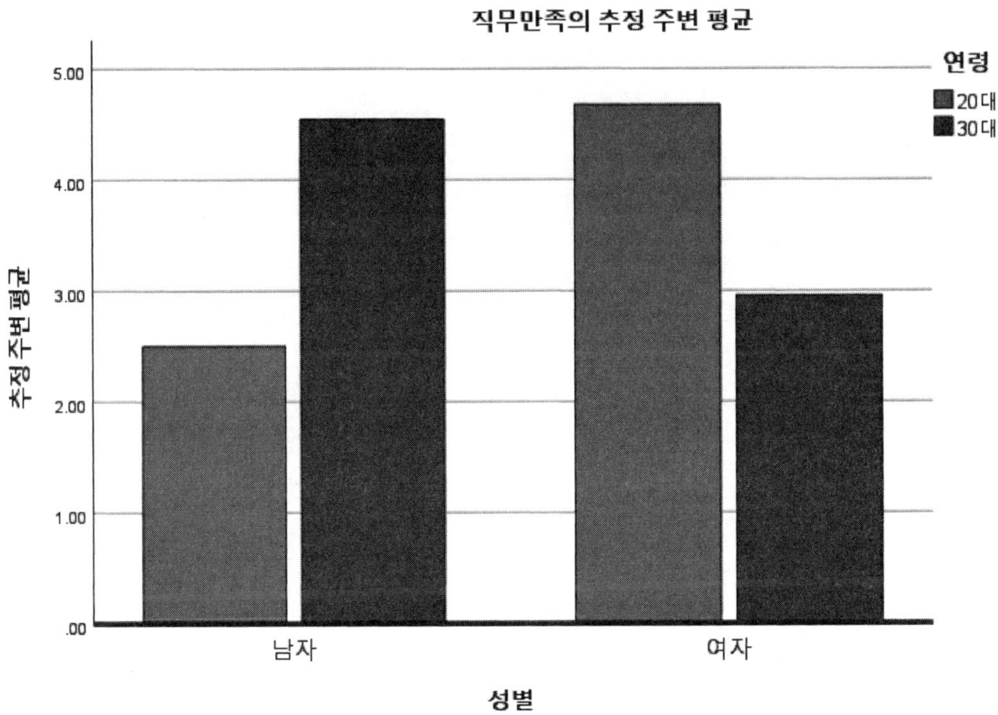

[그림 7.27] 도표 옵션 선택 시 차트유형을 선형 차트가 아닌 막대형 차트로 선택할 경우의 프로파일 도표

■ 분석결과 논문에 적용하기

앞에서도 언급했듯이 이원분산분석의 경우 서로 상반된 결과 즉, 상호작용효과를 검증하는데 가장 큰 목적이 있다. **[그림 7.25]**와 같이 ① 남자의 경우 20대 보다 30대의 직무만족 평균값이 높고 ② 여자의 경우 반대로 30대 보다 20대의 직무만족 평균값이 높은 것을 확인할 수 있다. 즉, 서로 상반된 결과를 보인다. 이후 상호작용효과의 유의확률(p-value)을 확인해야 하는데 유의확률의 경우 ⑧ 을 참고하면 된다. 유의확률이 <.001(p=.000)으로 .05 보다 낮기 때문에 통계적으로 유의한 수준에서 상호작용효과가 있다고 할 수 있다. 논문에는 p<.001 또는 p=.000으로 표기한다. 유의확률이 .05보다 높게 나타난다면 p>.05로 표기해 준다.

성별의 주효과의 경우 ④ 여자가 ③ 남자보다 평균값이 높은 것을 알 수 있다. 유의확률의 경우 ⑥을 참고하면 된다. 유의확률이 .003 으로 .05보다 낮기 때문에 성별의 경우 통계적으로 유의한 수준에서 차이가 있다고 할 수 있다. 논문에는 p<.01 또는 p=.003으로 표기한다.

유의확률이 .05보다 높게 나타난다면 $p>.05$로 표기해준다.

연령의 주효과의 경우 ⑤ 30대가 20대 보다 평균값이 높은 것을 알 수 있다. 유의확률의 경우 ⑦을 확인하면 된다. 유의확률이 .098으로 .05보다 높기 때문에 연령의 경우 통계적으로 유의한 수준에서 차이가 없다고 할 수 있다. 즉, 평균값에 차이는 있었으나 통계적으로 유의한 수준에서는 차이가 없다. 논문에는 $p>.05$로 표기해준다.

이원분산분석을 진행한 후 결과를 논문에 반영할 때, 상호작용효과에 대한 내용을 중심으로 작성한다. 주효과를 함께 해석해도 되지만 그보다는 이원분산분석 진행하기 전에 독립변수에 대해 독립표본 t검정을 별도로 진행하는 것이 더욱 좋다. 따라서 ① 남자에 따른 연령별 평균(M)과 표준화 편차(SD) ② 여자에 따른 연령별 평균(M)과 표준화 편차(SD) ⑧ 상호작용효과에 대한 유의확률, 프로파일 도표를 사용하여 논문에 작성하면 된다.

성별과 연령에 따른 직무만족 차이비교 분석결과

성별과 연령에 따라 직무만족에 영향을 미치는지 알아보기 위해 분산분석(Two-way-ANOVA)을 활용하여 상호작용효과(interaction effect)를 분석하였다. 분석결과 **<표 1>**과 같이 상호작용효과는 통계적으로 유의한 것으로 나타났다($p=.000$).

구체적으로 살펴보면 **<표 2>**와 같다. 성별에 따른 연령은 남자의 경우 30대(M=4.55, SD=.82)가 20대(M=2.50, SD=.83) 보다 직무만족의 평균값이 높은 것으로 나타났다. 반면 여자의 경우 20대(M=4.68, SD=.64)가 30대(M=2.96, SD=.94)보다 직무만족이 높은 것으로 나타났다. 또한 상호작용효과는 통계적으로 유의한 것으로 나타나($p=.000$), 성별에 따른 연령은 직무만족에 상호작용효과가 있다고 할 수 있다.

〈표 1〉 분산분석 결과

소스	제 III 유형 제곱합	자유도	평균제곱	F	유의확률	부분 에타 제곱
수정된 모형	246.991a	3	82.330	125.471	.000	.588
절편	3609.612	1	3609.612	5501.012	.000	.954
성별	5.711	1	5.711	8.703	.003	.032
연령	1.811	1	1.811	2.760	.098	.010
성별 * 연령	237.054	1	237.054	361.268	.000	.578
오차	173.229	264	.656			
전체	4028.222	268				
수정된 합계	420.221	267				

〈표 2〉 분산분석 기술통계량

성별	연령	평균	표준편차	N
남자	20대	2.50	.83	69
	30대	4.55	.82	65
	전체	3.50	1.31	134
여자	20대	4.68	.64	69
	30대	2.96	.94	65
	전체	3.84	1.17	134
전체	20대	3.59	1.32	138
	30대	3.75	1.19	130
	전체	3.67	1.25	268

프로파일 도표

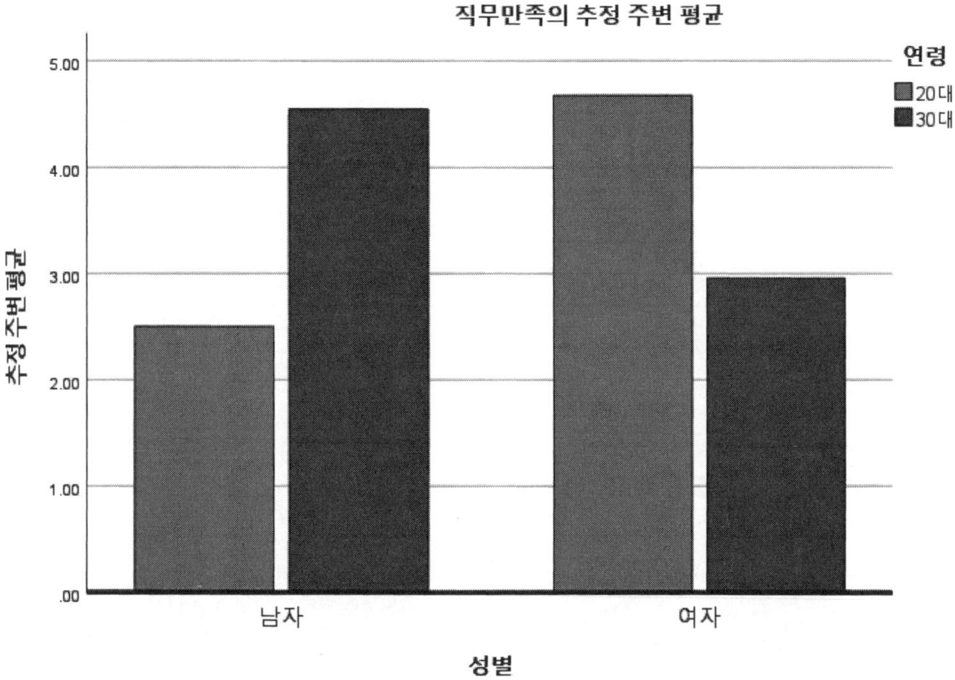

[그림 1] 성별과 연령에 따른 직무만족

[그림 1]의 경우 선형 차트 또는 막대형 차트 중 하나를 선택하여 넣어주면 된다.

3. 반복측정 분산분석(repeated measures ANOVA)

반복측정 분산분석은 동일한 표본을 대상으로 사전, 사후, 추후와 같이 3회 이상 설문을 조사하여 평균의 차이를 비교할 때, 사용하는 통계분석 방법이다. 대응표본 t검정의 확장된 분석으로 볼 수 있으며, t검정의 경우 사전과 사후 총 두 개의 조건으로 구성되지만 반복측정 분산분석은 세 개 이상의 조건으로 구성된다.

예를 들어 고등학생들을 대상으로 수업의 집중력을 향상시킬 수 있는 미술심리교육 프로그램을 개발한다고 가정해 보자. 이때 미술심리교육 프로그램이 실제 수업의 집중력을 높여주는지 확인하기 위해 프로그램 참여 전에 집중력을 조사하고, 프로그램 참여 후에 집중력을 조사한다. 그리고 프로그램 종료 3개월 후 다시 집중력을 조사한다. 이후 실제 집중력에 변화가 있는지 통계분석을 통해 확인해야 하는데 이때 사용하는 분석방법이 반복측정 분산분석이다. 이러한 반복측정 분산분석은 독립변수와 종속변수가 모두 연속형 척도(등간척도, 비율척도)로 구성되어야 분석가능하다.

분석결과를 확인하고 해석하기 위해 연구가설을 설정한 후 실습을 진행해보자.

[연구가설]

가설1) 미술심리교육 프로그램의 참여 전, 참여 후와 추후에는 집중력에 차이가 있을 것이다.

- 사전 : 집중력
- 사후 : 집중력
- 추후 : 집중력

[집중력 측정항목, 리커트 5점 척도]

구분	측정항목	전혀 동의하지 않는다 　 보통이다 　 매우 동의한다
집중력	1. 나는 항상 수업에 집중한다.	1 ----- 2 ----- 3 ----- 4 ----- 5
	2. 나는 수업 중 다른 생각이 들지 않았다.	1 ----- 2 ----- 3 ----- 4 ----- 5
	3. 나는 수업 중 다른 행동을 하지 않았다.	1 ----- 2 ----- 3 ----- 4 ----- 5

측정항목들을 합산하여 하나의 집중력 변수로 만들기 위해서는 먼저 Chapter 05.에서 설명한 요인분석 및 신뢰도 분석을 실시하여 척도의 타당성과 신뢰성을 검증해야 한다. 이후 변수계산을 통해 평균값으로 합산한 후 분석을 실시한다. 변수계산의 경우 Chapter 03. **[그림 3.40]**과 **[그림 3.41]** 참고한다. 실습의 경우 변수계산까지의 과정은 생략하고 평균값으로 합산한 변수만을 가지고 진행한다.

1 '10_반복측정_분산분석.SAV' 파일을 실행시킨다.

[그림 7.28]

2 분석 → 일반선형모형 → 반복측도를 클릭한다.

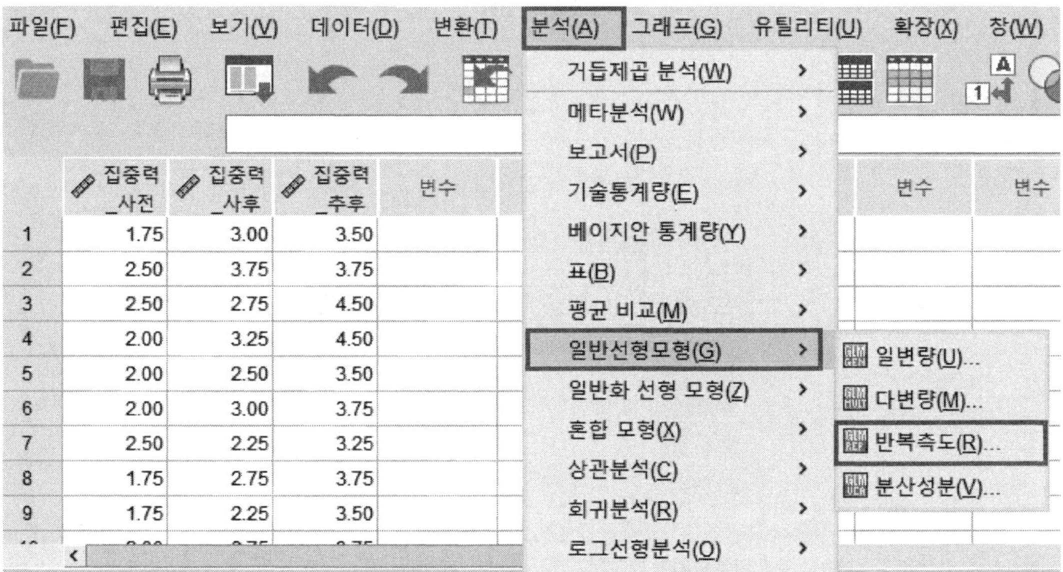

[그림 7.29] 반복측정 분산분석 실시하기

3 ① 개체-내 요인이름에 '미술심리교육' 입력(임의로 입력하면 됨, 분석 결과와는 관련없음) ② 수준 수에 3을 입력(사전, 사후, 추후) ③ 추가를 클릭하고 ④ 측도 이름에 '집중력' 입력(임의로 입력하면 됨, 분석 결과와는 관련없음) ⑤ 추가를 클릭한다.

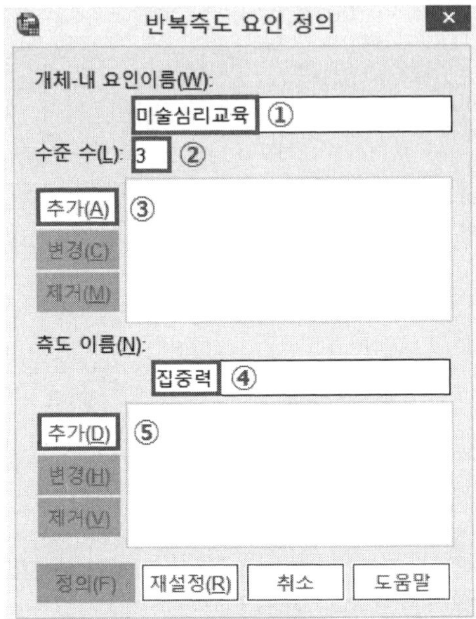

[그림 7.30]

4 정의를 클릭한다.

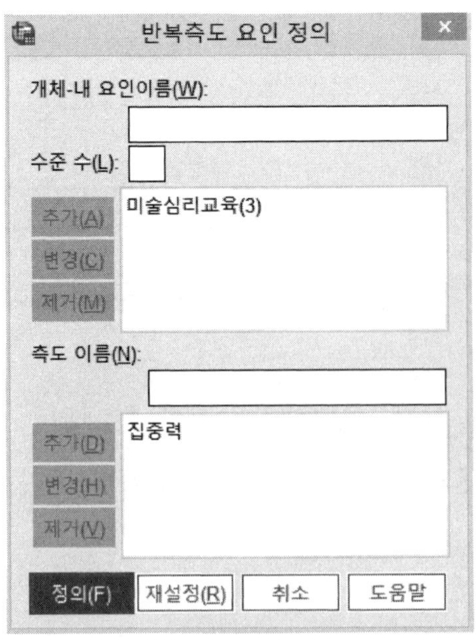

[그림 7.31]

5 ① 집중력_사전을 클릭한 후 ② 화살표를 클릭한다. 집중력_사후, 집중력_추후도 하나씩 클릭하여 ② 화살표를 클릭하여 개체-내 변수로 이동한다. ③, ④, ⑤ 를 순서대로 클릭하여 옵션을 설정한다.

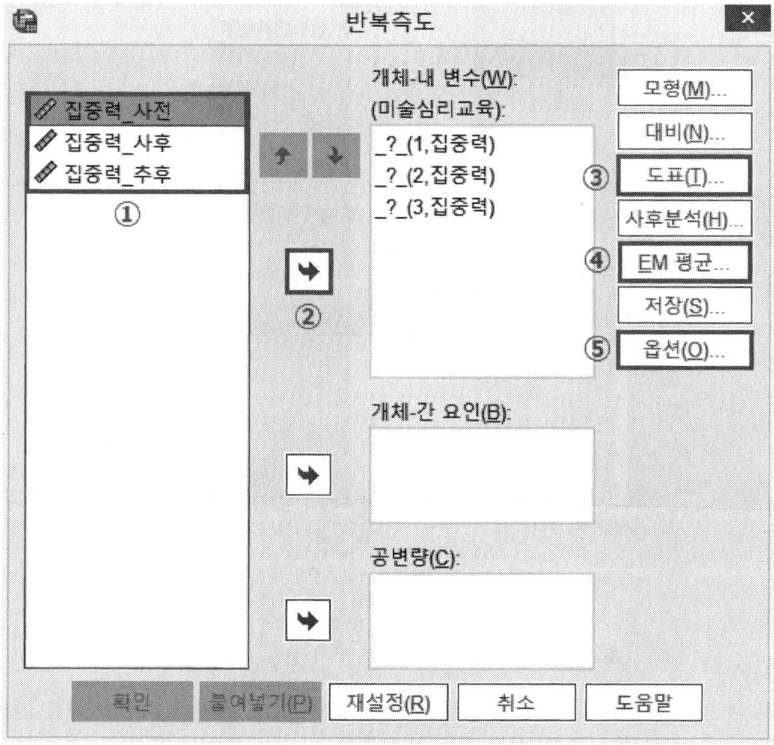

[그림 7.32]

6 도표옵션을 설정한다. ① 미술심리교육을 클릭한 후 ② 화살표 ③ 추가 ⑤ 계속을 클릭한다.

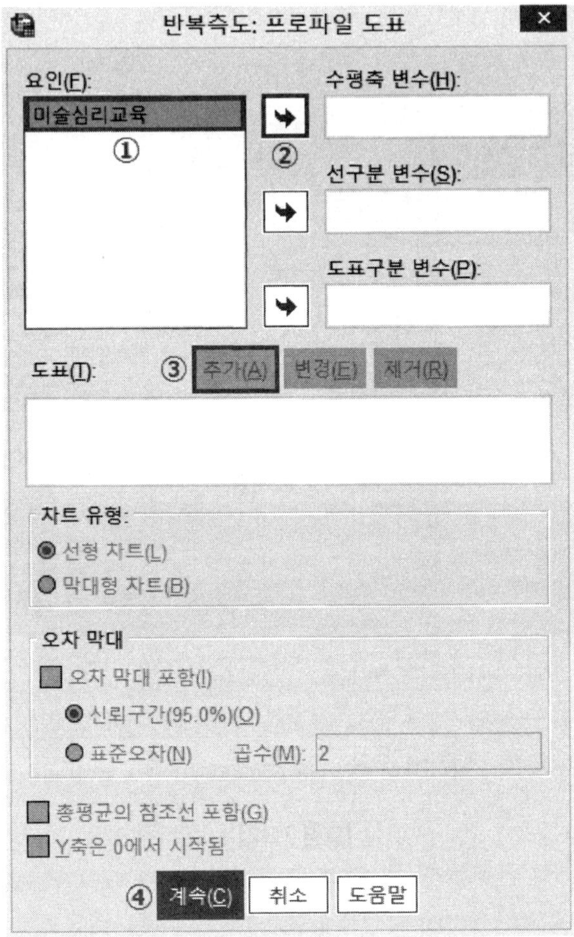

[그림 7.33]

7 EM평균 옵션을 설정한다. ① 미술심리교육을 클릭하여 ② 화살표를 클릭하여 미술심리교육을 평균표시 기준으로 이동 ③ 주효과 비교 선택 ④ 신뢰구간 수정에서 Bonferroni 선택 ⑤ 계속을 클릭한다.

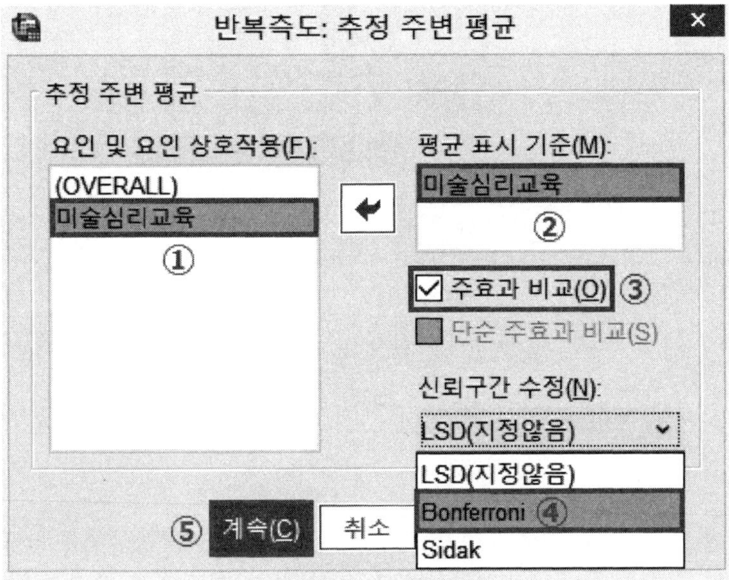

[그림 7.34]

8 옵션메뉴에서 기술통계량을 선택한 후 계속을 클릭한다.

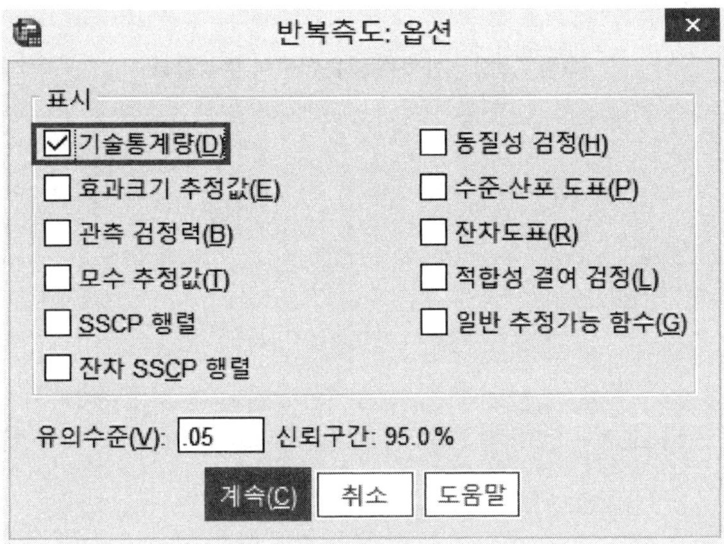

[그림 7.35]

❾ 확인을 클릭한다.

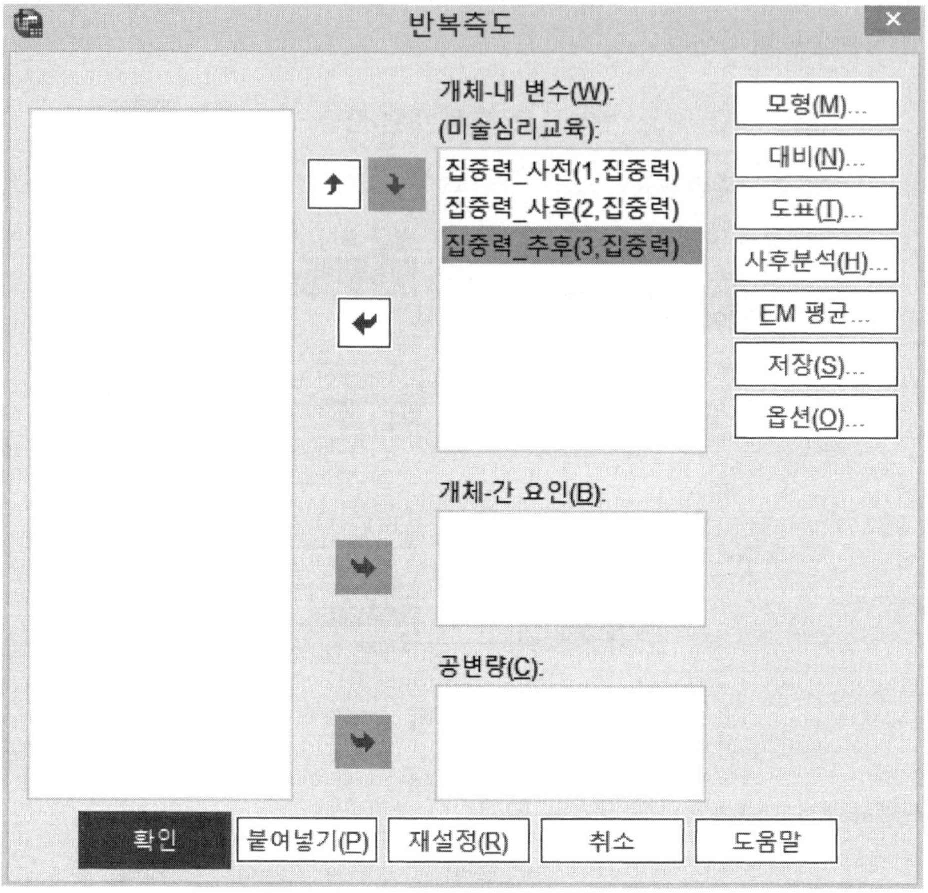

[그림 7.36] 반복측정 분산분석 분석결과

10 출력결과를 확인한다.

개체-내 요인

측도: 집중력

미술심리교육	종속변수
1	집중력_사전
2	집중력_사후
3	집중력_추후

기술통계량

	평균	표준편차	N
집중력_사전	2.0208	.31003	12
집중력_사후	2.8333	.41742	12
집중력_추후	3.7292	.40534	12

①

다변량 검정[a]

효과		값	F	가설 자유도	오차 자유도	유의확률
미술심리교육	Pillai의 트레이스	.943	83.393[b]	2.000	10.000	<.001
	Wilks의 람다	.057	83.393[b]	2.000	10.000	<.001
	Hotelling의 트레이스	16.679	83.393[b]	2.000	10.000	<.001
	Roy의 최대근	16.679	83.393[b]	2.000	10.000	<.001

a. Design: 절편
개체-내 계획: 미술심리교육

b. 정확한 통계량

[그림 7.37] 반복측정 분산분석 분석결과

Mauchly의 구형성 검정[a]

측도: 집중력

개체-내 효과	Mauchly의 W	근사 카이제곱 검정	② 자유도	③ 유의확률	엡실런[b] Greenhouse-Geisser	Huynh-Feldt	하한
미술심리교육	.989	.115	2	.944	.989	1.000	.500

정규화된 변형 종속변수의 오차 공분산행렬이 항등 행렬에 비례하는 영가설을 검정합니다.

a. Design: 절편
개체-내 계획: 미술심리교육

b. 유의성 평균검정의 자유도를 조절할 때 사용할 수 있습니다. 수정된 검정은 개체내 효과검정 표에 나타납니다.

개체-내 효과 검정

측도: 집중력

원인		제 III 유형 제곱합	자유도	평균제곱	F	유의확률	
미술심리교육	구형성 가정	17.524	2	8.762	82.004	<.001	④
	Greenhouse-Geisser	17.524	1.977	8.862	82.004	<.001	⑤
	Huynh-Feldt	17.524	2.000	8.762	82.004	<.001	
	하한	17.524	1.000	17.524	82.004	<.001	
오차(미술심리교육)	구형성 가정	2.351	22	.107			
	Greenhouse-Geisser	2.351	21.752	.108			
	Huynh-Feldt	2.351	22.000	.107			
	하한	2.351	11.000	.214			

[그림 7.38] 반복측정 분산분석 분석결과

개체-내 대비 검정

측도: 집중력

원인	미술심리교육	제 III 유형 제곱합	자유도	평균제곱	F	유의확률
미술심리교육	선형	17.510	1	17.510	183.079	<.001
	이차	.014	1	.014	.118	.738
오차(미술심리교육)	선형	1.052	11	.096		
	이차	1.299	11	.118		

개체-간 효과 검정

측도: 집중력
변환된 변수: 평균

원인	제 III 유형 제곱합	자유도	평균제곱	F	유의확률
절편	294.694	1	294.694	1333.703	<.001
추정값	2.431	11	.221		

추정 주변 평균

미술심리교육

추정값

측도: 집중력

미술심리교육	평균	표준오차	95% 신뢰구간 하한	95% 신뢰구간 상한
1	2.021	.089	1.824	2.218
2	2.833	.120	2.568	3.099
3	3.729	.117	3.472	3.987

[그림 7.39] 반복측정 분산분석 분석결과

대응별 비교

측도: 집중력

(I) 미술심리교육	(J) 미술심리교육	평균차이(I-J)	표준오차	⑥ 유의확률[b]	차이에 대한 95% 신뢰구간[b] 하한	상한
1	2	-.812*	.138	<.001	-1.116	-.509
	3	-1.708*	.126	<.001	-1.986	-1.430
2	1	.813*	.138	<.001	.509	1.116
	3	-.896*	.136	<.001	-1.195	-.597
3	1	1.708*	.126	<.001	1.430	1.986
	2	.896*	.136	<.001	.597	1.195

추정 주변 평균을 기준으로

*. 평균차이는 .05 수준에서 유의합니다.

b. 다중비교를 위한 수정: 최소유의차 (수정하지 않은 상태와 동일합니다.)

다변량 검정

	값	F	가설 자유도	오차 자유도	유의확률
Pillai의 트레이스	.943	83.393[a]	2.000	10.000	<.001
Wilks의 람다	.057	83.393[a]	2.000	10.000	<.001
Hotelling의 트레이스	16.679	83.393[a]	2.000	10.000	<.001
Roy의 최대근	16.679	83.393[a]	2.000	10.000	<.001

각 F는 다변량효과 미술심리교육을(를) 검정합니다. 이 검정은 추정되는 주변 평균 사이의 선형독립의 대응별 비교에 기초합니다.

a. 정확한 통계량

[그림 7.40] 반복측정 분산분석 분석결과

프로파일 도표

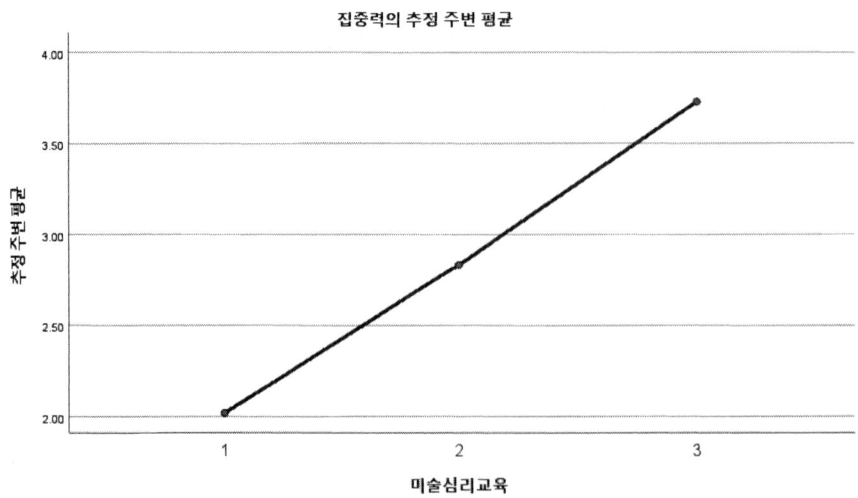

[그림 7.41] 반복측정 분산분석 분석결과

■ 분석결과 논문에 적용하기

반복측정 분산분석의 경우 **[그림 7.37]**과 같이 ① 집중력_사전보다 집중력_사후의 평균값이 높고, 집중력_추후의 경우 사후보다 평균값이 높은 것을 확인할 수 있다. 이후 구형성 검정을 통해 사전, 사후, 추후가 통계적으로 유의한 수준에서 차이가 있는지 유의확률(p-value)을 확인해야 하는데 **[그림 7.38]**을 참고한다. ③ Mauchly 구형성 검정의 경우 유의확률이 .05보다 높게 나타나 통계적으로 유의하지 않은 것을 확인할 수 있다. 이렇게 구형성 검정의 유의확률이 유의하지 않게 나타나면 구형성 검정이 충족된다고 볼 수 있다. 이런 경우 ④의 F값과 유의확률을 참고하면 된다. 만약 ③의 유의확률이 .05보다 낮다면 ⑤ Greenhouse-Geisser을 참고하면 되고 ⑤의 F값과 유의확률을 참고하면 된다.

현재 ③의 유의확률이 .944로 .05보다 높다. 따라서 ④의 F값과 유의확률을 참고하면 된다. ④의 유의확률은 <.001(p=.000)으로 .05보다 낮기 때문에 사전, 사후, 추후의 경우 통계적으로 유의한 수준에서 차이가 있다고 할 수 있다. 논문에는 p<.001 또는 p=.000으로 표기한다. 만약 .05보다 높게 나타난다면 p>.05로 표기해준다.

마지막으로 Bonferroni 사후검정의 경우 **[그림 7.40]**을 참고하면 된다. 미술심리교육 1의 경우 '집중력_사전', 2의 경우 '집중력_사후', 3의 경우 '집중력_추후'이다. ⑥ 유의확률을 확인해보면 집중력_사전과 집중력_사후의 유의확률은 .000으로 .05보다 낮아 통계적으로 유의한 수준에서 차이가 있다고 할 수 있다. 또한 집중력_사후와 집중력_추후의 경우도 유의확률이 .000으로 .05보다 낮아 통계적으로 유의한 수준에서 차이가 있다고 할 수 있다.

반복측정 분산분석의 경우 ① 평균(M)과 표준편차(SD) ④ F값과 유의확률 ⑥ Bonferroni 사후검정과 프로파일 도표를 사용하여 논문에 작성하면 된다. 해당 결과들을 하나의 표로 만들어준다.

미술심리교육 프로그램 사전, 사후와 추후 집중력 차이비교 분석결과

미술심리교육 프로그램 사전, 사후와 추후의 집중력의 차이를 비교 분석하기 위해 반복측정 분산분석(repeated measures ANOVA)을 실시하였다. 분석결과는 **〈표 1〉**과 **[그림 1]**과 같다. 분석결과를 구체적으로 살펴보면 집중력 사전(M=2.02, SD=.31)보다 집중력 사후(M=2.83, SD=.42)의 평균값이 높게 나타났고, 집중력 사후보다 집중력 추후(M=3.73, SD=.41)의 평균값이 더욱 높게 나타났다. 또한 통계적으로 유의한 수준에서 차이가 있는 것으로 나타났다(p=.000).

〈표 1〉 미술심리교육 프로그램 사전, 사후 집중력 비교 분석결과

구분	평균	표준편차	F	P	Bonferroni
집중력 사전(a)	2.02	.31	82.004	.000	c>b>a
집중력 사후(b)	2.83	.42			
집중력 추후(c)	3.73	.41			

Bonferroni의 사후검증 결과의 경우 집중력 사전과 사후가 통계적으로 유의한 수준에서 차이가 있는 것으로 나타났고(p=.000), 사후와 추후도 통계적으로 유의한 수준에서 차이가 있는 것으로 나타났다(p=.000). 즉, 집중력은 통계적으로 유의한 수준에서 사전보다 사후로 갈수록 평균값이 높아진다고 할 수 있다.

Bonferroni 사후검증의 경우 집중력을 a, b, c로 구분하여 표기함. 사전, 사후, 추후 모두 통계적으로 유의한 수준에서 차이가 나타남. 추후의 평균값이 가장 높고, 다음은 사후, 사전 순이기 때문에 c(추후)>b(사후)>a(사전)로 표기한다. a<b<c로 표기해도 됨

만약 집단 간의 차이가 통계적으로 유의하게 나타났는데 Bonferroni 사후검증에 차이가 없으면 사후검증을 해석하지 않는다. 만약 사전과 사후, 또는 사전과 추후같이 부분적으로 차이가 있다면 통계적으로 유의한 부분만 넣어준다.

프로파일 도표

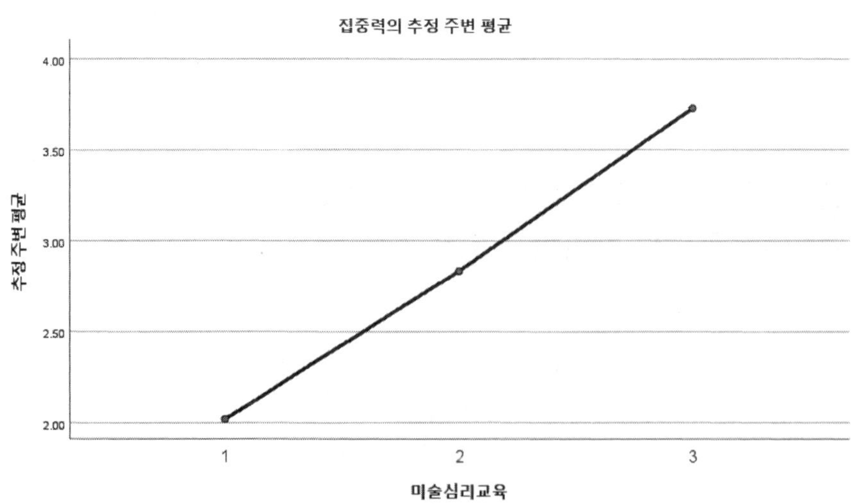

[그림 1] 집중력 사전, 사후와 추후 비교분석 결과

Chapter 08

상관관계분석

학습목표

- ☞ 상관관계분석의 개념을 이해하고 종류를 살펴본다.
- ☞ 실습을 통해 분석방법을 숙지하고 실제로 논문에 반영할 수 있다.

상관관계분석(correlation analysis)은 두 개 이상 변수들 간의 선형적 또는 비선형적 관계(relationship)를 확인할 때 사용하는 통계분석 방법이다. 즉, 하나의 변수가 증가하면 다른 변수가 선형적으로 높아지거나 낮아지는지를 분석하는 것이다. 예를 들어 '소득이 높으면 지출이 많아진다' 또는 '서비스 센터의 만족도가 높으면 재방문의도가 높아진다'와 같이 두 변수들 간의 관계를 확인할 때 사용한다.

1. Pearson 상관관계분석

상관관계의 경우 피어슨(pearson) 상관관계, 순위(rank) 상관관계, 스피어만(Spearman) 상관관계, 켄달 타우(kendall tau) 상관관계 등 다양한 종류가 있다. 상관관계분석에서 크기를 나타내는 값을 상관계수(correlation coefficient)라고 하며, 상관계수의 값은 ±1의 값을 가진다. 즉, 두 변수간의 방향이 클수록 −1 또는 +1에 가깝게 나타난다.

일반적으로 통계학에서 상관관계라고 하면 피어슨(pearson) 상관관계를 의미한다. 따라서 본 책에서는 피어슨 상관관계분석에 대해서 다룬다. 피어슨 상관관계분석은 모든 변수가 연속형 척도(등간척도, 비율척도)로 구성되어야 분석가능하다. 상관관계분석에서 관계의 방향은 정(+) 또는 부(−)로 표현하며, 아래에서 제시한 상관계수의 정도를 참고하여 변수 간의 관계를 판단한다.

① ±0.2 미만 : 상관관계가 적다고 판단함.
② ±0.2~0.4 미만 : 상관관계가 양호하다고 판단함.
③ ±0.4~0.6 미만 : 상관관계가 적합하다고 판단함.
④ ±0.6~0.8 미만 : 상관관계가 높다고 판단함.
⑤ ±0.8 이상 : 상관관계가 매우 높다고 판단함.

상관관계분석에서 주의할 점은 상관관계가 있다고 해서 인과관계(원인이 있으면 결과가 있다)가 있다고 볼 수 없다. 즉, 인과성 있다고 판단할 수 없다. 따라서 상관관계와 인과관계를 혼동해서는 안 된다. 상관관계는 하나의 변수가 증가할 때 다른 변수가 증가하거나(정적 상관관계) 하나의 변수가 증가할 때 다른 변수가 감소하는(부적 상관관계) 것과 같이 단순히 두 변수가 변화하는 관계만을 의미한다.

예를 들어 광고태도와 구매의도 간에 정(+)적 상관관계가 있다고 가정해보자. 결과를 보면 광고태도가 높으면 구매의도가 높아진다고 판단할 수 있다. 그러나 상관관계분석은 단순히 두 변수간의 관계를 분석했을 뿐 인과관계를 분석한 것이 아니다. 즉, 광고태도가 높아 구매의도가 높아졌을 수 있지만 반대로 구매의도가 높아 광고태도가 높아졌을 수 있다. 결론적으로 두 변수간의 원인과 결과를 파악할 수 없기 때문에 상관관계 분석으로 인과관계를 설명할 수 없다. 따라서 상관관계분석은 논문에서 주로 가설 검증 전 변수들의 관계를 대략적으로 확인할 때 사용한다.

[상관관계 : 변수들 간의 관계가 있으나 원인과 결과를 알 수 없다]

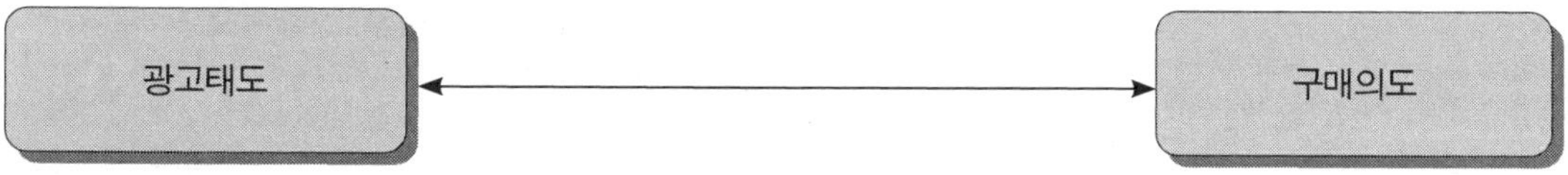

피어슨 상관관계분석을 실시하여 결과를 확인하고 해석하는 실습을 진행하기 위해 다음과 같이 예를 들어보자. S사의 서비스 실태를 파악하기 위해 고객센터를 방문한 사람들을 대상으로 만족도, 공감성, 신뢰성, 재방문의도를 조사하여 변수들 간의 상관관계를 확인한다.

[연구가설]

가설1) 만족도, 공감성, 신뢰성, 재방문의도 간에는 상관관계가 있을 것이다.

[만족도, 공감성, 신뢰성, 재방문의도 측정항목, 리커트 7점 척도]

구분	측정항목	전혀 동의하지 않는다 보통이다 매우 동의한다
만족도	1. 서비스를 제공한 시설에 만족한다.	1 ----- 2 ----- 3 ----- 4 ----- 5
	2. 서비스 시설 직원들의 친절함에 만족한다.	1 ----- 2 ----- 3 ----- 4 ----- 5
	3. 서비스를 제공한 담당자의 전문성에 만족한다.	1 ----- 2 ----- 3 ----- 4 ----- 5
공감성	1. 고객의 입장에서 생각해주었다.	1 ----- 2 ----- 3 ----- 4 ----- 5
	2. 고객의 필요를 잘 이해해주었다.	1 ----- 2 ----- 3 ----- 4 ----- 5
	3. 고객에게 관심을 가져주었다.	1 ----- 2 ----- 3 ----- 4 ----- 5
신뢰성	1. 약속한 시간 안에 서비스를 제공했다.	1 ----- 2 ----- 3 ----- 4 ----- 5
	2. 약속한 서비스를 모두 지켰다.	1 ----- 2 ----- 3 ----- 4 ----- 5
	3. 발생한 문제를 해결하기 위해 노력했다.	1 ----- 2 ----- 3 ----- 4 ----- 5
재방문의도	1. 서비스 센터를 다시 방문할 의사가 있다.	1 ----- 2 ----- 3 ----- 4 ----- 5
	2. 서비스 센터를 지속적으로 이용할 것이다.	1 ----- 2 ----- 3 ----- 4 ----- 5
	3. 서비스 센터에 대해 다른 사람에게 권유하고 싶다.	1 ----- 2 ----- 3 ----- 4 ----- 5

측정항목들을 합산하여 하나의 만족도, 공감성, 신뢰성, 재방문의도 변수로 만들기 위해서는 먼저 Chapter 05.에서 설명한 요인분석 및 신뢰도 분석을 실시하여 척도의 타당성과 신뢰성을 검증해야 한다. 이후 변수계산을 통해 평균값으로 합산한 후 분석을 실시한다. 변수계산의 경우 Chapter 03. **[그림 3.40]**과 **[그림 3.41]** 참고한다. 실습의 경우 변수계산까지의 과정은 생략하고 평균값으로 합산한 변수만을 가지고 진행한다.

1 '11_상관관계_회귀분석.SAV' 파일을 실행시킨다.

[그림 8.1]

2 분석 → 상관분석 → 이변량 상관을 클릭한다.

[그림 8.2] 상관관계분석 실시하기

3 ① 만족도, 공감성, 신뢰성, 재방문의도 모두 선택 후 ② 화살표 클릭하여 변수로 이동한다.

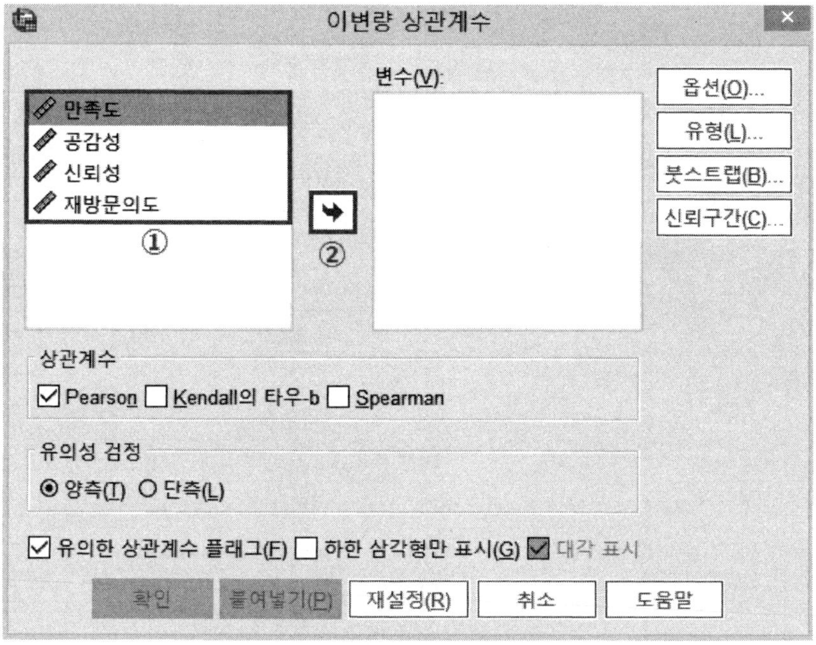

[그림 8.3]

4 확인을 클릭한다.

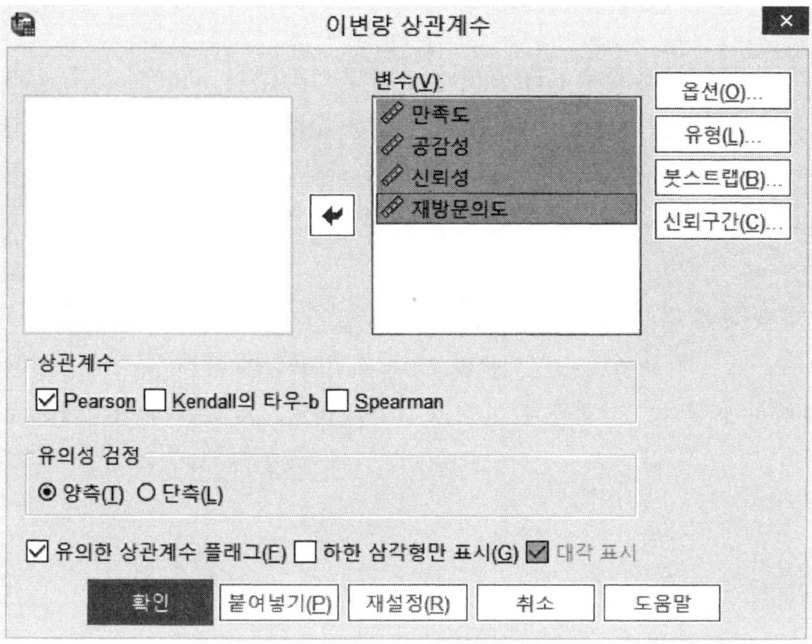

[그림 8.4]

5 출력결과를 확인한다.

상관관계

		만족도	공감성	신뢰성	재방문의도
만족도	Pearson 상관	1	.799**	.329**	.695**
	유의확률 (양측)		<.001	<.001	<.001
	N	400	400	400	400
공감성	Pearson 상관	.799**	1	.316**	.753**
	유의확률 (양측)	<.001		<.001	<.001
	N	400	400	400	400
신뢰성	Pearson 상관	.329**	.316**	1	.343**
	유의확률 (양측)	<.001	<.001		<.001
	N	400	400	400	400
재방문의도	Pearson 상관	.695**	.753**	.343**	1
	유의확률 (양측)	<.001	<.001	<.001	
	N	400	400	400	400

**. 상관관계가 0.01 수준에서 유의합니다(양측).

[그림 8.5] 상관관계 분석결과

분석결과 논문에 적용하기

상관관계 분석 결과의 경우 **[그림 8.5]**와 같이 유의확률(p-value)이 모두 <.001(p=.000)으로 .05보다 낮게 나타났다. 즉, 통계적으로 유의한 수준에서 모두 정(+)적 상관관계가 있다. 논문에는 p<.001 또는 p=.000으로 표기한다. 유의확률이 .05보다 높게 나타난다면 p>.05로 표기해준다. 만약 Pearson 상관, 상관계수 앞에 −가 있다면 부(−)적 상관관계가 있다고 본다.

상관관계 분석의 경우 유의확률이 .000일 때 표기가 2개(**)로 처리된다. 유의확률이 .000일 때만 표기를 3개(***)로 수정해준다. 또한 결과가 위와 아래 동시에 동일한 결과가 나오기 때문에 한쪽에 결과는 삭제한 후 아래의 결과를 바탕으로 논문에 작성해준다.

상관관계 분석결과

만족도, 공감성, 신뢰성, 재방문의도 간의 상관관계를 확인하기 위해 피어슨 상관관계 분석(Pearson's correlation analysis)을 실시하였다. 분석결과는 다음 **〈표 1〉**과 같다.

먼저 만족도의 경우 공감성(r=.799, p<.001), 신뢰성(r=.329, p<.001), 재방문의도(r=.695, p<.001)와 정(+)적 상관관계가 있는 것으로 나타났으며, 공감성의 경우 신뢰성(r=.316, p<.001), 재방문의도(r=.753, p<.001)와 정(+)적 상관관계가 있는 것으로 나타났다. 신뢰성의 경우 재방문의도(r=.343, p<.001)와 정(+)적 상관관계가 있는 것으로 나타났다.

〈표 1〉 상관관계 분석결과

	만족도	공감성	신뢰성	재방문의도
만족도	1			
공감성	.799***	1		
신뢰성	.329***	.316***	1	
재방문의도	.695***	.753***	.343***	1

Chapter 09

회귀분석

학습목표

☞ 회귀분석의 개념을 이해하고 종류를 살펴본다.

☞ 실습을 통해 분석방법을 숙지하고 실제로 논문에 반영할 수 있다.

회귀분석(regression analysis)은 독립변수와 종속변수 간의 인과관계를 검증할 때 사용하는 통계분석 방법이다. 즉, 원인과 결과의 관계를 확인할 때 사용한다. 회귀분석의 경우 활용도가 높은 단순회귀분석, 다중회귀분석, 더미회귀분석, 통제회귀분석, 위계적 회귀분석, 매개회귀분석, 조절회귀분석 방법에 대해 알아본다.

회귀분석(regression analysis)은 독립변수와 종속변수를 설정하여 변수들 간의 인과관계를 확인할 때 사용하는 통계분석 방법이다. 즉, 독립변수가 종속변수에 미치는 영향력, 원인과 결과의 관계를 확인할 때 사용하는 통계분석 방법이다. 회귀분석에서 영향력의 크기를 나타내는 값을 회귀계수(regression coefficient)라고 하며 ±의 값을 가진다. 영향력의 방향은 상관관계분석과 동일하게 정(+) 또는 부(−)로 표현한다.

예를 들어 회귀분석을 통해 광고태도가 구매의도에 정(+)의 영향을 미친다는 결과가 있다면 광고태도가 높을수록 구매의도가 높아진다고 판단할 수 있다. 반대로 광고태도가 구매의도에 부(−)의 영향을 미친다면 광고태도가 높을수록 구매의도가 낮아진다고 판단할 수 있다. 이러한 회귀분석은 단순회귀분석, 다중회귀분석, 위계적 회귀분석, 매개회귀분석, 조절회귀분석, 더미회귀분석, 통제회귀분석 등이 있다.

[인과관계 : 변수들 간의 영향력이 있고, 원인과 결과를 알 수 있다]

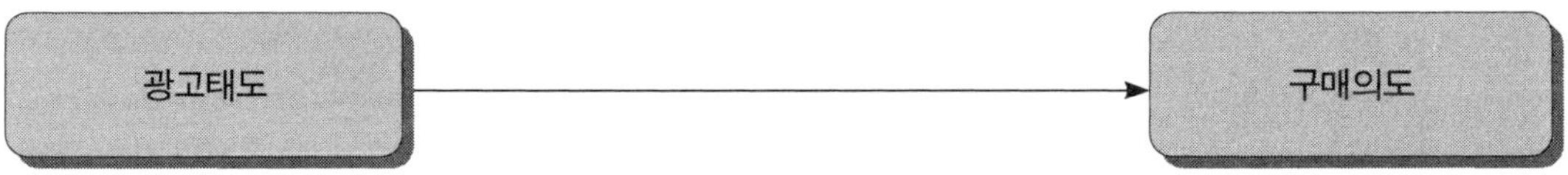

1. 단순회귀분석

단순회귀분석(simple regression analysis)은 독립변수가 한 개일 때 실시하는 통계분석 방법이다. 이러한 단순회귀분석은 독립변수와 종속변수가 모두 연속형 척도(등간척도, 비율척도)로 구성되어야 분석가능하다. 예를 들어 S사의 고객센터를 방문한 사람들을 대상으로 만족도를 조사하여 만족도가 높을 경우 재방문의도에 어떠한 영향력을 미치는지 확인한다고 가정해보자.

분석결과를 확인하고 해석하기 위해 연구가설을 설정한 후 실습을 진행해보자.

[단순회귀분석 모형]

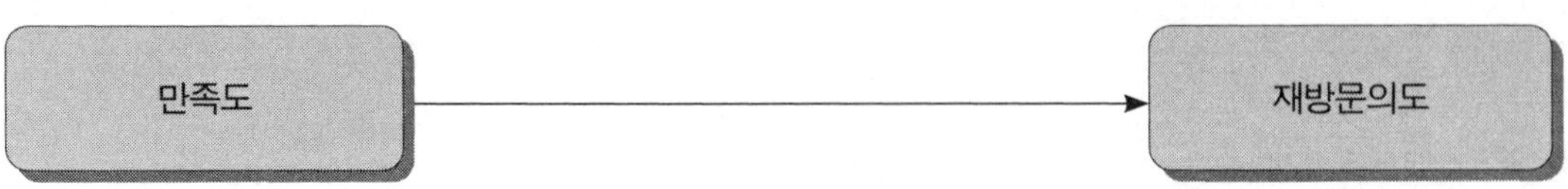

[연구가설]

가설1) 만족도는 재방문의도에 영향을 미칠 것이다.

- 독립변수 : 만족도
- 종속변수 : 재방문의도

[만족도, 재방문의도 측정항목, 리커트 7점 척도]

구분	측정항목	전혀 동의하지 않는다 보통이다 매우 동의한다
만족도	1. 서비스를 제공한 시설에 만족한다.	1 --- 2 --- 3 --- 4 --- 5 --- 6 --- 7
	2. 서비스 시설 직원들의 친절함에 만족한다.	1 --- 2 --- 3 --- 4 --- 5 --- 6 --- 7
	3. 서비스를 제공한 담당자의 전문성에 만족한다.	1 --- 2 --- 3 --- 4 --- 5 --- 6 --- 7
재방문의도	1. 서비스 센터를 다시 방문할 의사가 있다.	1 --- 2 --- 3 --- 4 --- 5 --- 6 --- 7
	2. 서비스 센터를 지속적으로 이용할 것이다.	1 --- 2 --- 3 --- 4 --- 5 --- 6 --- 7
	3. 서비스 센터에 대해 다른 사람에게 권유하고 싶다.	1 --- 2 --- 3 --- 4 --- 5 --- 6 --- 7

측정항목들을 합산하여 하나의 만족도, 재방문의도 변수로 만들기 위해서는 먼저 Chapter 05.에서 설명한 요인분석 및 신뢰도 분석을 실시하여 척도의 타당성과 신뢰성을 검증해야 한다. 이후 변수계산을 통해 평균값으로 합산한 후 분석을 실시한다. 변수계산의 경우 Chapter 03. **[그림 3.40]**과 **[그림 3.41]** 참고한다. 실습의 경우 변수계산까지의 과정은 생략하고 평균값으로 합산한 변수만을 가지고 진행한다.

1 '11_상관관계_회귀분석.SAV' 파일을 실행시킨다.

[그림 9.1]

2 분석 → 회귀분석 → 선형을 클릭한다.

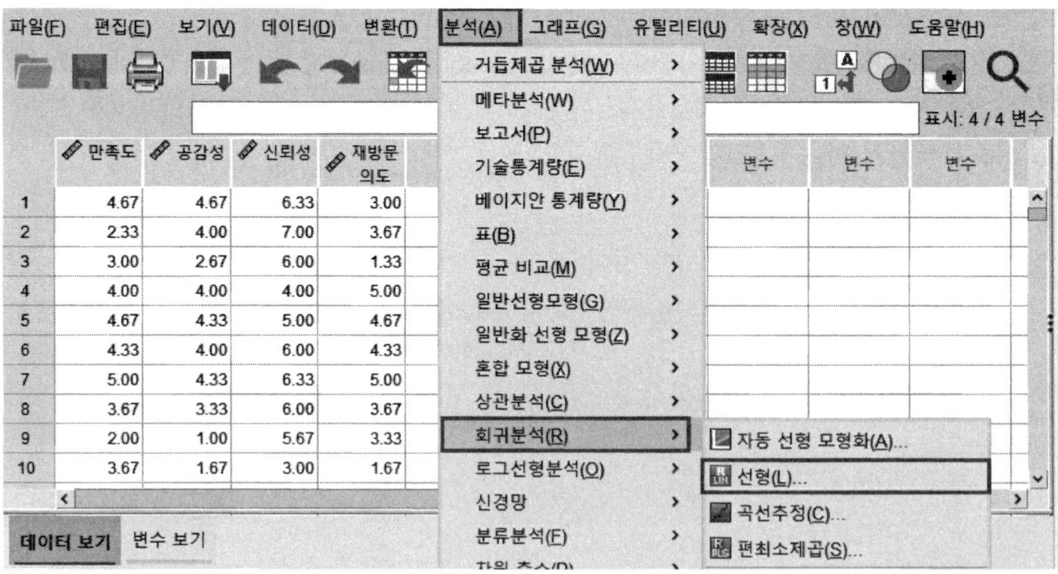

[그림 9.2] 단순회귀분석 실시하기

3 ① 만족도를 선택한 후 ② 아래 화살표를 클릭하여 독립변수로 이동한다.

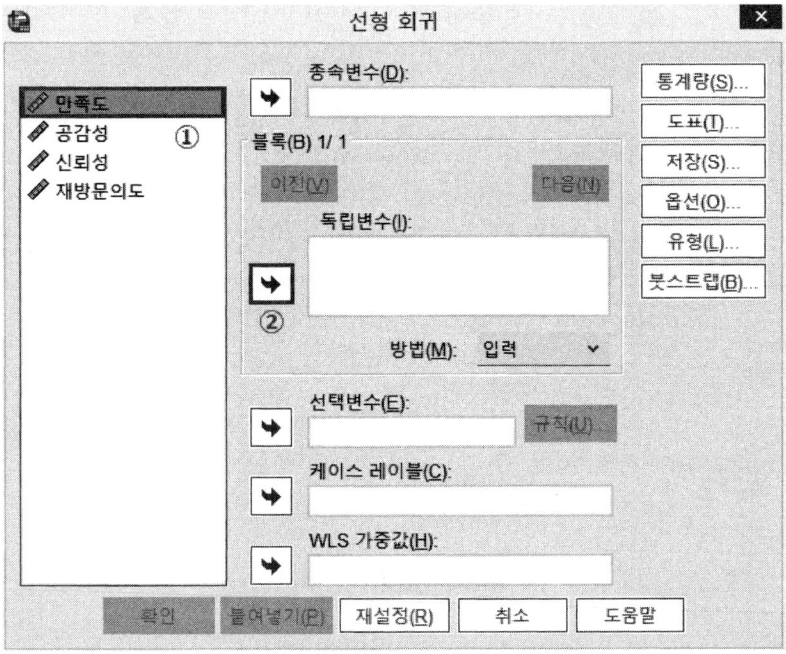

[그림 9.3]

4 ① 재방문의도를 선택한 후 ② 종속변수로 이동한다. 이후 ③ 통계량을 클릭한다.

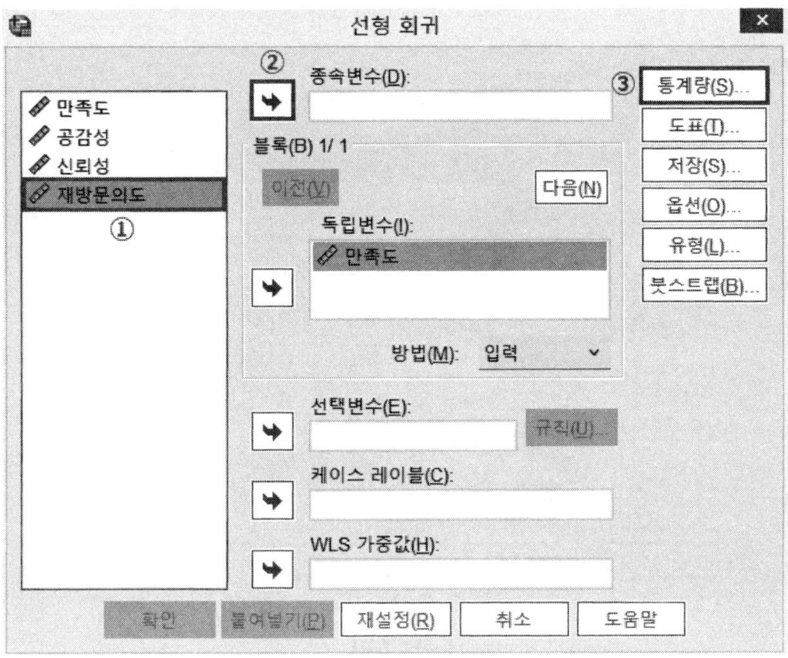

[그림 9.4]

5 Durbin-Watson을 선택한 후 계속을 클릭한다.

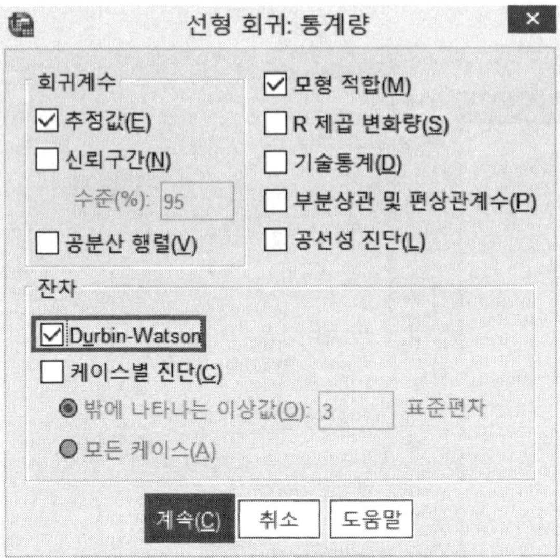

[그림 9.5]

6 확인을 클릭한다.

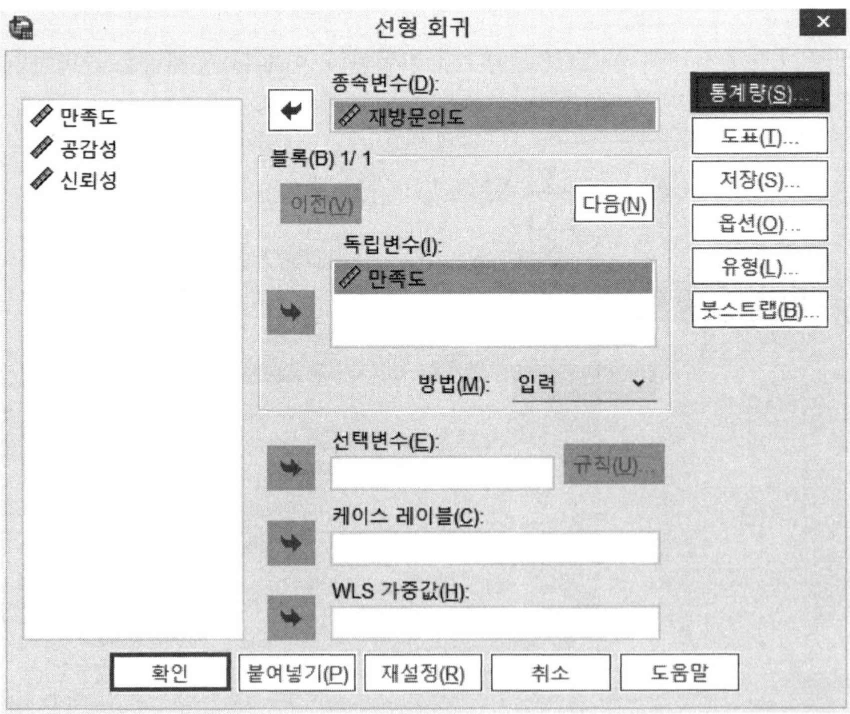

[그림 9.6]

7 출력결과를 확인한다.

모형 요약[b]

모형	R	R 제곱	수정된 R 제곱	추정값의 표준 오차	Durbin-Watson
1	.695[a]	.484	.482	1.10865	1.717
		①			②

a. 예측자: (상수), 만족도

b. 종속변수: 재방문의도

ANOVA[a]

모형		제곱합	자유도	평균제곱	F ③	유의확률 ④
1	회귀	457.964	1	457.964	372.602	<.001[b]
	잔차	489.180	398	1.229		
	전체	947.144	399			

a. 종속변수: 재방문의도

b. 예측자: (상수), 만족도

계수[a] ⑤

모형		비표준화 계수 B	비표준화 계수 표준화 오류	표준화 계수 베타	t	유의확률
1	(상수)	.206	.202		1.018	.309
	만족도	.830	.043	.695	19.303	⑥ <.001

a. 종속변수: 재방문의도

[그림 9.7] 단순회귀 분석결과

■ 분석결과 논문에 적용하기

단순회귀 분석 결과는 **[그림 9.7]**과 같다. 회귀분석 결과에서 가장 처음으로 확인해야 할 사항은 ANOVA의 유의확률(p-value)이다. 회귀분석에서 ANOVA는 회귀모형의 적합도로 통계적으로 유의하면 독립변수가 종속변수에 영향을 준다는 의미다. ④ ANOVA의 유의확률은 <.001(p=.000)으로 .05보다 낮게 나타나 통계적으로 유의한 것으로 나타났다. 즉, 회귀모형이 적합하다고 볼 수 있다. 논문에는 p<.001 또는 p=.000으로 표기한다. 유의확률이 .05보다 높게 나타난다면 p>.05로 표기해준다.

다음은 ① R제곱과 ② Durbin-Watson 수치를 확인한다. 먼저 R제곱의 경우 R^2로 표기하며 R-square로 읽는다. 이 수치는 결정계수 또는 설명력이라고 하며, 종속변수의 분산 중 몇 %가 독립변수에 의해 설명되는가를 나타내는 수치이다. ① R제곱값을 확인해보면 .484로 독립변수가 종속변수를 설명하는 설명력은 48.4%이다.

Durbin-Watson은 잔차의 독립성을 판단하는 수치로 0에서 4의 수치를 가지며, 2에 가까우면 독립성이 있다고 판단한다. 1.5에서 2.5 사이면 독립성을 충족한다고 판단한다. 해당 수치는 ② 1.717로 나타나 독립적이다.

정리하면 회귀분석을 진행하기 위한 회귀모형은 통계적으로 유의하게 나타나 적합하다. 또한 잔차의 독립성을 가지며, 독립변수가 종속변수를 설명하는 설명력은 48.4%이다.

이제 독립변수인 만족도가 종속변수인 재방문의도에 미치는 영향을 확인한다. 확인결과 ⑥ 유의확률은 <.001(p=.000)으로 .05보다 낮게 나타났다. 즉, 통계적으로 유의한 수준에서 정(+)의 영향을 준다. 만약 표준화 계수 베타에 −가 있다면 부(−)의 영향을 준다고 본다. ① R제곱 ② Durbin-Watson ③ F ④ 유의확률 ⑤ 계수를 사용하여 논문에 작성하면 된다.

만족도가 재방문의도에 미치는 영향 분석결과

만족도가 재방문의도에 미치는 영향을 확인하기 위해 단순회귀분석(simple regression analysis)을 실시하였다. 분석결과 **<표 1>**과 같이 회귀모형은 적합한 것으로 나타났으며(F=372.602, p=.000), Durbin-Watson 지수는 1.717로 2에 가까워 잔차의 독립성에는 문제가 없다. 따라서 회귀분석을 실시하기에 적합하다.

단순회귀분석 결과를 살펴보면 만족도(β=.695, p=.000)는 재방문의도에 정(+)의 유의한 영향을 미치는 것으로 나타났다. 즉, 만족도가 높을수록 재방문의도가 높아진다. 이러한 만족도가 종속변수인 재방문의도를 설명하는 설명력은 48.4%이다.

<표 1> 만족도가 재방문의도에 미치는 영향 분석결과

모형	비표준화 계수		표준화 계수	t	유의확률
	B	표준화 오류	베타		
(상수)	.206	.202		1.018	.309
만족도	.830	.043	.695	19.303	.000
R^2=.484, F=372.602(p=.000), Durbin-Watson=1.717					

2. 다중회귀분석

다중회귀분석(multiple regression analysis)은 독립변수가 두 개 이상일 때 실시하는 통계분석 방법이다. 이러한 다중회귀분석은 독립변수와 종속변수가 모두 연속형 척도(등간척도, 비율척도)로 구성되어야 분석가능하다. 예를 들어 S사의 고객센터를 방문한 사람들을 대상으로 만족도, 공감성, 신뢰성을 조사하여 이러한 변수들이 재방문의도에 어떠한 영향력을 미치는지 확인한다고 가정해보자.

분석결과를 확인하고 해석하기 위해 연구가설을 설정한 후 실습을 진행해보자.

[다중회귀분석 모형]

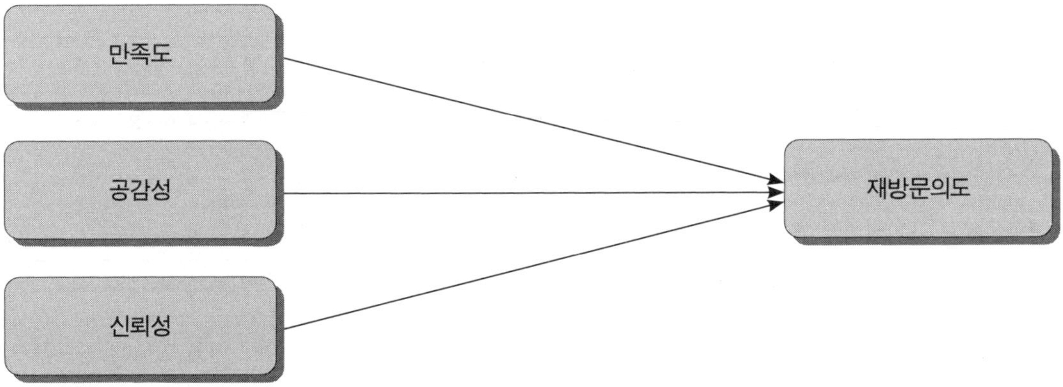

[연구가설]

가설1) 만족도는 재방문의도에 영향을 미칠 것이다.
가설2) 공감성은 재방문의도에 영향을 미칠 것이다.
가설3) 신뢰성은 재방문의도에 영향을 미칠 것이다.

- 독립변수 : 만족도, 공감성, 신뢰성
- 종속변수 : 재방문의도

[만족도, 공감성, 신뢰성, 재방문의도 측정항목, 리커트 7점 척도]

<table>
<tr><th>구분</th><th>측정항목</th><th>전혀 동의하지 않는다</th><th>보통이다</th><th>매우 동의한다</th></tr>
<tr><td rowspan="3">만족도</td><td>1. 서비스를 제공한 시설에 만족한다.</td><td colspan="3">1 --- 2 --- 3 --- 4 --- 5 --- 6 --- 7</td></tr>
<tr><td>2. 서비스 시설 직원들의 친절함에 만족한다.</td><td colspan="3">1 --- 2 --- 3 --- 4 --- 5 --- 6 --- 7</td></tr>
<tr><td>3. 서비스를 제공한 담당자의 전문성에 만족한다.</td><td colspan="3">1 --- 2 --- 3 --- 4 --- 5 --- 6 --- 7</td></tr>
<tr><td rowspan="3">공감성</td><td>1. 고객의 입장에서 생각해주었다.</td><td colspan="3">1 --- 2 --- 3 --- 4 --- 5 --- 6 --- 7</td></tr>
<tr><td>2. 고객의 필요를 잘 이해해주었다.</td><td colspan="3">1 --- 2 --- 3 --- 4 --- 5 --- 6 --- 7</td></tr>
<tr><td>3. 고객에게 관심을 가져주었다.</td><td colspan="3">1 --- 2 --- 3 --- 4 --- 5 --- 6 --- 7</td></tr>
<tr><td rowspan="3">신뢰성</td><td>1. 약속한 시간 안에 서비스를 제공했다.</td><td colspan="3">1 --- 2 --- 3 --- 4 --- 5 --- 6 --- 7</td></tr>
<tr><td>2. 약속한 서비스를 모두 지켰다.</td><td colspan="3">1 --- 2 --- 3 --- 4 --- 5 --- 6 --- 7</td></tr>
<tr><td>3. 발생한 문제를 해결하기 위해 노력했다.</td><td colspan="3">1 --- 2 --- 3 --- 4 --- 5 --- 6 --- 7</td></tr>
<tr><td rowspan="3">재방문의도</td><td>1. 서비스 센터를 다시 방문할 의사가 있다.</td><td colspan="3">1 --- 2 --- 3 --- 4 --- 5 --- 6 --- 7</td></tr>
<tr><td>2. 서비스 센터를 지속적으로 이용할 것이다.</td><td colspan="3">1 --- 2 --- 3 --- 4 --- 5 --- 6 --- 7</td></tr>
<tr><td>3. 서비스 센터에 대해 다른 사람에게 권유하고 싶다.</td><td colspan="3">1 --- 2 --- 3 --- 4 --- 5 --- 6 --- 7</td></tr>
</table>

측정항목들을 합산하여 하나의 만족도, 공감성, 신뢰성, 재방문의도 변수로 만들기 위해서는 먼저 Chapter 05.에서 설명한 요인분석 및 신뢰도 분석을 실시하여 척도의 타당성과 신뢰성을 검증해야 한다. 이후 변수계산을 통해 평균값으로 합산한 후 분석을 실시한다. 변수계산의 경우 Chapter 03. **[그림 3.40]**과 **[그림 3.41]** 참고한다. 실습의 경우 변수계산까지의 과정은 생략하고 평균값으로 합산한 변수만을 가지고 진행한다.

1 '10_상관관계_회귀분석.SAV' 파일을 실행시킨다.

[그림 9.8]

2 분석 → 회귀분석 → 선형을 클릭한다.

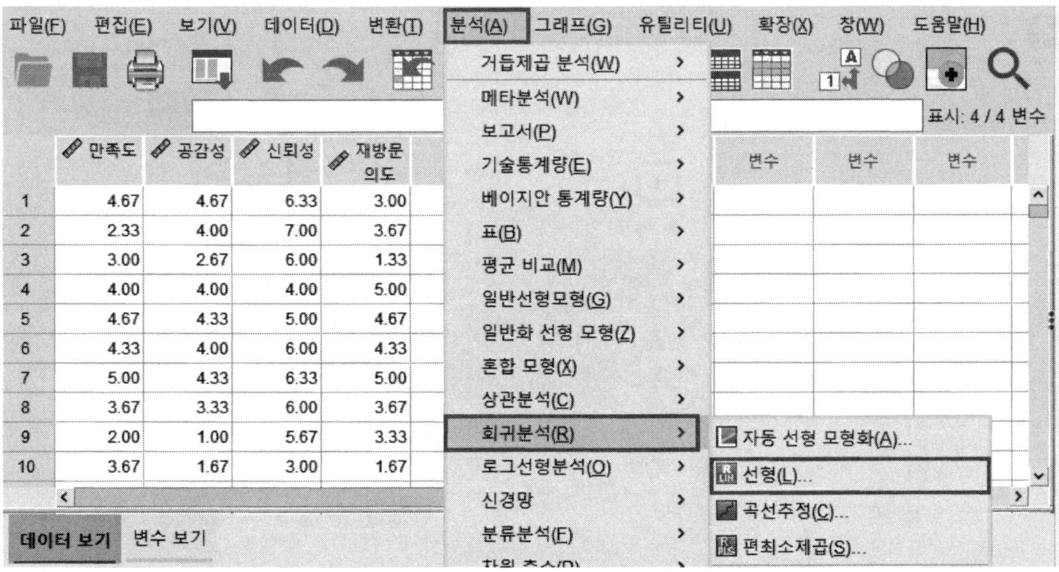

[그림 9.9] 다중회귀분석 실시하기

3 ① 만족도, 공감성, 신뢰성을 선택한 후 ② 아래 화살표를 클릭하여 독립변수로 이동한다.

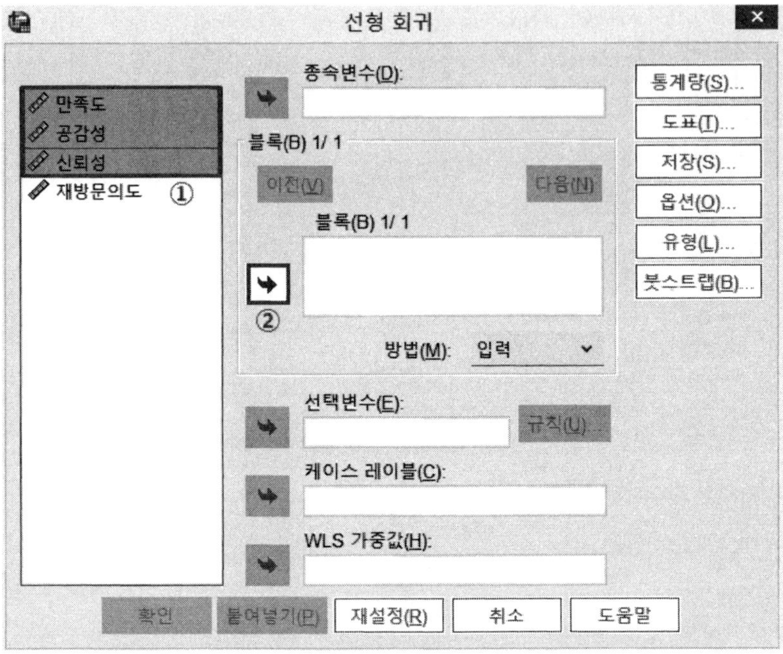

[그림 9.10]

4 ① 재방문의도를 선택한 후 ② 종속변수로 이동한다. 이후 ③ 통계량을 클릭한다.

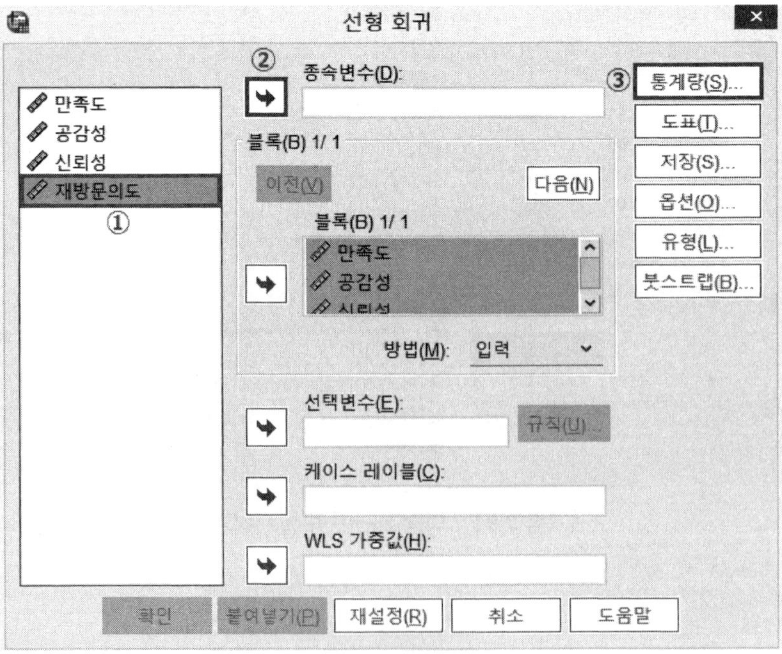

[그림 9.11]

5 공선성 진단, Durbin-Watson을 선택한 후 계속을 클릭한다.

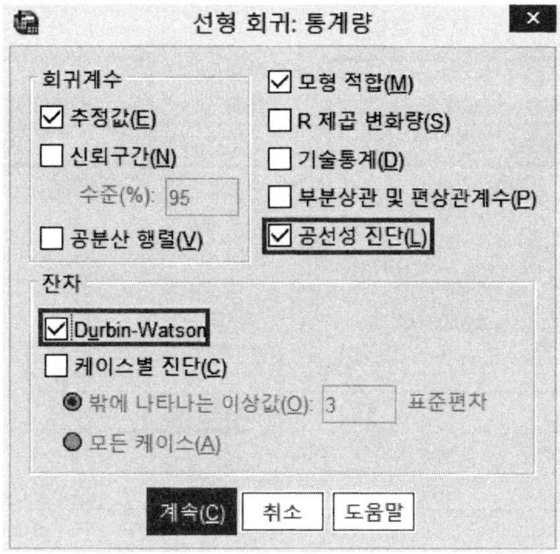

[그림 9.12]

6 확인을 클릭한다.

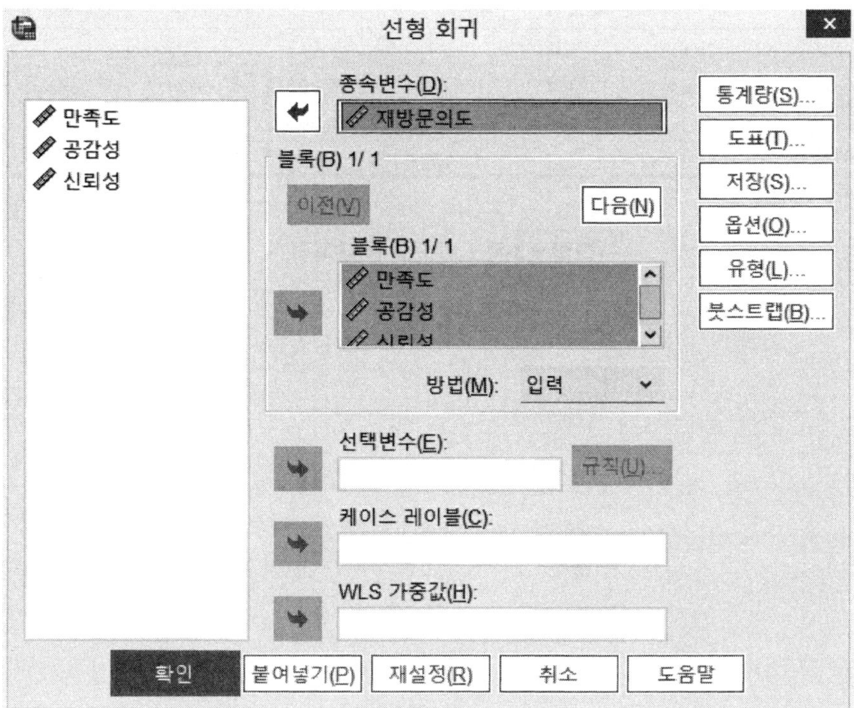

[그림 9.13]

7 출력결과를 확인한다.

① **모형 요약**[b] ②

모형	R	R 제곱	수정된 R 제곱	추정값의 표준 오차	Durbin-Watson
1	.774[a]	.599	.596	.97912	1.786

a. 예측자: (상수), 신뢰성, 공감성, 만족도

b. 종속변수: 재방문의도

ANOVA[a] ③ ④

모형		제곱합	자유도	평균제곱	F	유의확률
1	회귀	567.505	3	189.168	197.320	<.001[b]
	잔차	379.640	396	.959		
	전체	947.144	399			

a. 종속변수: 재방문의도

b. 예측자: (상수), 신뢰성, 공감성, 만족도

계수[a] ⑤

모형		비표준화 계수 B	비표준화 계수 표준화 오류	표준화 계수 베타	t	유의확률	공선성 통계량 공차	공선성 통계량 VIF
1	(상수)	-.361	.234		-1.545	.123		
	만족도	.285	.064	.239	4.465	⑥<.001	.354	⑦ 2.822
	공감성	.583	.058	.532	9.997	<.001	.358	2.795
	신뢰성	.120	.042	.096	2.838	.005	.884	1.131

a. 종속변수: 재방문의도

[그림 9.14] 다중회귀 분석결과

■ 분석결과 논문에 적용하기

다중회귀 분석 결과는 **[그림 9.14]**와 같다. 기본적인 개념과 확인과정은 단순회귀분석과 동일하다. 회귀분석의 경우 ANOVA의 유의확률(p-value)을 먼저 확인한다. 단순회귀분석에서 설명했듯이 회귀분석에서 ANOVA는 회귀모형의 적합도로 통계적으로 유의하면 독립변수가 종속변수에 영향을 준다는 의미다. ④ ANOVA의 유의확률은 <.001(p=.000)으로 .05보다 낮게 나타나 통계적으로 유의한 것으로 나타났다. 즉, 회귀모형이 적합하다고 볼 수 있다. 논문에는 p<.001 또는 p=.000으로 표기한다. 유의확률이 .05보다 높게 나타난다면 p>.05로 표기해준다.

다음은 ① R제곱과 ② Durbin-Watson ⑦ 다중 공선성을 확인한다. ① R제곱값을 확인해보면 .599로 독립변수가 종속변수를 설명하는 설명력은 59.9%이다. Durbin-Watson은 ② 1.786으로 2에 가깝게 나타나 독립적이다.

다음 다중 공선성(multi-collinearity)을 확인한다. 다중회귀분석의 경우 단순회귀분석과는 다르게 다중 공선성을 확인해야 한다. 다중 공선성은 여러 개의 독립변수들 간의 존재하는 공통된 선형관계를 의미하며, 독립변수들이 서로 강한 관계를 갖게 되면 문제가 발생한다. 가장 큰 문제점은 회귀계수의 분산이 커진다는 것이다. 분산이 커진다는 것은 오차도 커진다는 것이고, 이는 예측의 정확성까지 떨어진다. 따라서 다중회귀분석에서 다중 공선성에 존재를 꼭 확인해야 한다.

다중 공선성을 확인하는 가장 기본적인 방법은 상관계수를 확인하는 것이다. 상관계수가 0.8이상일 경우 다중 공선성이 있다고 평가하며, 0.6 이상이면 다중 공선성을 의심해야한다. 그러나 상관계수를 확인하는 것 보다 분산팽창요인 VIF(variance inflation factor)를 통해 확인하는 것이 더욱 적합한 방법이다. 확인방법은 간단하다. ⑦ VIF가 10보다 미만이면 다중 공선성의 문제가 없다고 판단한다. 해당 수치의 경우 만족도 2.822, 공감성 2.795, 신뢰성 1.131으로 모두 10 미만이다. 따라서 다중 공선성이 존재하지 않는다고 판단한다.

정리하면 회귀분석을 진행하기 위한 회귀모형은 통계적으로 유의하게 나타나 적합하며, 잔차의 독립성을 가진다. 또한 독립변수가 종속변수를 설명하는 설명력은 59.9%이며, 다중 공선성은 존재하지 않아 회귀분석을 실시하기에 적합하다.

이제 독립변수인 만족도, 공감성, 신뢰성이 종속변수인 재방문의도에 미치는 영향을 확인한다. 확인결과 ⑥ 만족도의 유의확률은 <.001(p=.000), 공감성의 유의확률은 <.001(p=.000), 신뢰성의 유의확률은 .005로 모두 .05보다 낮게 나타났다. 즉, 통계적으로 유의한 수준에서 모두 정(+)의 영향을 준다. 만약 표준화 계수 베타에 −가 있다면 부(−)의 영향을 준다고 본다. 표준화 계수 베타의 값이 클수록 영향도 크다고 본다. ① R제곱, 수정된 R제곱(*adj* R^2로 표기) ② Durbin-Watson ③ F ④ 유의확률 ⑤ 계수를 사용하여 논문에 작성하면 된다.

만족도, 공감성, 신뢰성이 재방문의도에 미치는 영향 분석결과

만족도, 공감성, 신뢰성이 재방문의도에 미치는 영향을 확인하기 위해 다중회귀분석(multiple regression analysis)을 실시하였다. 분석결과 **<표 1>**과 같이 회귀모형은 적합한 것으로 나타났으며(F=197.320, p=.000), Durbin-Watson 지수는 1.786으로 2에 가까워 잔차의 독립성에는 문제가 없다. 독립변수 간의 다중 공선성은 분산팽창요인 VIF(variance inflation factor) 지수를 이용하였고, 해당 지수는 1.131~2.822로 10 미만으로 나타나 다중 공선성이 존재하지 않는 것으로 나타났다. 따라서 회귀분석을 실시하기에 적합하다.

다중회귀분석 결과를 살펴보면 만족도(β=.239, p=.000), 공감성(β=.532, p=.000), 신뢰성(β=.096, p=.005)은 모두 재방문의도에 정(+)의 유의한 영향을 미치는 것으로 나타났다. 즉, 만족도, 공감성, 신뢰성이 높을수록 재방문의도가 높아진다. 이 중 공감성이 가장 큰 영향을 미쳤고, 다음은 만족도, 신뢰성 순으로 나타났다.[1] 이러한 변수들이 종속변수인 재방문의도를 설명하는 설명력은 59.9%이다.

<표 1> 만족도, 공감성, 신뢰성이 재방문의도에 미치는 영향 분석결과

모형	비표준화 계수		표준화 계수	t	유의 확률	공선성 통계량	
	B	표준화 오류	베타			공차	VIF
(상수)	−.361	.234		−1.545	.123		
만족도	.285	.064	.239	4.465	.000	.354	2.822
공감성	.583	.058	.532	9.997	.000	.358	2.795
신뢰성	.120	.042	.096	2.838	.005	.884	1.131
R^2=.599, *adj* R^2=.596, F=197.320(p=.000), Durbin-Watson=1.786							

1) 표준화 계수 베타의 값이 클수록 영향이 크다고 판단한다.

3. 더미회귀분석

일반적으로 회귀분석을 진행할 때 독립변수와 종속변수는 모두 연속형 척도(등간척도, 비율척도)로 구성되어야 분석가능하다. 그러나 성별이나 직업 같은 범주형 척도(명목, 순서척도)가 중요한 변수가 되어 회귀분석을 진행해야 하는 경우가 발생하기도 한다. 이때 사용하는 방법이 더미변수(dummy variable)를 활용한 더미회귀분석(dummy regression Analysis)이다.

더미는 가짜 인형이라는 뜻으로 실험이나 연구에서 사람대신 사용하는 인형을 뜻한다. 예를 들어 자동차 충돌 실험에서 안전벨트를 하지 않는 더미(인형)가 60km로 충돌하였을 때, 신체에 미치는 영향을 확인할 수 있다.

더미회귀분석을 진행할 때 성별과 같은 범주형 척도를 바로 투입하면 안 되고, 더미변수로 변환한 후 투입하여 분석을 진행해야 한다. 더미변수로 변환하는 방법은 영향력을 확인하고 싶은 값을 1, 나머지 값을 0으로 변환하면 된다. 예를 들어 남자는 1, 여자는 2로 코딩된 성별 변수 중 남자의 영향력을 확인하고 싶다면 남자는 1, 여자는 0으로 변환하여 분석을 진행하며 된다.

분석결과를 확인하고 해석하기 위해 연구가설을 설정한 후 실습을 진행해보자.

[연구가설]

가설1) 성별은 재방문의도에 영향을 미칠 것이다.

- 독립변수 : 성별
- 종속변수 : 재방문의도

1 '12_더미_통제회귀분석.SAV' 파일을 실행시킨다.

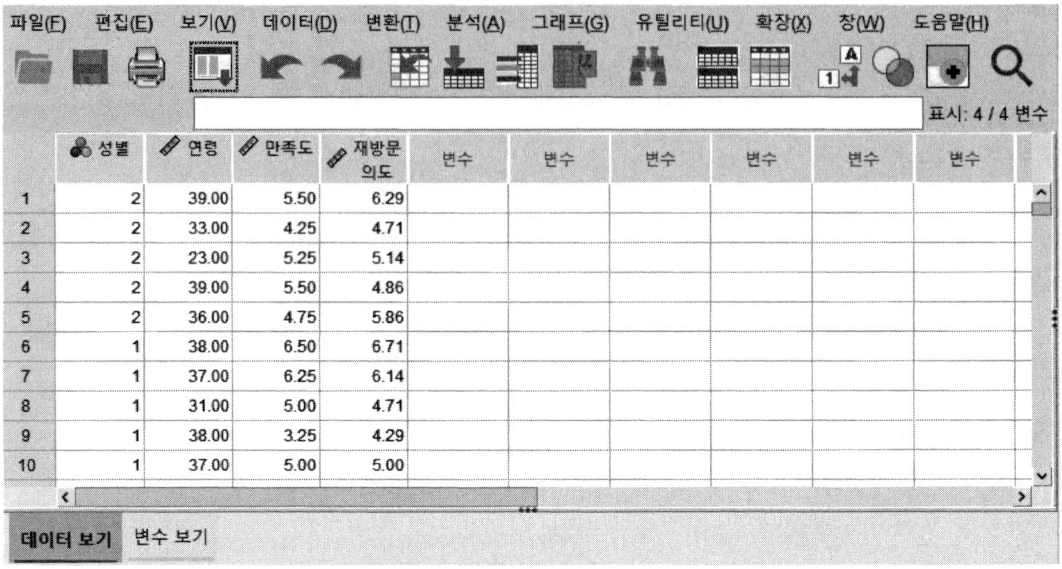

[그림 9.15]

2 변환 → 다른 변수로 코딩하기를 클릭한다.

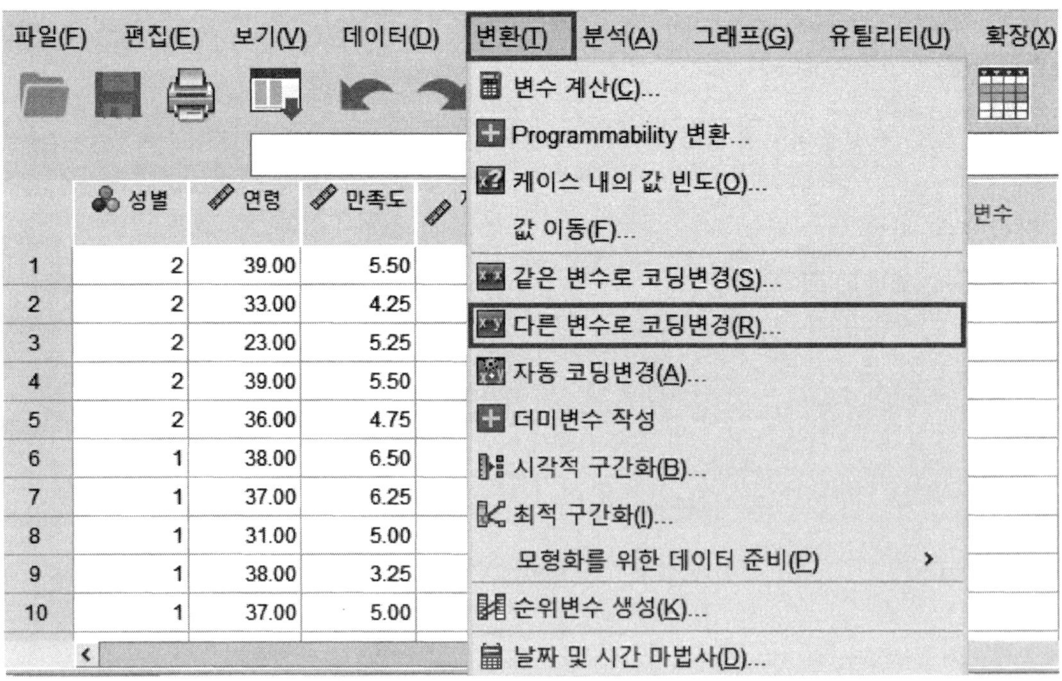

[그림 9.16] 더미변수 변환하기

3 ① 성별을 선택한 후 ② 화살표를 클릭하여 입력변수 → 출력변수로 이동한다.

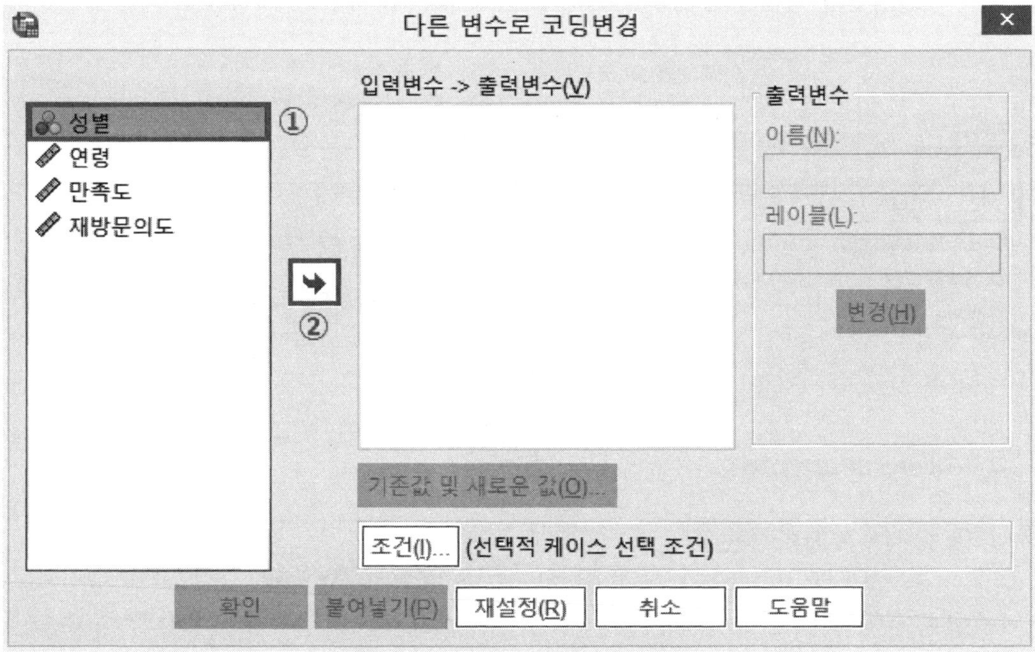

[그림 9.17]

4 ① 이름에 '성별더미'를 입력한 후 ② 변경 클릭 ③ 기존값 및 새로운 값을 클릭한다.

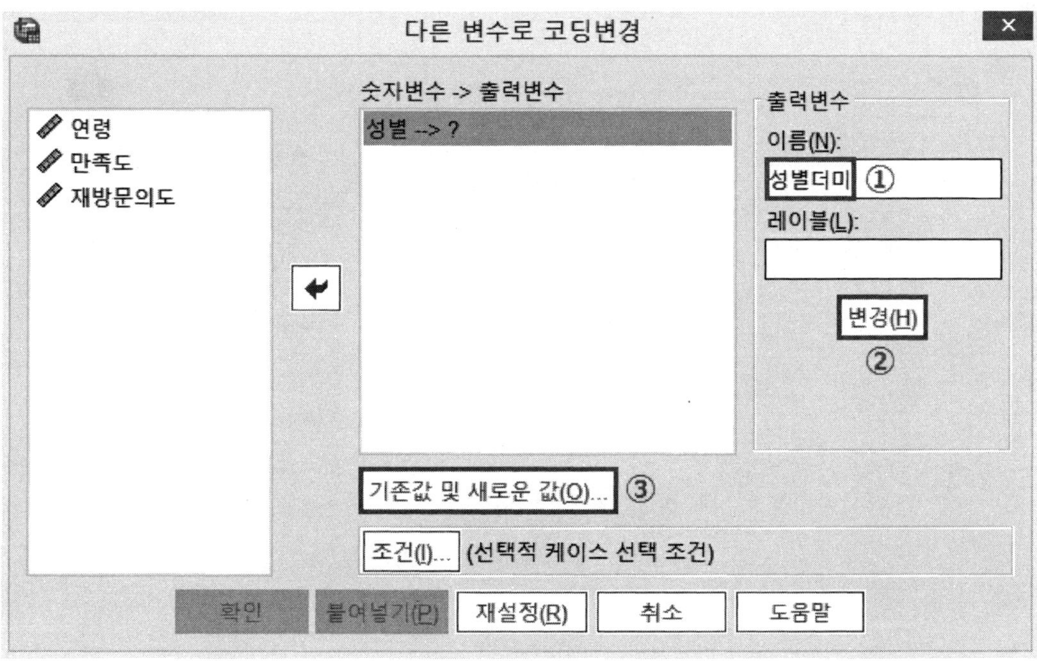

[그림 9.18]

5 ① 기존 값 1(남자)을 입력 후 ② 새로운 값에 1을 입력 ③ 추가 버튼을 클릭한다. 기존 값 2(여자)도 동일한 방법을 통해 2에서 0으로 만들어준다. 이후 ④ 계속을 클릭한다.

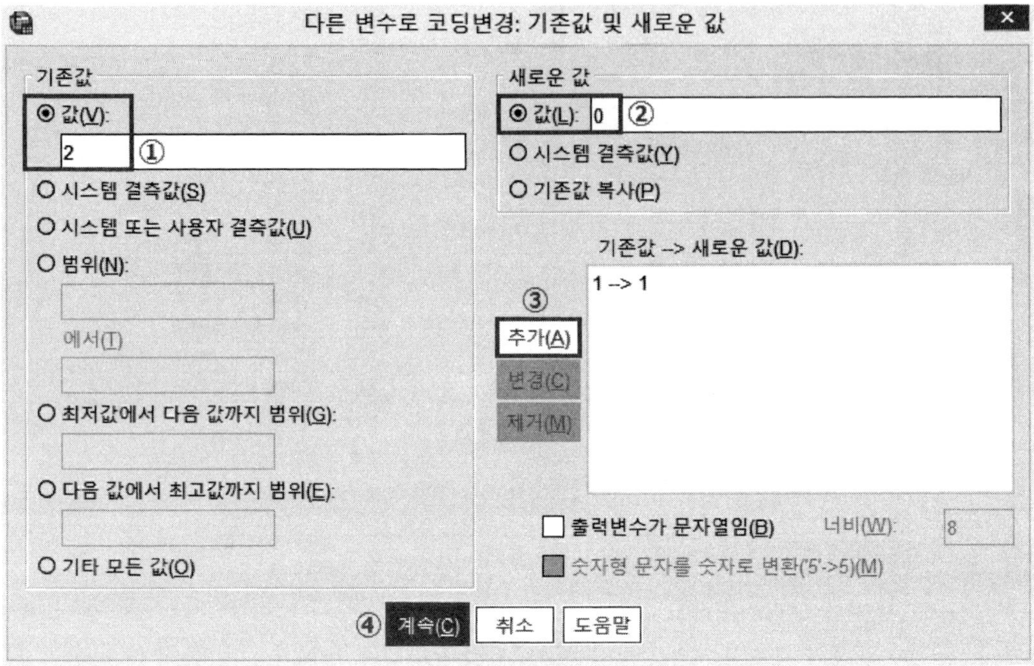

[그림 9.19]

6 확인을 클릭한다.

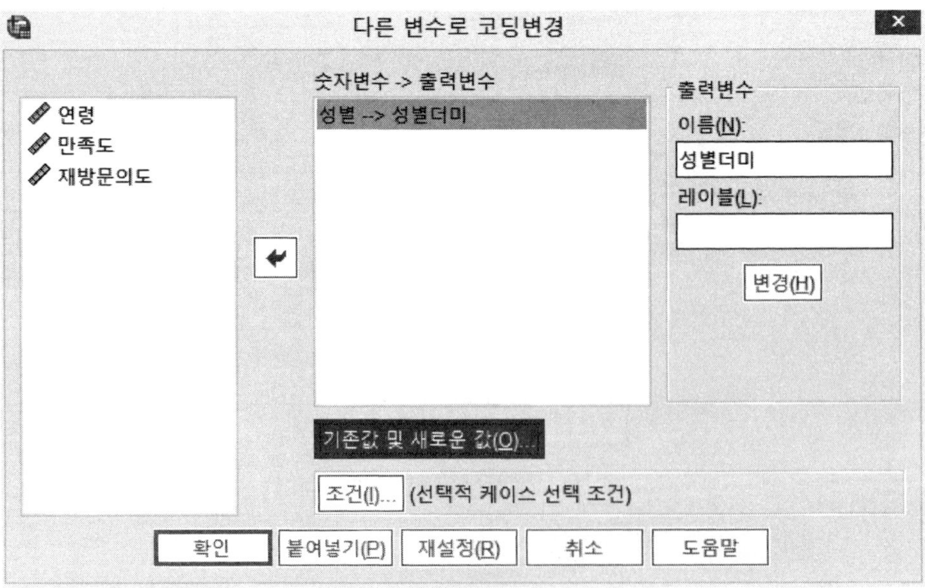

[그림 9.20]

7 분석 → 회귀분석 → 선형을 클릭한다.

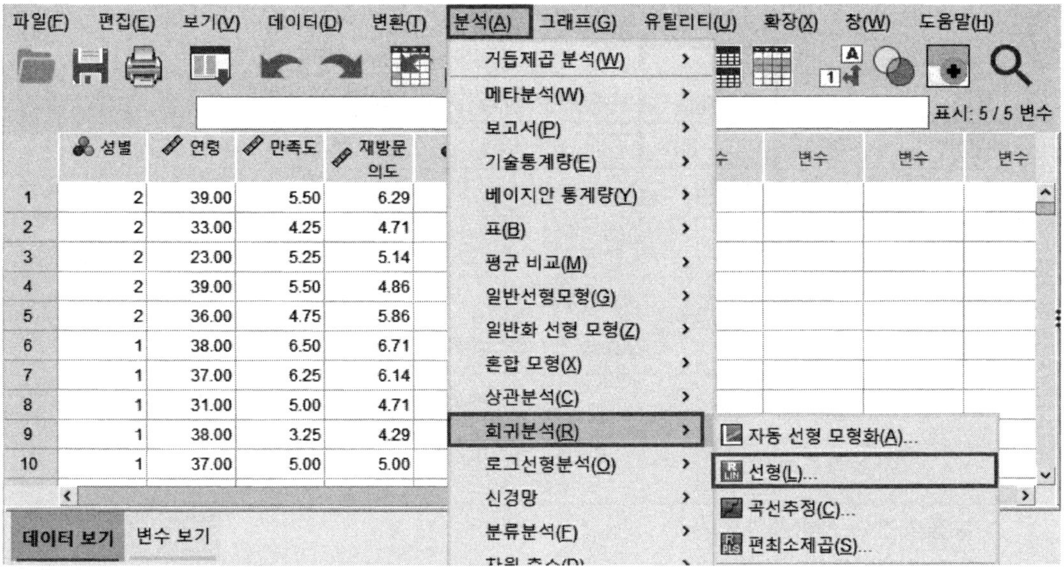

[그림 9.21] 더미회귀분석 실시하기

8 ① 새롭게 변환한 성별더미를 독립변수에 이동한 후 ② 종속변수에 재문의도를 이동한다. 이후 ③ 확인을 클릭한다.

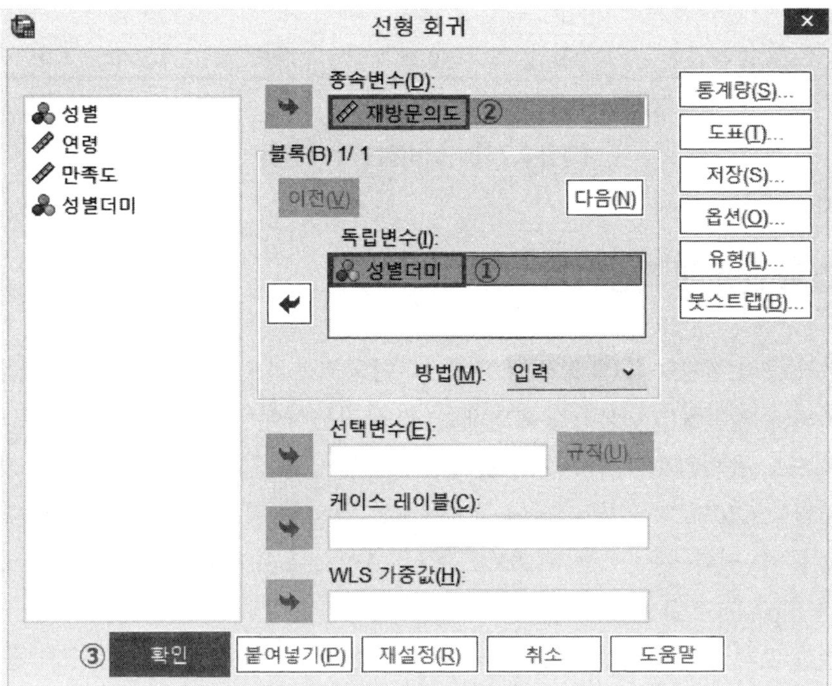

[그림 9.22]

9 출력결과를 확인한다.

모형 요약

모형	R	R 제곱	수정된 R 제곱	추정값의 표준 오차
1	.092[a]	.008	.006	1.06523

a. 예측자: (상수), 성별더미 ①

ANOVA[a] ② ③

모형		제곱합	자유도	평균제곱	F	유의확률
1	회귀	4.903	1	4.903	4.321	.038[b]
	잔차	578.706	510	1.135		
	전체	583.610	511			

a. 종속변수: 재방문의도

b. 예측자: (상수), 성별더미

계수[a] ④

모형		비표준화 계수		표준화 계수		
		B	표준화 오류	베타	t	유의확률
1	(상수)	4.636	.064		72.559	<.001
	성별더미	.196	.095	.092	2.079	⑤ .038

a. 종속변수: 재방문의도

[그림 9.23] 더미회귀분석결과

■ 분석결과 논문에 적용하기

더미회귀 분석 결과는 **[그림 9.23]**과 같다. 더미회귀분석도 다른 회귀분석들처럼 가장 먼저 ANOVA의 유의확률(p-value)을 확인해준다. 회귀분석에서 ANOVA는 회귀모형의 적합도로 통계적으로 유의하면 독립변수가 종속변수에 영향을 준다는 의미다. ③ ANOVA의 유의확률은 .038으로 .05보다 낮게 나타나 통계적으로 유의한 것으로 나타났다. 즉, 회귀모형이 적합하다고 볼 수 있다. 논문에는 p<.05 또는 p=.038으로 표기한다. 유의확률이 .05보다 높게 나타난다면 p>.05로 표기해준다.

다음은 ① R제곱을 확인한다. R제곱값을 확인해보면 .008으로 독립변수가 종속변수를 설명하는 설명력은 0.8%이다. 즉, 회귀분석을 진행하기 위한 회귀모형은 통계적으로 유의하게 나타나 적합하다. 또한 독립변수가 종속변수를 설명하는 설명력은 0.8%이다.

이제 독립변수인 성별이 종속변수인 재방문의도에 미치는 영향을 확인한다. 확인결과 ⑤ 유의확률은 .038으로 .05보다 낮게 나타났다. 즉, 통계적으로 유의한 수준에서 정(+)의 영향을 준다. 만약 표준화 계수 베타에 —가 있다면 부(—)의 영향을 준다고 본다. ① R제곱 ② F ③ 유의확률 ④ 계수를 사용하여 논문에 작성하면 된다.

더미회귀분석에서 주의해야할 점은 표에 더미변수를 사용했다는 내용을 꼭 표기해줘야 한다. 또한 더미회귀분석 결과에 대한 회귀방정식은 비표준화 계수 B값을 사용한다.

성별이 재방문의도에 미치는 영향 분석결과

성별이 재방문의도에 미치는 영향을 확인하기 위해 더미회귀분석을 실시하였다. 분석결과 **<표 1>**과 같이 회귀모형은 적합한 것으로 나타났다(F=4.321, p=.038).

분석 결과를 살펴보면 성별에서 남자(B=.196, p=.038)는 재방문의도에 정(+)의 유의한 영향을 미치는 것으로 나타났다. 즉, 성별에서 남자는 여자보다 재방문의도가 .196만큼 높게 나타났으며, 이러한 성별이 종속변수인 재방문의도를 설명하는 설명력은 0.8%이다.

<표 1> 성별이 재방문의도에 미치는 영향 분석결과

모형	비표준화 계수		표준화 계수	t	유의확률
	B	표준화 오류	베타		
(상수)	4.636	.064		72.559	.000
성별(남자)	.196	.095	.092	2.079	.038
R^2=.008, F=4.903(p=.038), 성별: 남자1, 여자0					

만약 3개 이상(직업 : 학생, 직장인, 주부)으로 구성된 범주형 척도를 더미변수로 변환하여 분석할 경우 동일한 방법으로 분석을 실시하면 된다. 단, 3개 집단의 경우 2개의 변수, 4개 집단의 경우 3개의 변수, 5개 집단의 경우 4개의 변수로 변환해준다. 예를 들어 학생, 직장인, 주부로 구성된 직업의 경우 직장인과 주부의 영향력을 알고 싶다면 학생은 0, 직장인은 1로 변환해주고, 다시 학생은 0, 주부는 1로 변환하여 총 2개의 변수를 만들어준다. 이후 직장인과 주부 더비변수를 투입하여 회귀분석을 진행하면 된다.

4. 통제회귀분석

통제변수(control variable)는 분석을 진행할 때 통제시키는 변수를 말한다. 예를 들어 서비스 센터의 만족도가 재방문의도에 미치는 영향을 확인하기 위해 통계분석을 실시한다고 가정해보자. 분석결과 만족도가 높으면 재방문의도가 높아지는 결과를 얻었다. 하지만 이 분석결과에 대해 의문을 제기할 수 있다.

성별에 따라 만족도가 다를 수 있고, 연령에 따라서도 만족도가 다를 수 있다. 즉, 성별과 연령을 고려하지 않고 만족도가 재방문의도에 미치는 영향을 분석했다면 그 결과는 신뢰할 수 있는 결과가 아닐 수 있다. 따라서 성별과 연령처럼 외적 변수들의 영향력이 나타나지 않게 통제한 후 분석을 진행해야 한다.

일반적으로 사회과학 논문에서 통제변수로 사용되는 변수들은 성별, 연령, 직업, 소득 등과 같은 인구통계학적 특성들이다. 인구통계학적 특성에 따라 독립변수가 종속변수에 미치는 결과가 달라질 수 있다. 이러한 인구통계학적 특성들은 모든 연구의 분석에서 전부 통제하기는 어렵다. 따라서 논문을 작성하는 연구자는 설문지와 연구를 설계할 때 선행연구들을 다양하게 검토해보고, 변수를 통제시킬 것인지, 통제시킨다면 어떤 변수를 통제할 것인지 깊게 고민해보고 판단해야 한다.

통제변수를 처리하는 방법은 통제시키고자 하는 변수를 독립변수와 함께 투입하여 분석을 진행하면 된다. 이때 통제변수가 범주형 척도(명목, 순위)라면 앞서 알아본 더미변수로 변환하여 투입하면 되고, 연속형 척도(등간, 비율)라면 그대로 투입하면 된다.

분석결과를 확인하고 해석하기 위해 연구가설을 설정한 후 실습을 진행해보자.

[연구가설]

가설1) 만족도는 재방문의도에 영향을 미칠 것이다.

통제변수는 가설에서 따로 언급하지 않음.

[성별, 연령, 만족도, 재방문의도 측정항목, 리커트 7점 척도]

1) 성별

① 남자 ② 여자

2) 연령

(　　)세

구분	측정항목	전혀 동의하지 않는다 / 보통이다 / 매우 동의한다
만족도	1. 서비스를 제공한 시설에 만족한다.	1 --- 2 --- 3 --- 4 --- 5 --- 6 --- 7
	2. 서비스 시설 직원들의 친절함에 만족한다.	1 --- 2 --- 3 --- 4 --- 5 --- 6 --- 7
	3. 서비스를 제공한 담당자의 전문성에 만족한다.	1 --- 2 --- 3 --- 4 --- 5 --- 6 --- 7
재방문의도	1. 서비스 센터를 다시 방문할 의사가 있다.	1 --- 2 --- 3 --- 4 --- 5 --- 6 --- 7
	2. 서비스 센터를 지속적으로 이용할 것이다.	1 --- 2 --- 3 --- 4 --- 5 --- 6 --- 7
	3. 서비스 센터에 대해 다른 사람에게 권유하고 싶다.	1 --- 2 --- 3 --- 4 --- 5 --- 6 --- 7

측정항목들을 합산하여 하나의 만족도, 재방문의도 변수로 만들기 위해서는 먼저 Chapter 05.에서 설명한 요인분석 및 신뢰도 분석을 실시하여 척도의 타당성과 신뢰성을 검증해야 한다. 이후 변수계산을 통해 평균값으로 합산한 후 분석을 실시한다. 변수계산의 경우 Chapter 03. **[그림 3.40]**과 **[그림 3.41]** 참고한다. 실습의 경우 변수계산까지의 과정은 생략하고 평균값으로 합산한 변수만을 가지고 진행한다.

1 '12_더미_통제회귀분석.SAV' 파일을 실행시킨다.

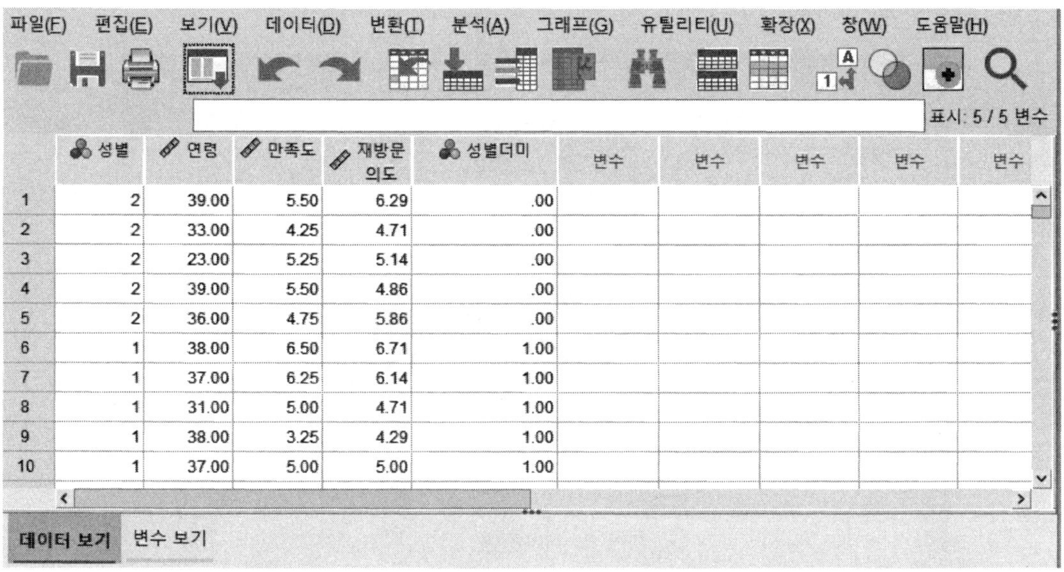

[그림 9.24]

성별의 경우 범주형 척도(명목척도)이기 때문에 더미변수로 변경해서 분석을 실시한다. 더미변수 변경 방법은 **[그림 9.16]**~**[그림 9.20]**을 참고한다. 연령의 경우 연속형 척도(비율척도)이기 때문에 그대로 투입해 분석을 실시한다.

2 분석 → 회귀분석 → 선형을 클릭한다.

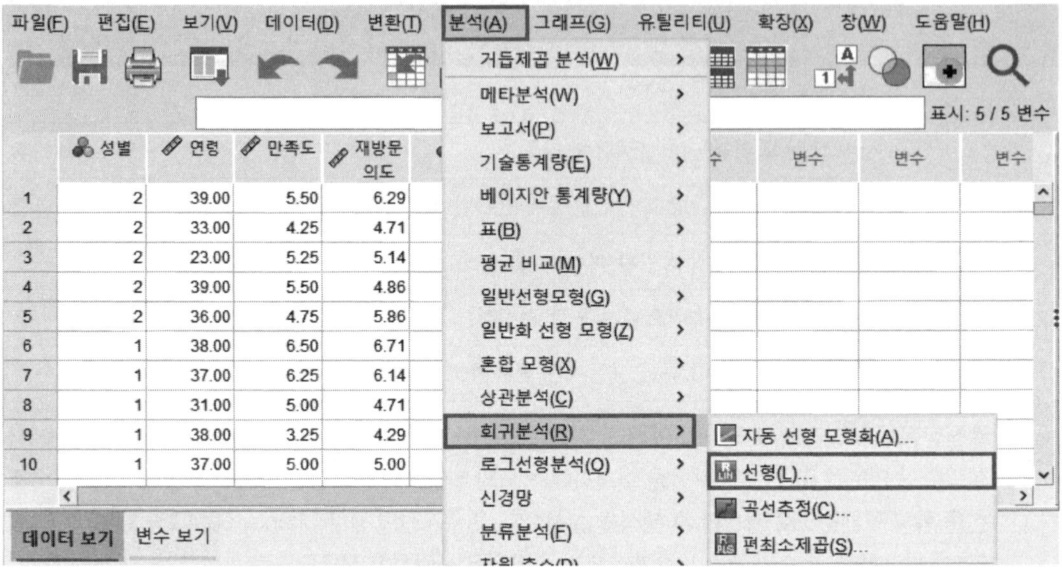

[그림 9.25] 통제회귀분석 실시하기

3 ① 성별더미, 연령, 만족도를 독립변수로 이동한 후 ② 재방문의도를 종속변수로 이동한다. 이후 ③ 통계량을 클릭한다.

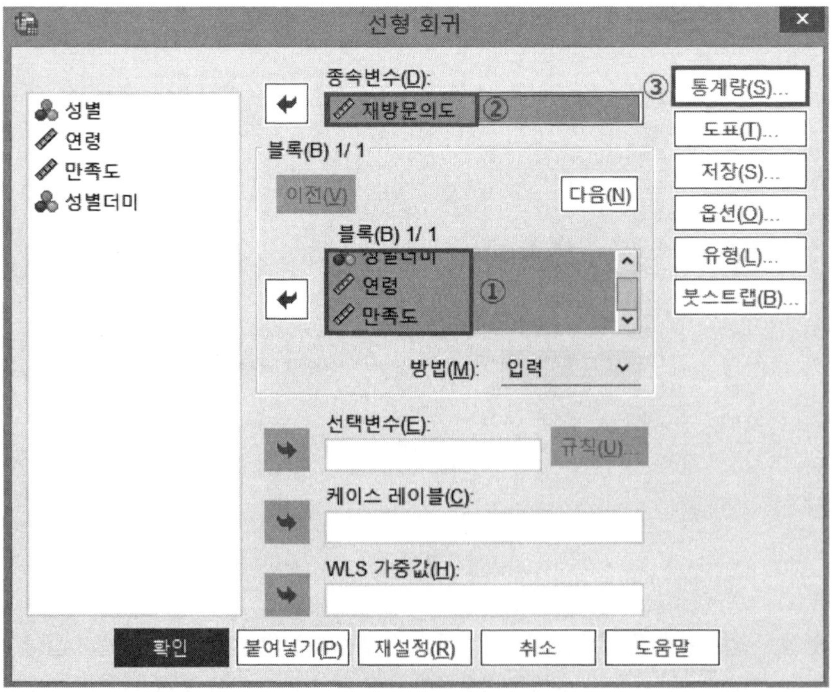

[그림 9.26]

4 공선성 진단, Durbin-Watson을 선택한 후 계속을 클릭한다.

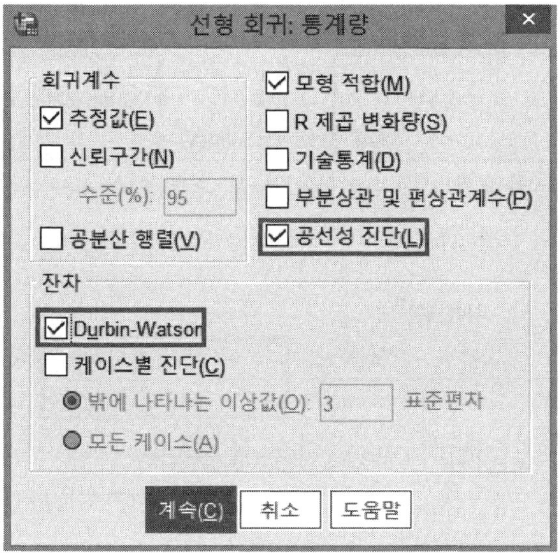

[그림 9.27]

5 확인을 클릭한다.

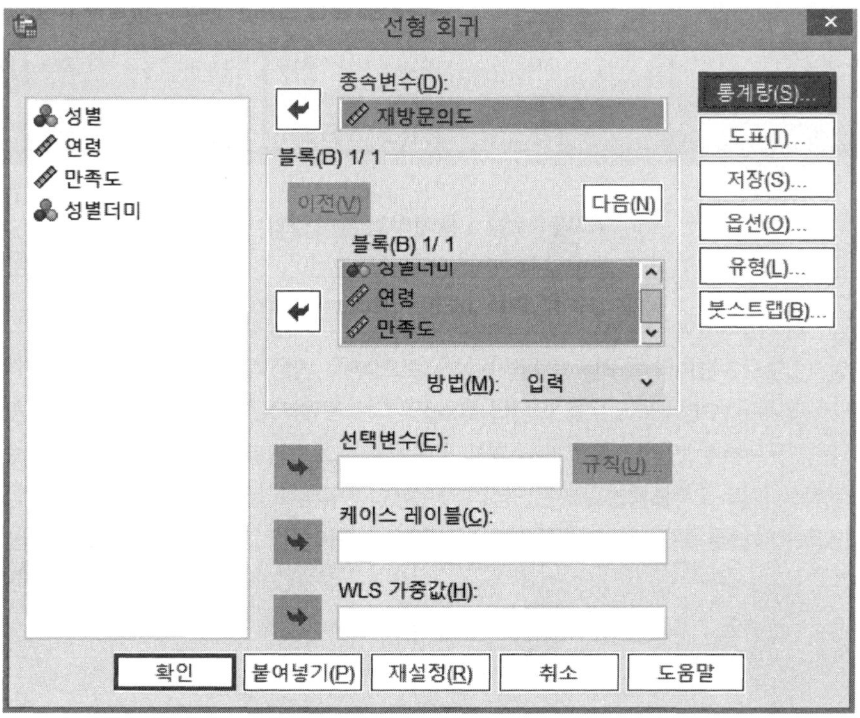

[그림 9.28]

6 출력결과를 확인한다.

모형 요약[b]

모형	R	R 제곱	수정된 R 제곱	추정값의 표준오차	Durbin-Watson
1	.720[a]	.519	.516	.74331	1.804

a. 예측자: (상수), 만족도, 연령, 성별더미

b. 종속변수: 재방문의도

ANOVA[a]

모형		제곱합	자유도	평균제곱	F	유의확률
1	회귀	302.931	3	100.977	182.758	<.001[b]
	잔차	280.679	508	.553		
	전체	583.610	511			

a. 종속변수: 재방문의도

b. 예측자: (상수), 만족도, 연령, 성별더미

계수[a] ⑤

모형		비표준화 계수 B	비표준화 계수 표준화 오류	표준화 계수 베타	t	유의확률	공선성 통계량 공차	공선성 통계량 VIF
1	(상수)	1.554	.200		7.772	<.001		
	성별더미	.126	.066	.059	1.910	⑥ .057	.998	⑦ 1.002
	연령	.007	.004	.052	1.677	.094	.999	1.001
	만족도	.658	.028	.712	23.121	<.001	.997	1.003

a. 종속변수: 재방문의도

[그림 9.29] 통제회귀 분석결과

분석결과 논문에 적용하기

통제회귀 분석 결과는 **[그림 9.29]**와 같다. 기본적인 개념과 확인과정은 앞에서 언급한 다른 회귀분석과 동일하다. 회귀분석의 경우 ANOVA의 유의확률(p-value)을 먼저 확인한다. 회귀분석에서 ANOVA는 회귀모형의 적합도로 통계적으로 유의하면 독립변수가 종속변수에 영향을 준다는 의미다. ④ ANOVA의 유의확률은 <.001(p=.000)으로 .05보다 낮게 나타나 통계적으로 유의한 것으로 나타났다. 즉, 회귀모형이 적합하다고 볼 수 있다. 논문에는 p<.001 또는 p=.000으로 표기한다. 유의확률이 .05보다 높게 나타난다면 p>.05로 표기해 준다.

다음은 ① R제곱과 ② Durbin-Watson ⑦ 다중 공선성을 확인한다. ① R제곱값을 확인해보면 .519로 독립변수가 종속변수를 설명하는 설명력은 51.9%이다. Durbin-Watson은 ② 1.804로 2에 가깝게 나타나 독립적이다.

다음 다중 공선성(multi-collinearity)을 확인한다. ⑦ VIF가 10보다 미만이면 다중 공선성의 문제가 없다고 판단한다. 해당 수치의 경우 성별(더미) 1.002, 연령 1.001, 만족도 1.003으로 모두 10 미만이다. 따라서 다중 공선성이 존재하지 않는다고 판단한다.

정리하면 회귀분석을 진행하기 위한 회귀모형은 통계적으로 유의하게 나타나 적합하며, 잔차의 독립성을 가진다. 또한 독립변수가 종속변수를 설명하는 설명력은 51.9%이며, 다중 공선성은 존재하지 않아 회귀분석을 실시하기에 적합하다.

이제 독립변수인 성별(더미), 연령, 만족도가 종속변수인 재방문의도에 미치는 영향을 확인한다. 확인결과 ⑥ 성별(더미)의 유익확률은 .057, 연령의 유의확률은 .094로 .05보다 높게 나타났다. 반면 만족도는 <.001(p=.000)으로 .05보다 낮게 나타났다. 즉, 성별(더미)과 연령은 통계적으로 유의한 수준에서 영향을 주지 못하는 것으로 나타났으며, 만족도만 통계적으로 유의한 수준에서 정(+)의 영향을 주는 것으로 나타났다. 이러한 결과를 정리해보면 성별, 연령에 관련 없이 만족도는 재방문의도에 유의한 영향을 준다는 것이다.

만약 표준화 계수 베타에 −가 있다면 부(−)의 영향을 준다고 본다. 표준화 계수 베타의 값이 클수록 영향도 크다고 본다. ① R제곱, 수정된 R제곱(*adj* R^2로 표기) ② Durbin-Watson ③ F ④ 유의확률 ⑤ 계수를 사용하여 논문에 작성하면 된다.

성별, 연령, 만족도가 재방문의도에 미치는 영향 분석결과

통제변수인 성별(더미), 연령과 독립변수인 만족도가 재방문의도에 미치는 영향을 확인하기 위해 통제회귀분석을 실시하였다. 분석결과 **<표 1>**과 같이 회귀모형은 적합한 것으로 나타났으며(F=182.758, p=.000), Durbin-Watson 지수는 1.804로 2에 가까워 잔차의 독립성에는 문제가 없다. 독립변수 간의 다중 공선성은 분산팽창요인 VIF(variance inflation factor) 지수를 이용하였고, 해당 지수는 1.001~1.003로 10 미만으로 나타나 다중 공선성이 존재하지 않는 것으로 나타났다. 따라서 회귀분석을 실시하기에 적합하다.

회귀분석 결과를 살펴보면 통제변수인 성별과 연령은 통계적으로 유의한 수준에서 재방문의도에 영향을 미치지 못하는 것으로 나타났다(p>.05). 반면 독립변수인 만족도(β=.712, p=.000)는 통계적으로 유의한 수준에서 재방문의도에 정(+)의 유의한 영향을 미치는 것으로 나타났다. 이러한 변수가 종속변수인 재방문의도를 설명하는 설명력은 51.9%이다.

<표 1> 성별, 연령, 만족도가 재방문의도에 미치는 영향 분석결과

모형	비표준화 계수		표준화 계수	t	유의 확률	공선성 통계량	
	B	표준화 오류	베타			공차	VIF
(상수)	1.554	.200		7.772	.000		
성별	.126	.066	.059	1.910	.057	.998	1.002
연령	.007	.004	.052	1.677	.094	.999	1.001
만족도	.658	.028	.712	23.121	.000	.997	1.003
R^2=.519, *adj* R^2=.516, F=182.758(p=.000), Durbin-Watson=1.804, 성별: 남자1, 여자0							

통제회귀분석을 작성할 때 유의할 점은 통제변수(성별, 연령)가 통계적으로 유의하게 나타나지 않는다면 해석할 필요가 없다. 만약 통제 변수가 통계적으로 유의하게 나타났다면 더미변수의 경우 더미회귀분석과 동일한 방법으로 해석하고, 연속형 척도(등간, 비율)가 통계적으로 유의하게 나타났다면 단순 또는 다중회귀분석과 동일한 방법으로 해석하면 된다.

5. 위계적 회귀분석

위계적 회귀분석(hierarchical regression analysis)은 2개 이상의 독립변수를 하나씩 또는 한 단계씩 투입하여 종속변수에 미치는 영향력을 확인할 때 실시하는 통계분석 방법이다. 다중회귀분석이나 통제회귀분석의 경우 독립변수들을 한 번에 투입하여 종속변수에 미치는 영향력을 확인한다. 이렇게 한 번에 분석을 실시할 경우 독립변수들의 영향력과 결정계수를 별도로 확인할 수 없다는 단점이 있다. 이때 위계적 회귀분석을 통해 단계별로 독립변수의 영향력과 결정계수를 확인할 수 있다. 또한 통제변수들의 영향력과 통제변수를 통제한 상태에서의 독립변수의 영향력과 결정계수도 확인할 수 있다.

예를 들어 S사의 고객센터를 방문한 사람들을 대상으로 만족도, 공감성, 신뢰성을 조사하여 3개의 독립변수가 재방문의도에 미치는 영향력을 확인한다고 가정해보자. 이때 독립변수들을 하나씩 투입하여 총 3단계로 나눠 영향력과 결정계수의 변화를 확인하며 분석을 할 수 있다. 성별과 연령과 같이 통제변수가 있으면 통제변수를 투입하고, 이후 독립변수를 한 번에 투입하여 총 2단계로 나눠 각각의 영향력과 결정계수의 변화를 확인하며 분석을 실시할 수도 있다.

▣ 독립변수를 하나씩 투입한 위계적 회귀분석
1단계 : 만족도
2단계 : 만족도, 공감성
3단계 : 만족도, 공감성, 신뢰성

▣ 통제변수와 독립변수를 투입한 위계적 회귀분석
1단계 : 성별, 연령
2단계 : 만족도, 공감성, 신뢰성
분석결과를 확인하고 해석하기 위해 연구가설을 설정한 후 실습을 진행해보자.

[연구가설]

가설1) 만족도는 재방문의도에 영향을 미칠 것이다.
가설2) 공감성은 재방문의도에 영향을 미칠 것이다.
가설3) 신뢰성은 재방문의도에 영향을 미칠 것이다.

- 독립변수 : 만족도, 공감성, 신뢰성
- 종속변수 : 재방문의도

[만족도, 공감성, 신뢰성, 재방문의도 측정항목, 리커트 7점 척도]

구분	측정항목	전혀 동의하지 않는다 보통이다 매우 동의한다
만족도	1. 서비스를 제공한 시설에 만족한다.	1 --- 2 --- 3 --- 4 --- 5 --- 6 --- 7
	2. 서비스 시설 직원들의 친절함에 만족한다.	1 --- 2 --- 3 --- 4 --- 5 --- 6 --- 7
	3. 서비스를 제공한 담당자의 전문성에 만족한다.	1 --- 2 --- 3 --- 4 --- 5 --- 6 --- 7
공감성	1. 고객의 입장에서 생각해주었다.	1 --- 2 --- 3 --- 4 --- 5 --- 6 --- 7
	2. 고객의 필요를 잘 이해해주었다.	1 --- 2 --- 3 --- 4 --- 5 --- 6 --- 7
	3. 고객에게 관심을 가져주었다.	1 --- 2 --- 3 --- 4 --- 5 --- 6 --- 7
신뢰성	1. 약속한 시간 안에 서비스를 제공했다.	1 --- 2 --- 3 --- 4 --- 5 --- 6 --- 7
	2. 약속한 서비스를 모두 지켰다.	1 --- 2 --- 3 --- 4 --- 5 --- 6 --- 7
	3. 발생한 문제를 해결하기 위해 노력했다.	1 --- 2 --- 3 --- 4 --- 5 --- 6 --- 7
재방문의도	1. 서비스 센터를 다시 방문할 의사가 있다.	1 --- 2 --- 3 --- 4 --- 5 --- 6 --- 7
	2. 서비스 센터를 지속적으로 이용할 것이다.	1 --- 2 --- 3 --- 4 --- 5 --- 6 --- 7
	3. 서비스 센터에 대해 다른 사람에게 권유하고 싶다.	1 --- 2 --- 3 --- 4 --- 5 --- 6 --- 7

측정항목들을 합산하여 하나의 만족도, 공감성, 신뢰성, 재방문의도 변수로 만들기 위해서는 먼저 Chapter 05.에서 설명한 요인분석 및 신뢰도 분석을 실시하여 척도의 타당성과 신뢰성을 검증해야 한다. 이후 변수계산을 통해 평균값으로 합산한 후 분석을 실시한다. 변수계산의 경우 Chapter 03. **[그림 3.40]**과 **[그림 3.41]** 참고한다. 실습의 경우 변수계산까지의 과정은 생략하고 평균값으로 합산한 변수만을 가지고 진행한다.

1 '11_상관관계_회귀분석.SAV' 파일을 실행시킨다.

[그림 9.30]

2 분석 → 회귀분석 → 선형을 클릭한다.

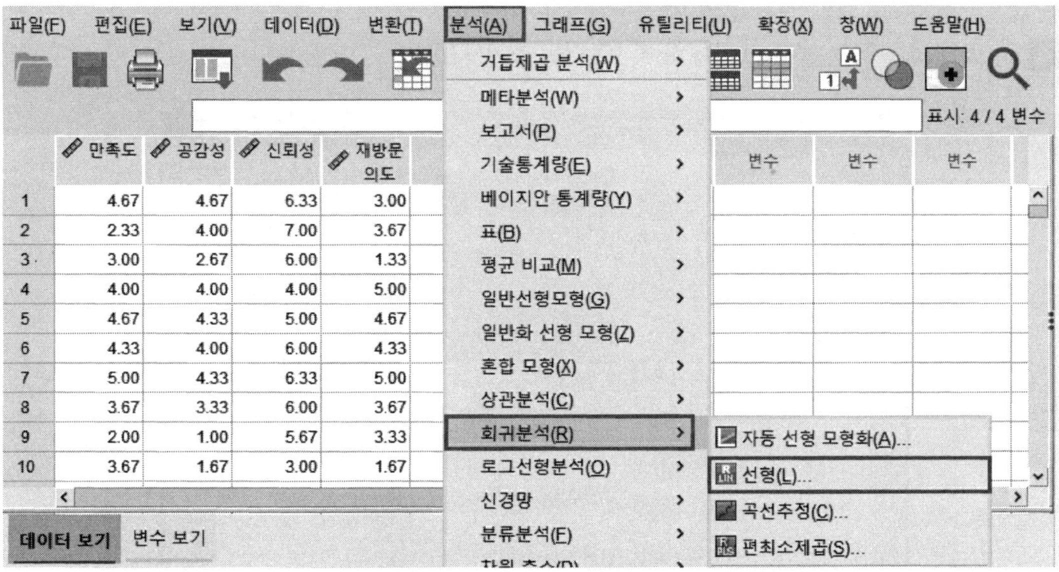

[그림 9.31] 위계적 회귀분석 실시하기

3 ① 만족도를 독립변수로 이동한 후 ② 재방문의도를 종속변수로 이동한다. ③ 이후 다음을 클릭한다.

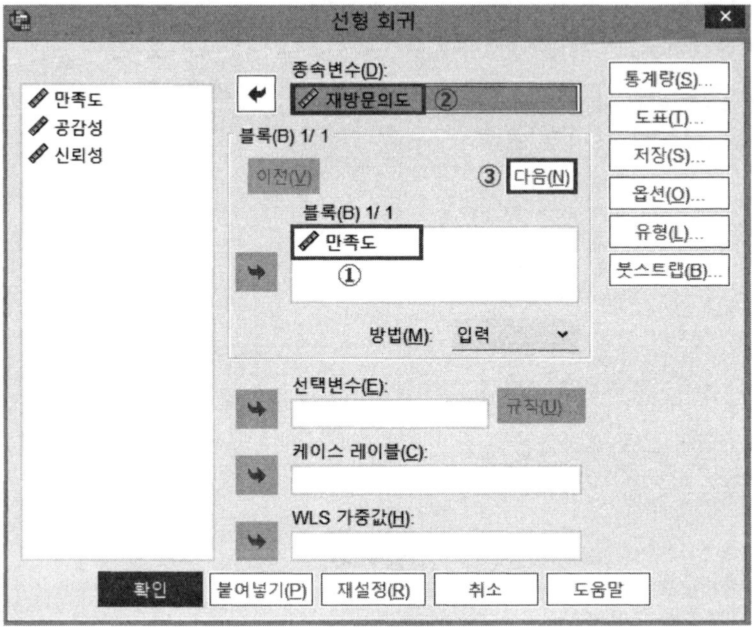

[그림 9.32]

4 ① 공감성을 독립변수로 이동한 후 ② 다음을 클릭한다.

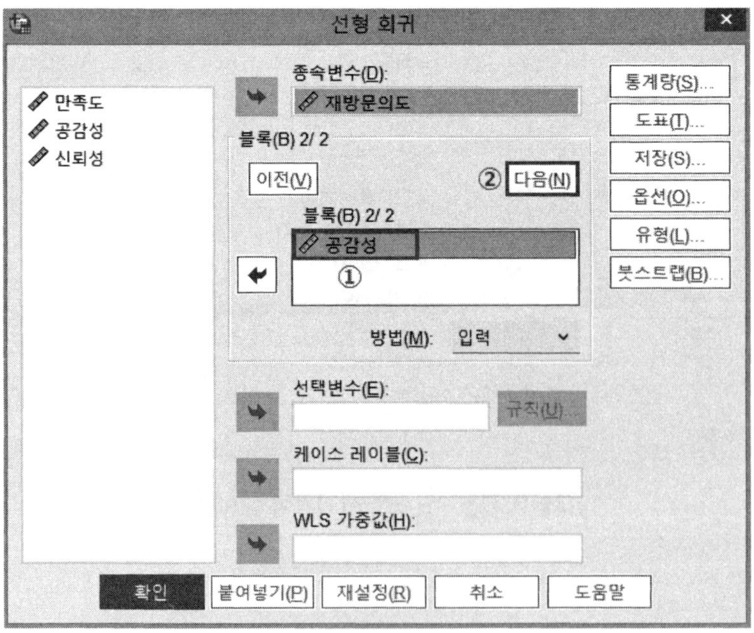

[그림 9.33]

5 ① 신뢰성을 독립변수로 이동한 후 ② 통계량을 클릭한다.

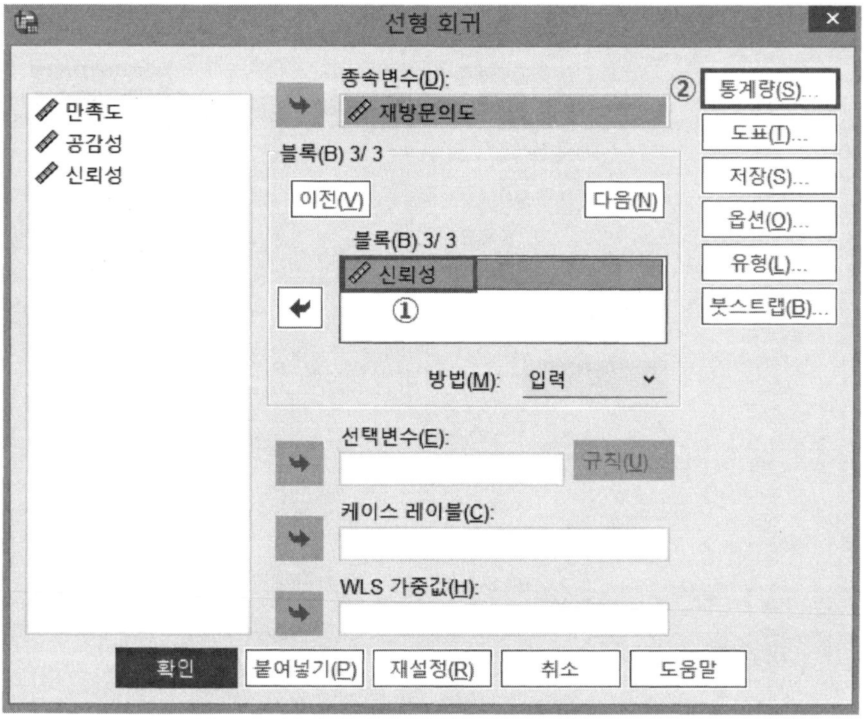

[그림 9.34]

6 R 제곱 변화량, 공선성 진단, Durbin-Watson을 선택한 후 계속을 클릭한다.

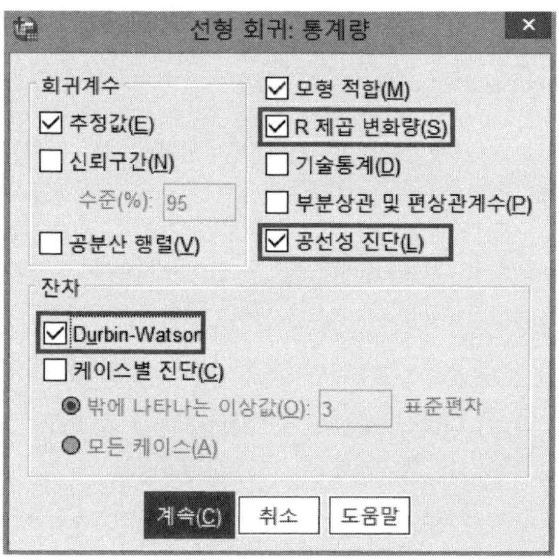

[그림 9.35]

7 확인을 클릭한다.

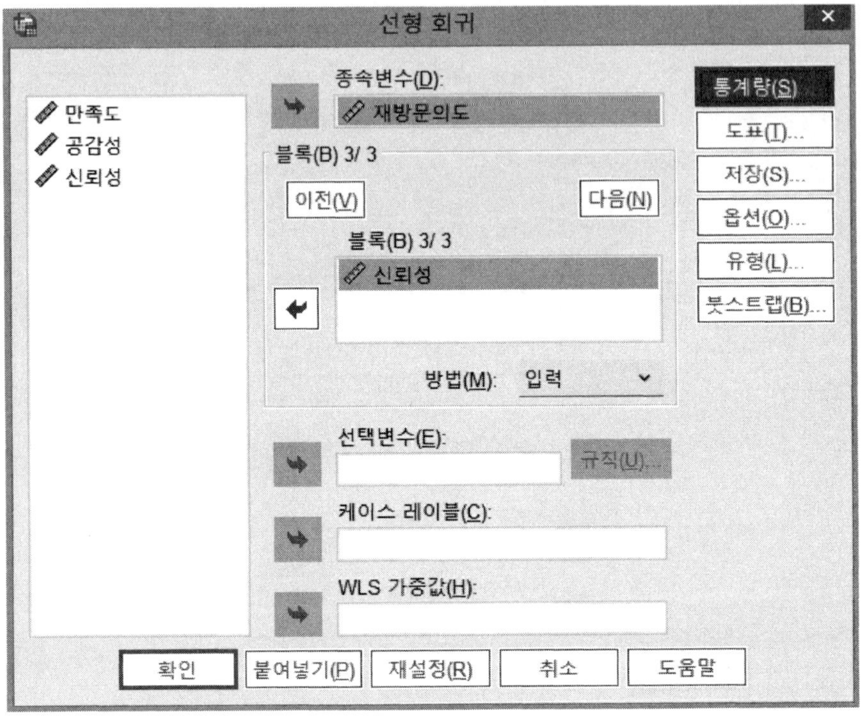

[그림 9.36]

통제변수와 독립변수를 투입한 2단계의 위계적 회귀분석의 경우 통제변수들을 독립변수에 투입하고, 다음을 클릭한 후 독립변수에 만족도, 공감성, 신뢰성을 투입한 후 분석을 진행하면 된다.

8 출력결과를 확인한다.

모형 요약[d]

		①			통계량 변화량				②	③
모형	R	R 제곱	수정된 R 제곱	추정값의 표준오차	R 제곱 변화량	F 변화량	자유도1	자유도2	유의확률 F 변화량	Durbin-Watson
1	.695[a]	.484	.482	1.10865	.484	372.602	1	398	<.001	
2	.769[b]	.591	.589	.98779	.108	104.352	1	397	<.001	
3	.774[c]	.599	.596	.97912	.008	8.055	1	396	.005	1.786

a. 예측자: (상수), 만족도
b. 예측자: (상수), 만족도, 공감성
c. 예측자: (상수), 만족도, 공감성, 신뢰성
d. 종속변수: 재방문의도

ANOVA[a]

모형		제곱합	자유도	평균제곱	④ F	⑤ 유의확률
1	회귀	457.964	1	457.964	372.602	<.001[b]
	잔차	489.180	398	1.229		
	전체	947.144	399			
2	회귀	559.782	2	279.891	286.855	<.001[c]
	잔차	387.362	397	.976		
	전체	947.144	399			
3	회귀	567.505	3	189.168	197.320	<.001[d]
	잔차	379.640	396	.959		
	전체	947.144	399			

a. 종속변수: 재방문의도
b. 예측자: (상수), 만족도
c. 예측자: (상수), 만족도, 공감성
d. 예측자: (상수), 만족도, 공감성, 신뢰성

[그림 9.37] 위계적 회귀 분석결과

계수[a] ⑥

		비표준화 계수		표준화 계수			공선성 통계량	
모형		B	표준화 오류	베타	t	유의확률	공차	VIF
1	(상수)	.206	.202		1.018	⑦ .309		⑧
	만족도	.830	.043	.695	19.303	<.001	1.000	1.000
2	(상수)	.067	.180		.370	.711		
	만족도	.309	.064	.259	4.848	<.001	.361	2.771
	공감성	.599	.059	.546	10.215	<.001	.361	2.771
3	(상수)	-.361	.234		-1.545	.123		
	만족도	.285	.064	.239	4.465	<.001	.354	2.822
	공감성	.583	.058	.532	9.997	<.001	.358	2.795
	신뢰성	.120	.042	.096	2.838	.005	.884	1.131

a. 종속변수: 재방문의도

[그림 9.38] 위계적 회귀 분석결과

■ 분석결과 논문에 적용하기

위계적 회귀 분석 결과의 경우 **[그림 9.37]**, **[그림 9.38]**과 같다. 기본적인 개념과 확인 과정은 앞에서 언급한 다른 회귀분석과 동일하다. 회귀분석의 경우 ANOVA의 유의확률(p-value)을 먼저 확인한다. 회귀분석에서 ANOVA는 회귀모형의 적합도로 통계적으로 유의하면 독립변수가 종속변수에 영향을 준다는 의미다. ⑤ ANOVA의 유의확률은 3단계 모두 $<.001(p=.000)$으로 .05보다 낮게 나타나 통계적으로 유의한 것으로 나타났다. 즉, 회귀모형이 적합하다고 볼 수 있다. 논문에는 $p<.001$ 또는 $p=.000$으로 표기한다. 유의확률이 .05보다 높게 나타난다면 $p>.05$로 표기해준다.

다음은 ① R제곱과 ③ Durbin-Watson ⑧ 다중 공선성을 확인한다. ① R제곱값을 확인해보면 1단계 .484(48.4%), 2단계 .591(59.1%), 3단계 .599(59.9%)로 변수가 하나씩 투입될 때마다 독립변수가 종속변수를 설명하는 설명력이 증가한다. Durbin-Watson은 ③ 1.786으로 2에 가깝게 나타나 독립적이다.

다음 다중 공선성(multi-collinearity)을 확인한다. ⑧ VIF가 10보다 미만이면 다중 공선성의 문제가 없다고 판단한다. 해당 수치들을 확인해보면 모두 10 미만이다. 따라서 다중 공선성이 존재하지 않는다고 판단한다.

정리하면 회귀분석을 진행하기 위한 회귀모형은 통계적으로 유의하게 나타나 적합하며, 잔차의 독립성을 가진다. 또한 독립변수가 종속변수를 설명하는 최종 설명력은 59.9%이며, 다중 공선성은 존재하지 않아 회귀분석을 실시하기에 적합하다.

이제 단계별로 독립변수가 종속변수에 미치는 영향을 확인한다. ⑥ 확인결과 1단계(모형1)에서 독립변수인 ⑦ 만족도의 유의확률은 $<.001(p=.000)$으로 .05보다 낮게 나타났다. 즉, 만족도는 재방문의도에 통계적으로 유의한 수준에서 정(+)의 영향을 주는 것으로 나타났으며, ① 모형1의 R제곱값은 .484로 독립변수가 종속변수를 설명하는 설명력은 48.4%이다.

2단계(모형2)의 경우 공감성이 추가로 투입되었다. 그 결과 ⑦ 만족도와 공감성 모두 유의확률이 $<.001(p=.000)$으로 .05보다 낮게 나타났다. 즉, 만족도와 공감성은 재방문의도에 통계적으로 유의한 수준에서 정(+)의 영향을 주는 것으로 나타났으며, ① 모형2의 R제곱값은 .591로 독립변수들이 종속변수를 설명하는 설명력은 59.1%이다. 설명력의 경우 공감성이 추가로 투입된 결과 증가한 것을 확인할 수 있다.

마지막 3단계(모형3)의 경우 신뢰성이 추가로 투입되었다. 그 결과 ⑦ 만족도와 공감성의 유의확률은 $<.001(p=.000)$이며, 신뢰성의 유의확률은 .005로 모두 .05보다 낮게 나타났다. 즉, 만족도, 공감성, 신뢰성은 재방문의도에 통계적으로 유의한 수준에서 정(+)의 영향을 주는 것으로 나타났으며, ① 모형3의 R제곱값은 .599으로 독립변수들이 종속변수를 설명하는 설명력은 59.9%이다. 설명력의 경우 신뢰성이 추가로 투입된 결과 증가한 것을 확인할 수 있다.

위계적 회귀분석의 경우 다른 회귀분석들과는 다르게 R제곱값의 변화가 의미 있게 증가하였는지를 꼭 확인한 후 해석을 진행해야 한다. 확인하는 방법은 ② 유의확률 F 변화량을 통해 확인한다. ② 유의확률 F 변화량이 .05보다 낮다면 통계적으로 유의한 수준에서 의미 있게 증가했다고 볼 수 있다.

모형2의 경우 ②의 유의확률이 <.001(p=.000)으로 .05보다 낮으므로 유의한 수준에서 설명력이 증가한 것을 확인할 수 있다. 모형3의 경우도 ② 유의확률이 .005로 .05보다 낮으므로 유의한 수준에서 증가한 것을 확인할 수 있다. 즉, 변수가 단계별로 투입될 때마다 유의한 영향력을 미치며, 설명력은 의미 있게 증가한다.

다른 회귀분석들과 마찬가지로 표준화 계수 베타의 값이 클수록 영향도 크다고 본다. ① R제곱, 수정된 R제곱(*adj* R^2로 표기) ② 유의확률 F 변화량 ③ Durbin-Watson ④ F ⑤ 유의확률 ⑥ 계수를 사용하여 논문에 작성하면 된다.

만족도, 공감성, 신뢰성이 재방문의도에 미치는 영향 분석결과

만족도, 공감성, 신뢰성이 재방문의도에 미치는 영향을 확인하기 위해 회귀분석을 실시하였다. 회귀분석의 경우 1단계 만족도, 2단계 공감성, 3단계 신뢰성을 투입하는 위계적 회귀분석을 실시하였다. 분석결과 **〈표 1〉**과 같이 회귀모형은 적합한 것으로 나타났으며(p=.000), Durbin-Watson 지수는 1.786으로 2에 가까워 잔차의 독립성에는 문제가 없다. 독립변수 간의 다중 공선성은 분산팽창요인 VIF(variance inflation factor) 지수를 이용하였고, 해당 지수는 모두 10미만으로 나타나 다중 공선성이 존재하지 않는 것으로 나타났다. 따라서 회귀분석을 실시하기에 적합하다.

회귀분석 결과 1단계의 만족도는 통계적으로 유의한 수준에서 재방문의도에 정(+)의 유의한 영향을 미치는 것으로 나타났다. 즉, 만족도(β=.695, p=.000)가 높으면 재방문의도가 높아진다. 독립변수가 종속변수를 설명하는 설명력은 48.4%이다.

공감성을 투입한 2단계의 경우 설명력은 59.1%로 통계적으로 유의한 수준에서 증가한 것으로 나타났다(p=.000). 또한 만족도(p=.000)와 공감성(p=.000)은 통계적으로 유의한 수준에서 재방문의도에 정(+)의 영향을 미치는 것으로 나타났다. 즉, 만족도(β=.295, p=.000), 공감성(β=.546, p=.000)이 높으면 재방문의도가 높아진다. 이중 공감성이 가장 큰 영향을 미쳤고, 다음은 만족도 순으로 나타났다.

신뢰성을 투입한 3단계의 경우 설명력은 59.9%로 통계적으로 유의한 수준에서 증가한 것으로 나타났다(p=.005). 또한 만족도(p=.000), 공감성(p=.000)과 신뢰성(p=.005)은 통계적으로 유의한 수준에서 재방문의도에 정(+)의 영향을 미치는 것으로 나타났다. 즉, 만족도(β=.239, p=.000), 공감성(β=.532, p=.000), 신뢰성(β=.096, p=.005)이 높으면 재방문의도는 높아진다. 이중 공감성이 가장 큰 영향을 미쳤고, 다음은 만족도, 신뢰성 순으로 나타났다.

<표 1> 만족도, 공감성, 신뢰성이 재방문의도에 미치는 영향 분석결과

단계	모형	비표준화 계수		표준화 계수	t	유의 확률	공선성 통계량	
		B	표준화 오류	베타			공차	VIF
1	(상수)	.206	.202		1.018	.309		
	만족도	.830	.043	.695	19.303	.000	1.000	1.000
2	(상수)	.067	.180		.370	.711		
	만족도	.309	.064	.259	4.848	.000	.361	2.771
	공감성	.599	.059	.546	10.215	.000	.361	2.771
3	(상수)	−.361	.234		−1.545	.123		
	만족도	.285	.064	.239	4.465	.000	.354	2.822
	공감성	.583	.058	.532	9.997	.000	.358	2.795
	신뢰성	.120	.042	.096	2.838	.005	.884	1.131
1단계 R^2=.484, *adj* R^2=.482, F=372.602(p=.000) 2단계 R^2=.591, *adj* R^2=.589, F=286.855(p=.000) 3단계 R^2=.599, *adj* R^2=.596, F=197.320(p=.000) Durbin-Watson=1.786								

6. 매개회귀분석

매개회귀분석(mediator regression analysis)은 독립변수가 매개변수(mediator variable)를 거쳐 종속변수에 미치는 영향력을 확인할 때 실시하는 통계분석 방법이다. 매개변수는 독립변수와 종속변수 사이에서 연결고리 역할을 하며, 간접적인 영향을 준다.

예를 들어 S사의 고객센터의 만족도가 재방문의도에 미치는 영향에 관한 연구를 진행한다고 가정해보자. 이때 시설, 직원들의 친절함 등 센터에 대해 전반적으로 만족도가 높다라면, 재방문의도가 높아질 것이다.

이때 신뢰성이라는 변수를 독립변수와 종속변수 사이에 추가해 영향력에 변화가 있는지 살펴볼 수 있다. 만약 고객센터의 직원이 약속 시간 보다 빠르게 서비스를 제공하고, 문제를 적극적으로 해결해주어 직원에 대한 신뢰성이 높아졌다면 만족도는 신뢰성을 거쳐 재방문의도가 더욱 높아질 수 있다. 반대로 만족도는 높았지만 신뢰성이 낮다면 재방문의도는 낮아질 수 있다. 즉, 신뢰성은 만족도와 재방문의도 사이에서 영향력을 행사하는 매개변수가 된다. 이것을 모형으로 표현하면 다음과 같다.

[매개회귀분석 모형]

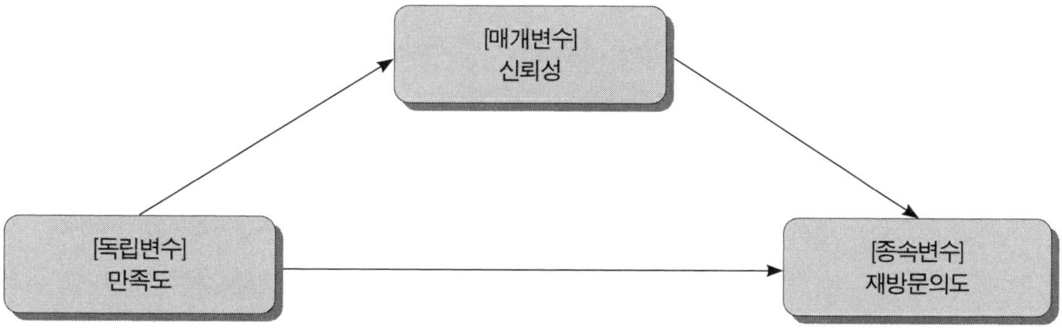

매개회귀분석에서 독립변수가 종속변수에 미치는 영향력을 직접효과라고 하고 매개변수를 통해 종속변수에 미치는 영향력을 간접효과(매개효과)라고 한다. 또한 매개효과의 경우 완전매개(full mediation)효과와 부분매개(partial mediation)효과로 구분할 수 있다. 만약 직접효과와 간접효과가 모두 나타난다면 부분매개효과, 직접효과는 없고 간접효과만 나타난다면 완전매개효과이다.

[부분매개효과]

독립변수가 종속변수에 영향력을 미치고, 매개변수를 통해서도 종속변수에 영향력을 미침

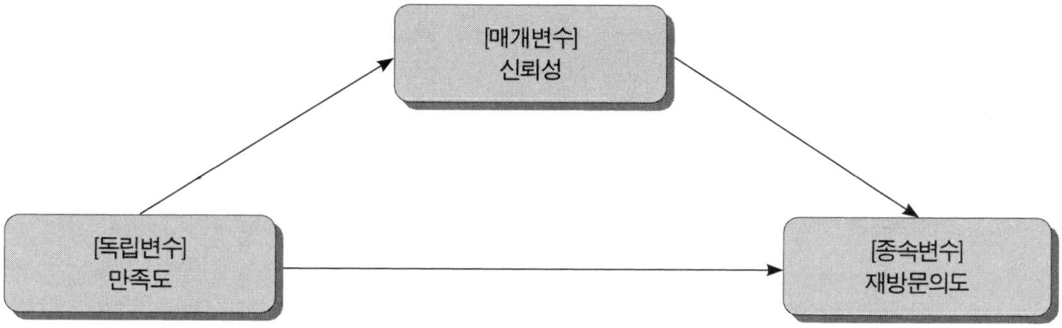

[완전매개효과]

독립변수가 종속변수에 영향력을 미치지 못함. 매개변수를 통해서 종속변수에 영향력을 미침

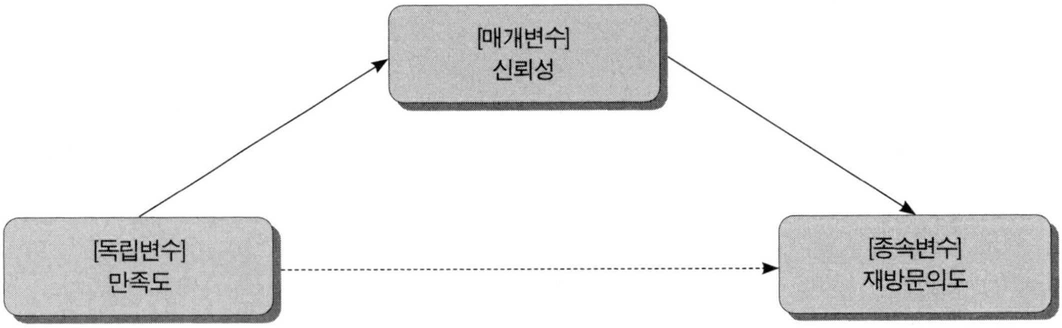

이러한 매개효과를 검증하는 방법은 대표적으로 Baron & Kenny가 제시한 방법[2)]을 사용한다. 이 방법은 다음과 같은 3단계의 과정을 충족해야 한다.

1단계 : 독립변수가 매개변수에 유의한 영향력을 미쳐야 함.
2단계 : 독립변수가 종속변수에 유의한 영향력을 미쳐야 함.
3단계 : 독립변수와 매개변수가 종속변수에 미치는 영향력 검증.

3-1 : 독립변수와 매개변수가 동시에 종속변수에 유의한 영향력을 미치면 부분매개효과가 있음. 이 경우 3단계의 독립변수 β(표준화 계수 베타)값이 2단계의 β(표준화 계수 베타)값보다 작아야 함.
3-2 : 독립변수는 종속변수에 유의한 영향력을 미치지 못하고, 매개변수만 종속변수에 유의한 영향력을 미치면 완전매개효과가 있음.

분석결과를 확인하고 해석하기 위해 연구가설을 설정한 후 실습을 진행해보자.

2) Baron, R. M., & Kenny, D. A. (1986). The moderator-mediator variable distinction in social psychological research: Conceptual, strategic, and statistical considerations. *Journal of personality and social psychology*, *51*(6), 1173.

[연구가설]

가설1) 만족도가 재방문의도에 미치는 영향은 신뢰성에 의해 매개될 것이다.

- 독립변수 : 만족도
- 매개변수 : 신뢰성
- 종속변수 : 재방문의도

[만족도, 신뢰성, 재방문의도 측정항목, 리커트 7점 척도]

구분	측정항목	전혀 동의하지 않는다 　 보통이다 　 매우 동의한다
만족도	1. 서비스를 제공한 시설에 만족한다.	1 --- 2 --- 3 --- 4 --- 5 --- 6 --- 7
	2. 서비스 시설 직원들의 친절함에 만족한다.	1 --- 2 --- 3 --- 4 --- 5 --- 6 --- 7
	3. 서비스를 제공한 담당자의 전문성에 만족한다.	1 --- 2 --- 3 --- 4 --- 5 --- 6 --- 7
공감성	1. 고객의 입장에서 생각해주었다.	1 --- 2 --- 3 --- 4 --- 5 --- 6 --- 7
	2. 고객의 필요를 잘 이해해주었다.	1 --- 2 --- 3 --- 4 --- 5 --- 6 --- 7
	3. 고객에게 관심을 가져주었다.	1 --- 2 --- 3 --- 4 --- 5 --- 6 --- 7
신뢰성	1. 약속한 시간 안에 서비스를 제공했다.	1 --- 2 --- 3 --- 4 --- 5 --- 6 --- 7
	2. 약속한 서비스를 모두 지켰다.	1 --- 2 --- 3 --- 4 --- 5 --- 6 --- 7
	3. 발생한 문제를 해결하기 위해 노력했다.	1 --- 2 --- 3 --- 4 --- 5 --- 6 --- 7
재방문의도	1. 서비스 센터를 다시 방문할 의사가 있다.	1 --- 2 --- 3 --- 4 --- 5 --- 6 --- 7
	2. 서비스 센터를 지속적으로 이용할 것이다.	1 --- 2 --- 3 --- 4 --- 5 --- 6 --- 7
	3. 서비스 센터에 대해 다른 사람에게 권유하고 싶다.	1 --- 2 --- 3 --- 4 --- 5 --- 6 --- 7

측정항목들을 합산하여 하나의 만족도, 신뢰성, 재방문의도 변수로 만들기 위해서는 먼저 Chapter 05.에서 설명한 요인분석 및 신뢰도 분석을 실시하여 척도의 타당성과 신뢰성을 검증해야 한다. 이후 변수계산을 통해 평균값으로 합산한 후 분석을 실시한다. 변수계산의 경우 Chapter 03. **[그림 3.40]**과 **[그림 3.41]** 참고한다. 실습의 경우 변수계산까지의 과정은 생략하고 평균값으로 합산한 변수만을 가지고 진행한다.

1 '11_상관관계_회귀분석.SAV' 파일을 실행시킨다.

[그림 9.39]

2 분석 → 회귀분석 → 선형을 클릭한다.

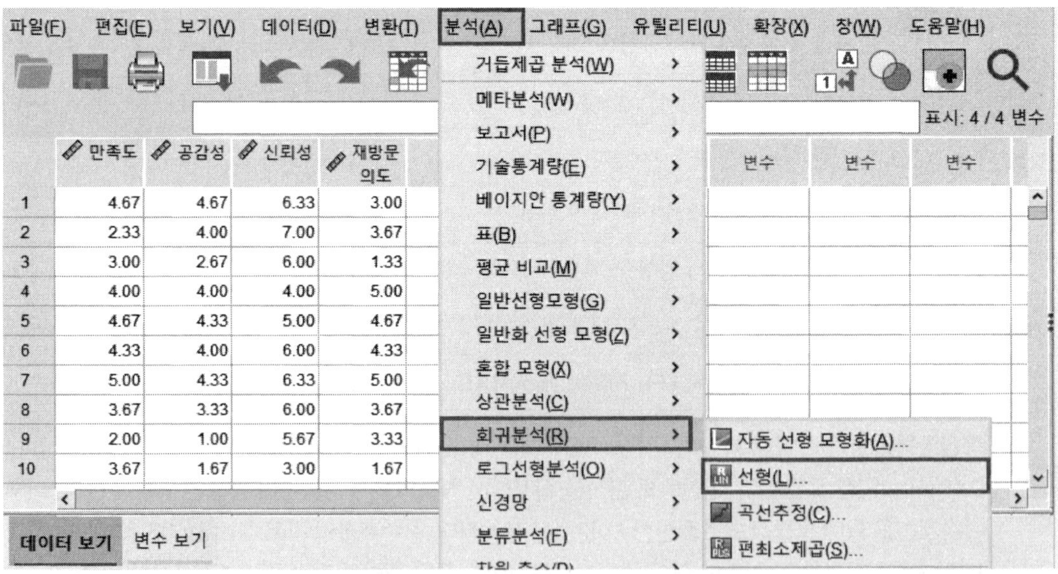

[그림 9.40] 매개 회귀분석 실시하기

3 ① 만족도를 독립변수로 이동한 후 ② 신뢰성(매개변수)을 종속변수로 이동한다. ③ 이후 통계량을 클릭한다.

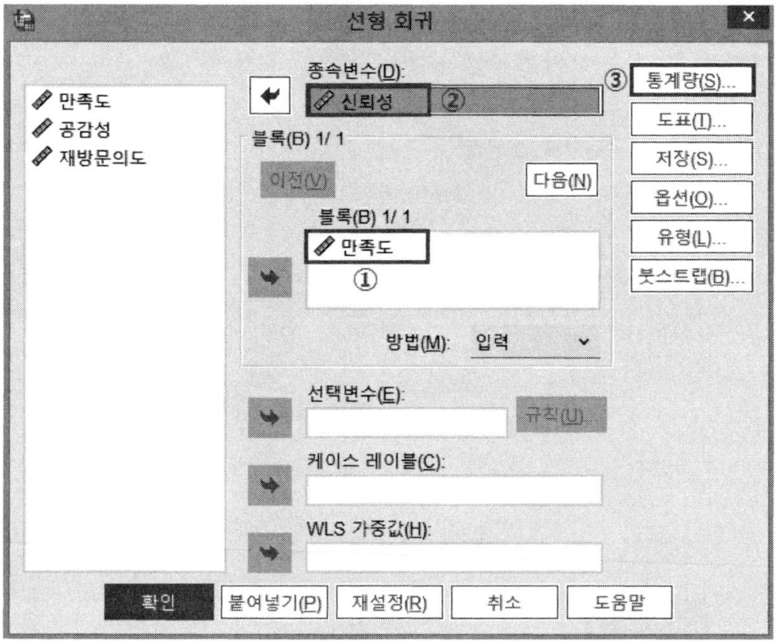

[그림 9.41]

4 Durbin-Watson을 선택 후 계속을 클릭한다.

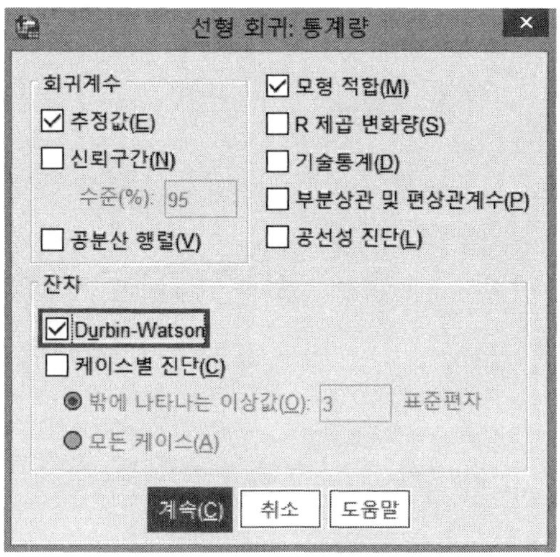

[그림 9.42]

독립변수가 한 개 이상일 경우 공선성 진단까지 선택하여 분산팽창요인 VIF(variance inflation factor)를 확인해야 함.

5 ① 확인을 클릭한다.

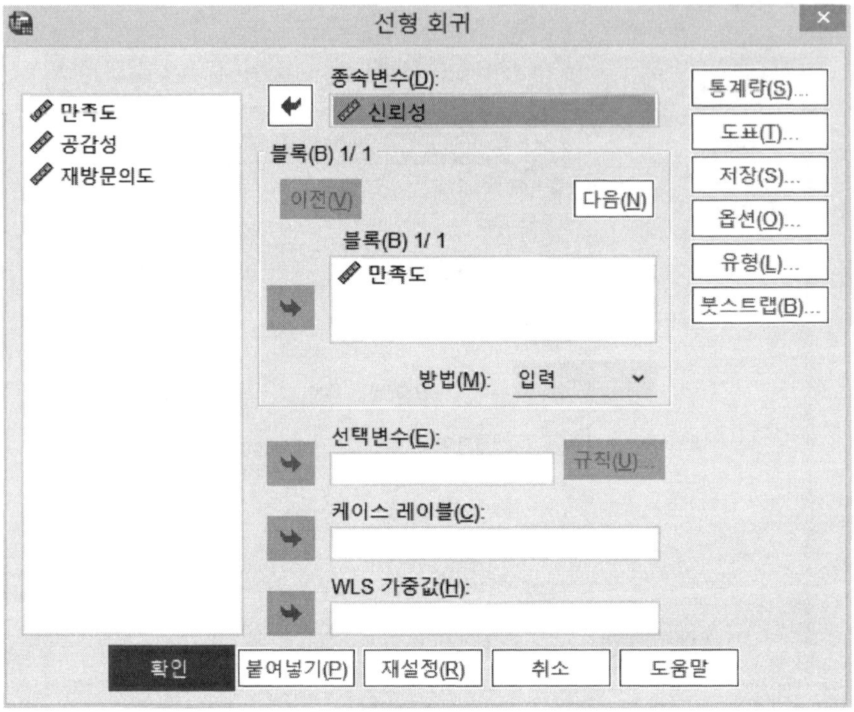

[그림 9.43]

6 출력결과를 확인한다.

모형 요약[b]

모형	R	R 제곱	수정된 R 제곱	추정값의 표준 오차	Durbin-Watson
1	.329[a]	.108	.106	1.16643	1.702

a. 예측자: (상수), 만족도

b. 종속변수: 신뢰성

ANOVA[a]

모형		제곱합	자유도	평균제곱	F	유의확률
1	회귀	65.792	1	65.792	48.356	<.001[b]
	잔차	541.505	398	1.361		
	전체	607.297	399			

a. 종속변수: 신뢰성

b. 예측자: (상수), 만족도

계수[a]

모형		비표준화 계수		표준화 계수		
		B	표준화 오류	베타	t	유의확률
1	(상수)	3.600	.212		16.954	<.001
	만족도	.315	.045	.329	6.954	① <.001

a. 종속변수: 신뢰성

[그림 9.44] 독립변수가 매개변수에 미치는 영향에 대한 분석결과

7 분석 → 회귀분석 → 선형을 클릭한다. ① 만족도 ② 재방문의도를 종속변수로 이동한다. ③ 이후 다음을 클릭한다.

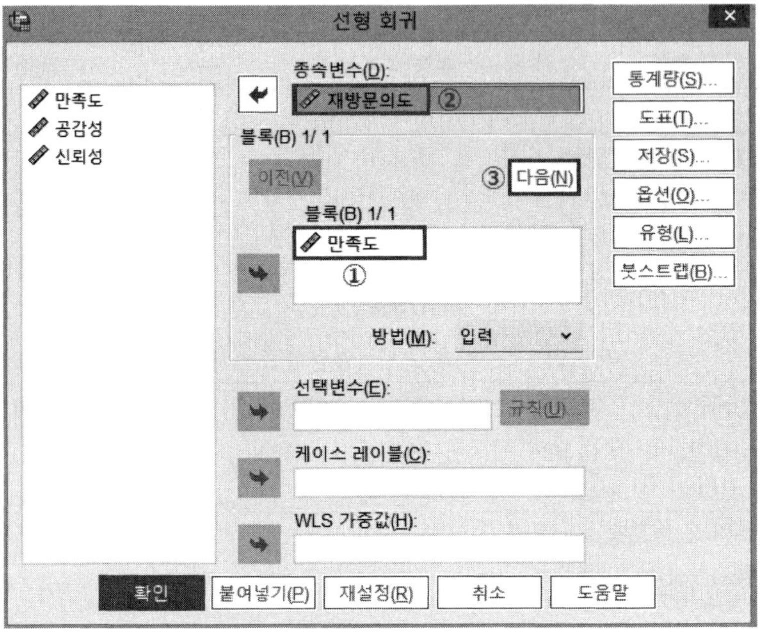

[그림 9.45]

8 ① 독립변수에 신뢰성을 이동한 후 ② 확인을 클릭한다.

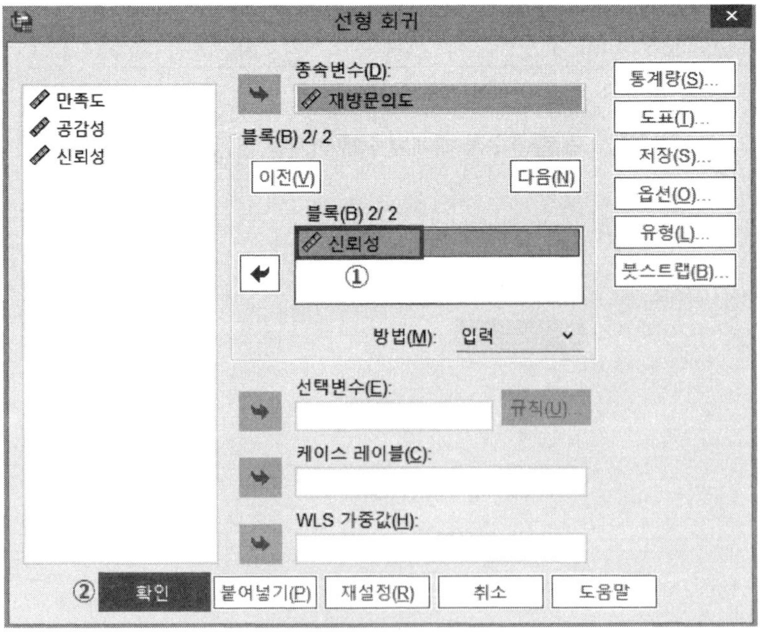

[그림 9.46]

9 출력결과를 확인한다.

모형 요약[c]

모형	R	R 제곱	수정된 R 제곱	추정값의 표준오차	Durbin-Watson
1	.695[a]	.484	.482	1.10865	
2	.706[b]	.498	.495	1.09435	1.714

a. 예측자: (상수), 만족도
b. 예측자: (상수), 만족도, 신뢰성
c. 종속변수: 재방문의도

ANOVA[a]

모형		제곱합	자유도	평균제곱	F	유의확률
1	회귀	457.964	1	457.964	372.602	<.001[b]
	잔차	489.180	398	1.229		
	전체	947.144	399			
2	회귀	471.698	2	235.849	196.935	<.001[c]
	잔차	475.446	397	1.198		
	전체	947.144	399			

a. 종속변수: 재방문의도
b. 예측자: (상수), 만족도
c. 예측자: (상수), 만족도, 신뢰성

계수[a]

모형		비표준화 계수		표준화 계수	t	유의확률
		B	표준화 오류	베타		
1	(상수)	.206	.202		1.018	.309
	만족도	.830	.043	.695	19.303	① <.001
2	(상수)	-.368	.261		-1.407	.160
	만족도	.780	.045	.653	17.351	② <.001
	신뢰성	.159	.047	.128	3.387	③ <.001

a. 종속변수: 재방문의도

[그림 9.47] 매개 회귀 분석결과

■ 분석결과 논문에 적용하기

매개회귀분석 결과의 경우 **[그림 9.44]**, **[그림 9.47]**과 같다. 기본적인 개념과 확인과정은 앞에서 언급한 다른 회귀분석과 동일하다. 회귀분석의 경우 ANOVA의 유의확률(p-value)을 먼저 확인한다. 회귀분석에서 ANOVA는 회귀모형의 적합도로 통계적으로 유의하면 독립변수가 종속변수에 영향을 준다는 의미다.

[그림 9.44], **[그림 9.47]** ANOVA의 유의확률은 모두 <.001(p=.000)으로 .05보다 낮게 나타나 통계적으로 유의한 것으로 나타났다. 즉, 회귀모형이 적합하다고 볼 수 있다. 논문에는 p<.001 또는 p=.000으로 표기한다. 유의확률이 .05보다 높게 나타난다면 p>.05로 표기해준다.

다음은 Durbin-Watson을 확인한다(독립변수가 2개 이상일 경우 **[그림 9.42]** 통계량 옵션에서 공선성 진단 체크 후 다중 공선성까지 확인해야 함, 다중회귀분석 설명 참고). Durbin-Watson은 1.702, 1.714 2에 가깝게 나타나 독립적이다. 정리하면 회귀분석을 진행하기 위한 회귀모형은 통계적으로 유의하게 나타나 적합하며, 잔차의 독립성을 가진다. 따라서 회귀분석을 실시하기에 적합하다.

이제 매개효과가 있는지 확인한다. 먼저 독립변수가 매개변수에 미치는 결과를 확인하는 1단계 분석결과 **[그림 9.44]**를 살펴보면 만족도가 신뢰성에 미치는 영향력의 경우 ① 유의확률이 <.001(p=.000)으로 .05보다 낮게 나타나 통계적으로 유의한 수준에서 정(+)의 영향력을 주는 것으로 나타났다. 즉, 매개회귀분석의 1단계 조건을 충족한 것을 알 수 있다.

다음은 독립변수가 종속변수에 미치는 결과를 확인하는 2단계 분석결과 **[그림 9.47]**을 살펴보면 만족도가 재방문의도에 미치는 영향력의 경우 ① 유의확률이 <.001(p=.000)으로 .05보다 낮게 나타나 통계적으로 유의한 수준에서 정(+)의 영향력을 주는 것으로 나타났다. 즉, 매개회귀분석의 2단계 조건을 충족한 것을 알 수 있다.

마지막으로 독립변수와 매개변수가 종속변수에 미치는 결과를 확인하는 3단계 분석결과 **[그림 9.47]**을 살펴보면 만족도가 재방문의도에 미치는 영향력의 경우 ② 유의확률이 <.001(p=.000)으로 통계적으로 유의한 수준에서 정(+)의 영향력을 주는 것으로 나타났다. 신뢰성이 재방문의도에 미치는 영향력의 경우 ③ 유의확률이 <.001(p=.000)으로 통계적으로 유의한 수준에서 정(+)의 영향력을 주는 것으로 나타났다.

독립변수와 매개변수가 동시에 종속변수에 영향력을 미치기 때문에 완전매개가 아닌 부분매개효과가 있다고 할 수 있다. 이 경우 위 3-1에서 설명했듯이 3단계의 독립변수 β(표준화 계수 베타)값이 2단계의 β(표준화 계수 베타)값 보다 작아야 한다.

확인결과 2단계(만족도 → 재방문의도)의 표준화 베타값은 .695이며, 3단계(만족도 → 재방문의도)의 표준화 베타값은 .653으로 2단계의 베타값보다 3단계의 베타값이 작은 것을 확인할 수 있다. 즉, 만족도가 재방문의도에 미치는 영향에 있어 신뢰성은 부분매개효과가 있다고 할 수 있다.

이후 Baron & Kenny가 제시한 매개효과가 통계적으로 유의한지 확인하기 위해 소벨 테스트(sobel test)를 추가로 진행한다. Baron & Kenny의 매개효과 검증의 경우 영향력(power)이 낮다는 문제점이 있는데 이런 단점을 해결하기 위해 소벨 테스트(sobel test)를 한 번 더 진행해주는 것이 좋다. 소벨 테스트의 경우 Baron & Kenny의 3단계 방법에서 1단계와 3단계의 비표준화계수와 표준오차를 통해 검정한다.

[소벨 테스트 진행방법]

1 아래 사이트에 접속

https://www.danielsoper.com/statcalc/calculator.aspx?id=31

2 ① 1단계(독립변수가 매개변수에 미치는 영향)의 B값을 입력 → **[그림 9.44]** 1단계의 B값을 확인해보면 .315로 확인됨.

② 3단계(독립, 매개변수가 종속변수에 미치는 영향)에서 매개변수의 B값 입력 → **[그림 9.47]** 3단계의 B값을 확인해보면 .159로 확인됨.

③ 1단계(독립변수가 매개변수에 미치는 영향)의 표준화 오류 값 입력 → **[그림 9.44]** 1단계의 표준화 오류(SE)값을 확인해보면 .045로 확인됨.

④ 3단계(독립, 매개변수가 종속변수에 미치는 영향)에서 매개변수의 표준화 오류 값 입력 → **[그림 9.47]** 3단계의 표준화 오류(SE)값을 확인해보면 .047로 확인됨.

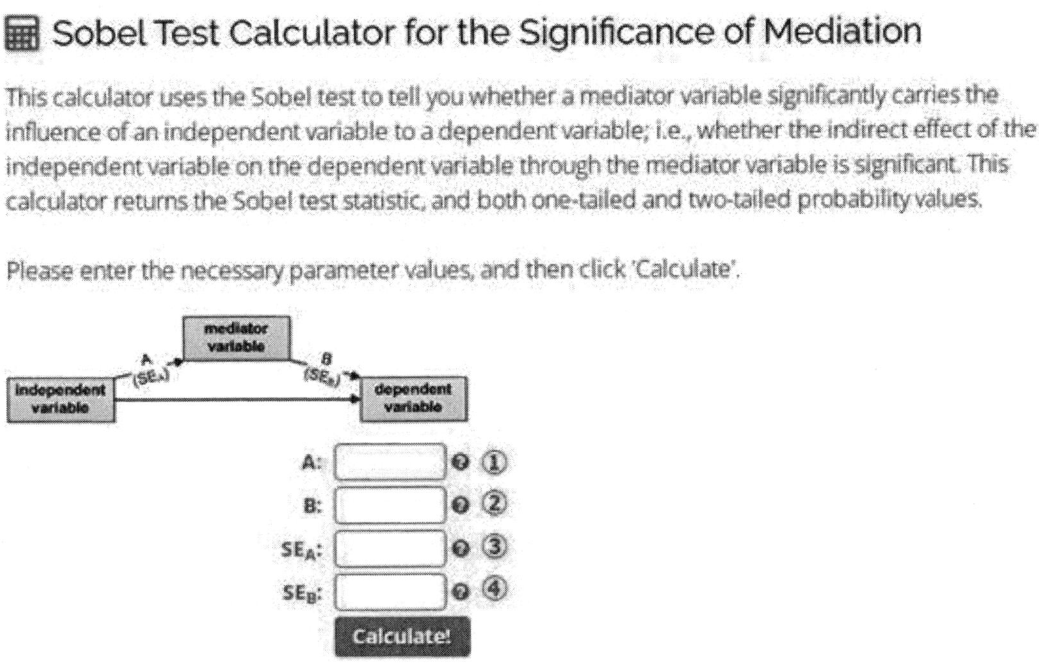

[그림 9.48] 소벨 테스트

3 ① 소벨 테스트의 Z값을 의미하며, 1.96보다 크면 유의확률이 .05 미만으로 통계적으로 유의하게 나타남. ② 소벨 테스트의 유의확률 .00231968을 반올림 하면 .002로 p<.01 수준(p<.05보다 작게 나타남)에서 통계적으로 유의한 것으로 나타남. 즉, 신뢰성의 매개효과는 통계적으로 유의하다는 것을 알 수 있음.

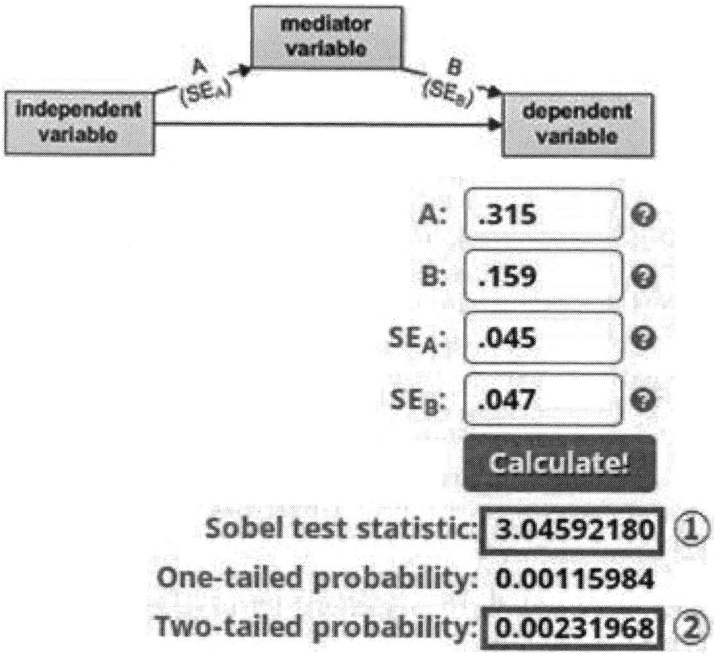

[그림 9.49]

만족도가 재방문의도에 미치는 영향에 있어 신뢰성의 매개효과 분석결과

만족도와 재방문의도 사이에서 신뢰성의 매개효과를 분석하기 위해 매개회귀분석을 실시하였다. 분석결과 **<표 1>**과 같이 회귀모형은 모두 적합한 것으로 나타났으며, Durbin-Watson 지수도 모두 2에 가까워 잔차의 독립성에는 문제가 없다. 따라서 회귀분석을 실시하기에 적합하다.

매개회귀분석 결과 독립변수가 매개변수에 미치는 영향을 분석하는 1단계에서 만족도가 신뢰성에 미치는 영향은 통계적으로 유의한 수준에서 정(+)의 영향을 미치는 것으로 나타났다(β=.329, p=.000).

독립변수가 종속변수에 미치는 영향을 분석하는 2단계에서는 만족도가 재방문의도에 통계적으로 유의한 수준에서 정(+)의 영향을 미치는 것으로 나타났다(β=.695, p=.000). 매개효과를 검정하는 3단계에서 만족도(β=.653, p=.000)와 신뢰성(β=.128, p=.000)은 재방문의도에 통계적으로 유의한 수준에서 정(+)의 영향을 미치는 것으로 나타났다.

2단계에서 나타난 만족도의 영향력(β=.695)이 3단계에서 유의미하게 감소한 것으로 나타나(β=.653) 매개효과의 검증 조건을 충족시켰다. 따라서 만족도와 재방문의도 사이에서 신뢰성은 부분매개 역할을 한다고 할 수 있다. 추가로 매개효과의 통계적 유의성을 검정하기 위해 Sobel test를 실시하였다. 그 결과 Z값이 3.046(p=.002)으로 통계적으로 유의하게 나타나 신뢰성의 매개효과가 검정되었다고 할 수 있다.

〈표 1〉 만족도가 재방문의도에 미치는 영향에 있어 신뢰성의 매개효과

단계	모형	비표준화 계수		표준화 계수	t	유의확률
		B	표준화 오류	베타		
1	(상수)	3.600	.212		16.954	.000
	만족도	.315	.045	.329	6.954	.000
2	(상수)	.206	.202		1.018	.309
	만족도	.830	.043	.695	19.303	.000
3	(상수)	−.368	.261		−1.407	.160
	만족도	.780	.045	.653	17.351	.000
	신뢰성	.159	.047	.128	3.387	.000
1단계 R^2=.108, *adj* R^2=.106, F=48.356(p=.000), Durbin-Watson=1.702 2단계 R^2=.484, *adj* R^2=.482, F=372.602(p=.000), Durbin-Watson=1.714 3단계 R^2=.498, *adj* R^2=.495, F=196.935(p=.000), Durbin-Watson=1.714						

7. 조절회귀분석

조절회귀분석(moderated regression analysis)은 독립변수가 종속변수에 미치는 과정에서 조절변수에 의해 영향력에 변화가 있는지를 확인할 때 실시하는 통계분석 방법이다. 조절변수는 독립변수가 종속변수에 미치는 효과를 중간에서 조절하는 역할을 한다.

예를 들어 S사의 고객센터의 만족도와 공감성이 재방문의도에 미치는 영향에 관한 연구를 진행한다고 가정해보자. 이때 시설, 안내 직원들의 친절함, 수리 기사의 관심, 소비자 입장에서 불편함의 공감과 이해 등 센터에 대해 전반적으로 만족도와 공감성이 높다면 재방문의도가 높아질 것이다.

이때 신뢰성이라는 변수를 독립변수와 종속변수 사이에 조절변수로 개입시켜 중간에서 효과를 조절하는지 확인할 수 있다. 만약 고객센터의 직원이 약속 시간 보다 빠르게 서비스를 제공하고, 문제를 적극적으로 해결해주어 직원에 대한 신뢰성이 높아졌다면 만족도와 공감성은 신뢰성에 의해 재방문의도가 더욱 높아질 수 있다. 반대로 신뢰성이 낮다면 만족도와 공감성에 의한 재방문의도는 낮아질 수 있다. 즉, 신뢰성은 만족도, 공감성과 재방문의도 사이에서 효과를 조절해주는 조절변수가 된다. 이것을 모형으로 표현하면 다음과 같다.

[조절회귀분석 모형]

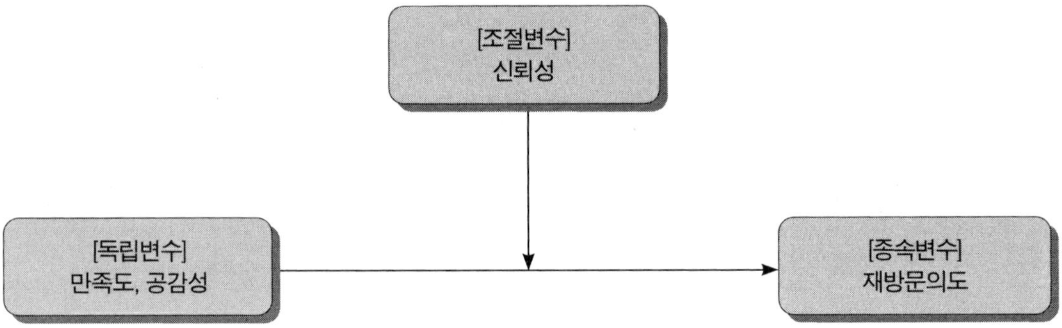

이러한 조절효과를 검증하는 방법은 대표적으로 Baron & Kenny가 제시한 방법[3]을 사용한다. 이 방법은 다음과 같은 3단계의 과정을 충족해야 한다.

1단계 : 독립변수가 종속변수에 유의한 영향력을 미쳐야 함.
2단계 : 독립변수와 조절변수가 종속변수에 미치는 영향력 검증.(독립변수와 조절변수가 유의한 영향을 미치거나 미치지 않아도 상관없음)
3단계 : 독립변수, 조절변수, 상호작용항(독립변수×조절변수)이 종속변수에 미치는 영향력 검증.

이때 3단계의 결정계수가 2단계의 결정계수보다 통계적으로 유의한 수준에서 증가하고, 3단계의 상호작용항이 유의하다면 조절효과가 있다고 판단함.

조절회귀분석에서 독립변수가 종속변수에 미치는 영향력을 직접효과라고 한다. 또한 조절변수의 경우 순수 조절변수(pure moderator variable)와 유사 조절변수(quasi moderator variable)로 구분할 수 있다.[4] 순수 조절변수는 조절변수가 종속변수에 영향을 미치지 않는 경우를 말한다. 반면 유사 조절변수는 조절변수가 종속변수에도 유의한 영향을 미치는 경우를 말한다.

---

3) Baron, R. M., & Kenny, D. A. (1986). The moderator-mediator variable distinction in social psychological research: Conceptual, strategic, and statistical considerations. *Journal of personality and social psychology*, *51*(6), 1173.

4) Sharma, S., Durand, R. M., & Gur-Arie, O. (1981). Identification and analysis of moderator variables. *Journal of marketing research*, *18*(3), 291-300.

[순수 조절변수]

상호작용항이 종속변수에 영향력을 미치고, 조절변수는 종속변수에 영향력 미치지 못함.

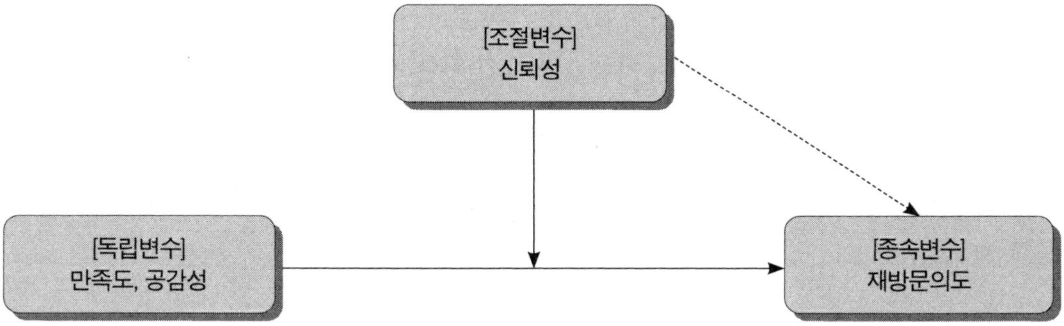

[유사 조절변수]

상호작용항이 종속변수에 영향력을 미치고, 조절변수도 종속변수에도 영향력을 미침.

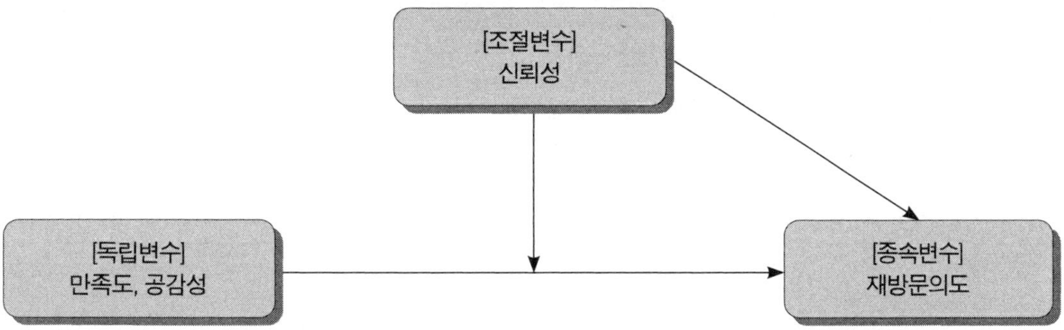

분석결과를 확인하고 해석하기 위해 연구가설을 설정한 후 실습을 진행해보자.

[연구가설]

가설1) 만족도가 재방문의도에 미치는 영향은 신뢰성에 의해 조절될 것이다.
가설2) 공감성이 재방문의도에 미치는 영향은 신뢰성에 의해 조절될 것이다.

- 독립변수 : 만족도, 공감성
- 조절변수 : 신뢰성
- 종속변수 : 재방문의도

[조절회귀분석 전 필수 체크사항]

조절회귀분석의 경우 상호작용항(독립변수×조절변수)을 만들어 분석을 진행하게 된다. 이때 독립변수, 조절변수, 상호작용항 3개의 변수는 독립변수와 상호작용항 사이에 그리고 조절변수는 상호작용항과 상관관계가 높으므로 다중 공선성에 문제가 발생한다. 다중 공선성에 문제를 해결하지 못하면 회귀분석을 실시하기 위한 기본적인 조건이 되지 않기 때문에 조절회귀분석을 진행할 수 없다.

따라서 이 문제를 해결하기 위해 평균중심화(mean centering) 작업을 진행한 후 분석을 진행해야 한다. 평균중심화 작업은 독립변수, 조절변수의 평균값을 구하고, 각 변수에서 해당 평균값을 빼주면 된다. 이후 평균값을 뺀 변수로 상호작용항을 만들어서 함께 분석하면 다중 공선성의 문제를 해결할 수 있다.

[만족도, 공감성, 신뢰성, 재방문의도 측정항목, 리커트 7점 척도]

구분	측정항목	전혀 동의하지 않는다 / 보통이다 / 매우 동의한다
만족도	1. 서비스를 제공한 시설에 만족한다.	1 --- 2 --- 3 --- 4 --- 5 --- 6 --- 7
	2. 서비스 시설 직원들의 친절함에 만족한다.	1 --- 2 --- 3 --- 4 --- 5 --- 6 --- 7
	3. 서비스를 제공한 담당자의 전문성에 만족한다.	1 --- 2 --- 3 --- 4 --- 5 --- 6 --- 7
공감성	1. 고객의 입장에서 생각해주었다.	1 --- 2 --- 3 --- 4 --- 5 --- 6 --- 7
	2. 고객의 필요를 잘 이해해주었다.	1 --- 2 --- 3 --- 4 --- 5 --- 6 --- 7
	3. 고객에게 관심을 가져주었다.	1 --- 2 --- 3 --- 4 --- 5 --- 6 --- 7
신뢰성	1. 약속한 시간 안에 서비스를 제공했다.	1 --- 2 --- 3 --- 4 --- 5 --- 6 --- 7
	2. 약속한 서비스를 모두 지켰다.	1 --- 2 --- 3 --- 4 --- 5 --- 6 --- 7
	3. 발생한 문제를 해결하기 위해 노력했다.	1 --- 2 --- 3 --- 4 --- 5 --- 6 --- 7
재방문의도	1. 서비스 센터를 다시 방문할 의사가 있다.	1 --- 2 --- 3 --- 4 --- 5 --- 6 --- 7
	2. 서비스 센터를 지속적으로 이용할 것이다.	1 --- 2 --- 3 --- 4 --- 5 --- 6 --- 7
	3. 서비스 센터에 대해 다른 사람에게 권유하고 싶다.	1 --- 2 --- 3 --- 4 --- 5 --- 6 --- 7

측정항목들을 합산하여 하나의 만족도, 공감성, 신뢰성, 재방문의도 변수로 만들기 위해서는 먼저 Chapter 05.에서 설명한 요인분석 및 신뢰도 분석을 실시하여 척도의 타당성과 신뢰성을 검증해야 한다. 이후 변수계산을 통해 평균값으로 합산한 후 분석을 실시한다. 변수계산의 경우 Chapter 03. **[그림 3.40]**과 **[그림 3.41]** 참고한다. 실습의 경우 변수계산까지의 과정은 생략하고 평균값으로 합산한 변수만을 가지고 진행한다.

1 '13_조절회귀분석.SAV' 파일을 실행시킨다.

[그림 9.50]

2 분석 → 기술통계량 → 기술통계를 클릭한다.

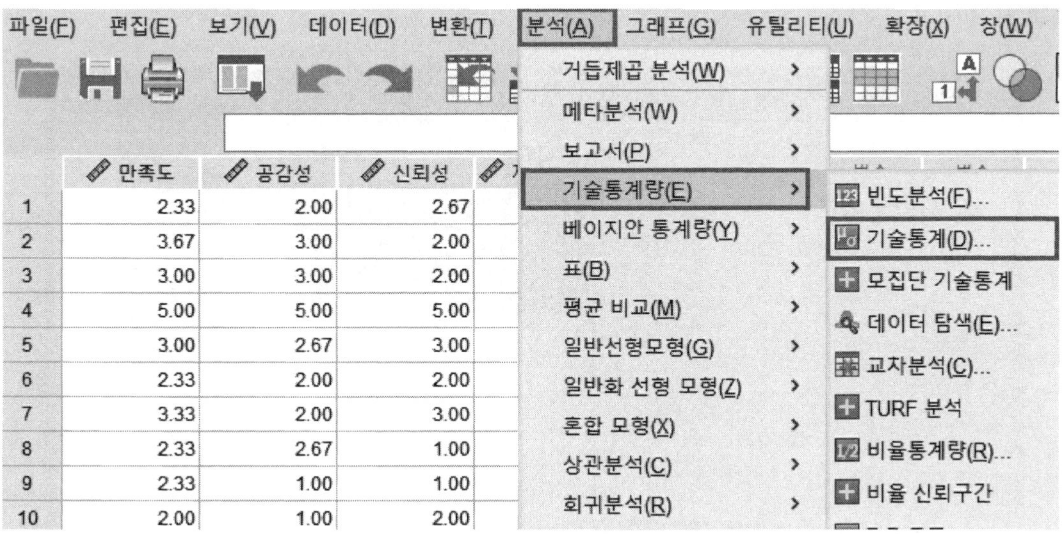

[그림 9.51] 평균중심화 작업 실시하기

3 ① 독립변수와 조절변수를 선택한 후 ② 클릭하여 변수로 이동한다.

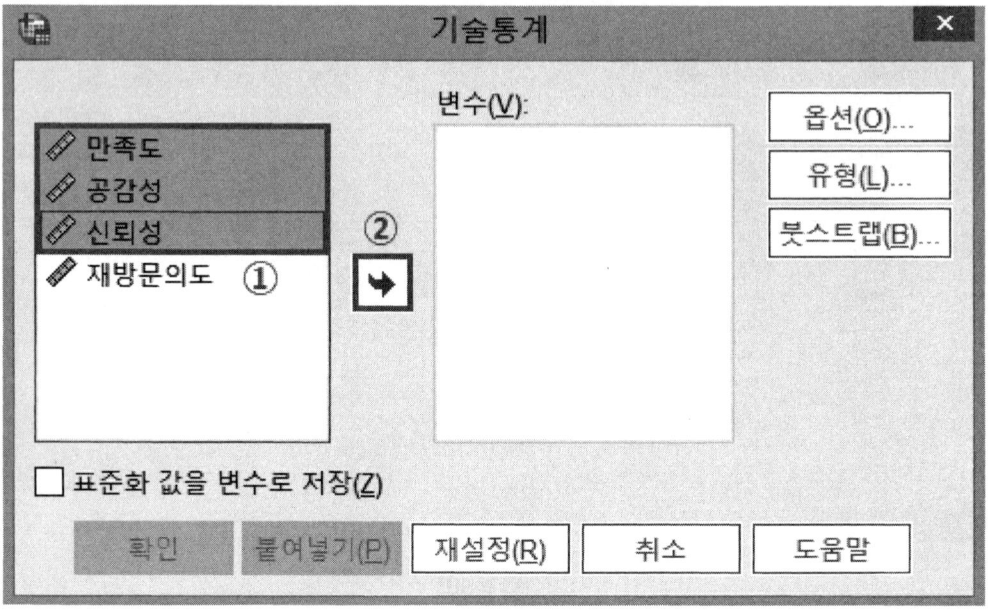

[그림 9.52]

4 확인을 클릭한다.

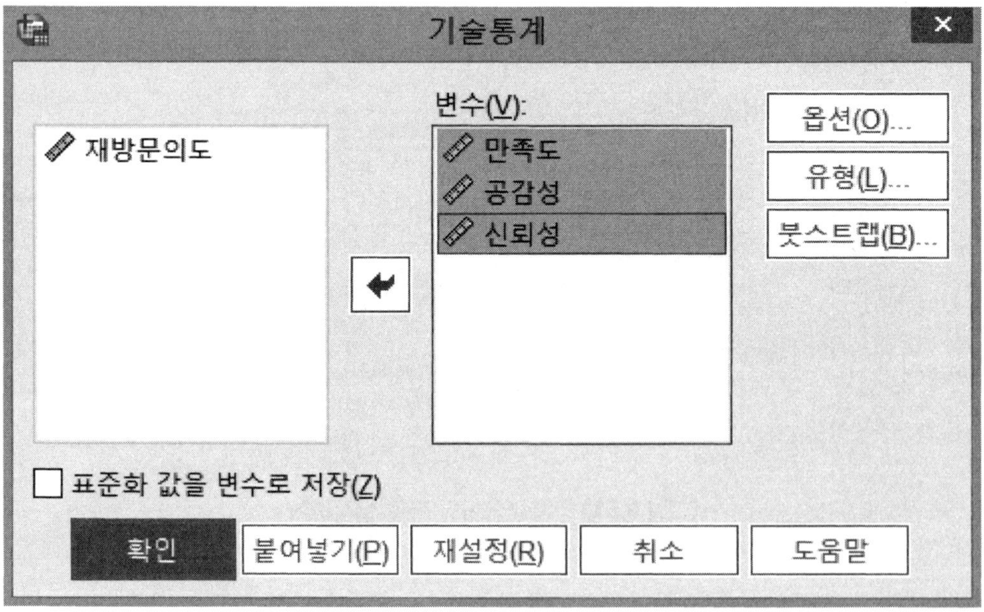

[그림 9.53]

5 출력결과를 확인한다.

기술통계량

	N	최소값	최대값	평균	표준편차
만족도	200	1.00	5.00	3.2317	.92559
공감성	200	1.00	5.00	3.0550	1.08169
신뢰성	200	1.00	5.00	2.7017	1.35880
유효 N(목록별)	200				

[그림 9.54] 기술통계 분석결과

6 변환 → 변수계산을 클릭한다.

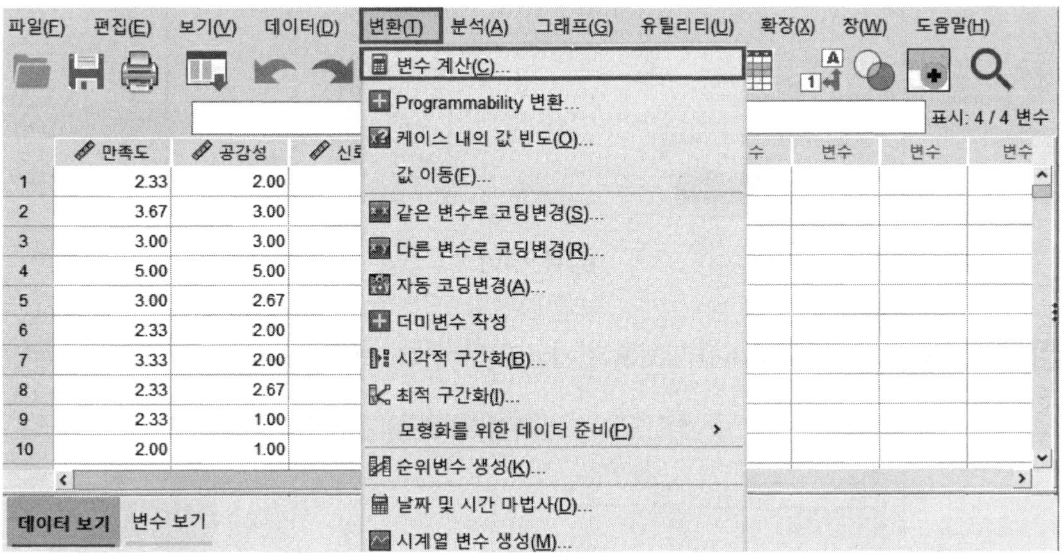

[그림 9.55]

7 ① 변수명 입력 → ② 숫자표현식에 만족도를 이동한 후 **[그림 9.54]**에서 구한 독립변수인 만족도의 평균값(M=3.2317)을 빼준다 → ③ 확인을 클릭한다.

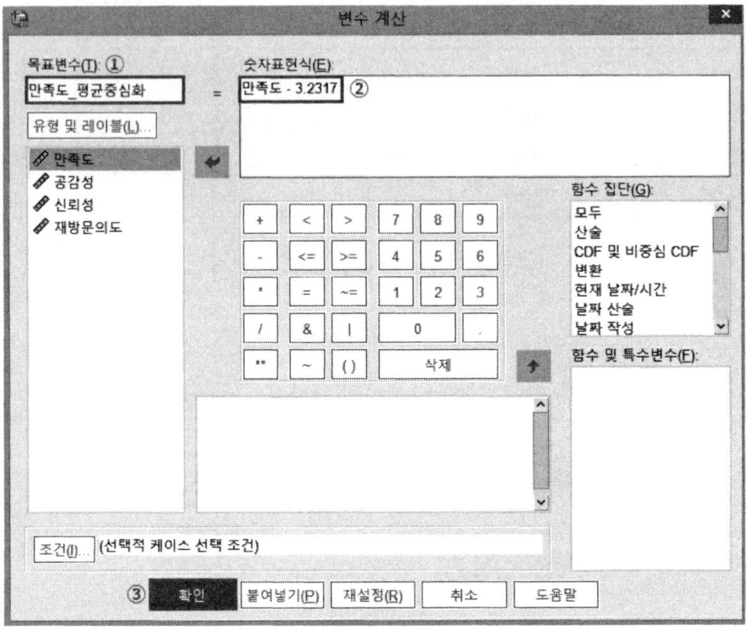

[그림 9.56]

8 독립변수인 공감성도 동일한 방법으로 평균값(M=3.0550)을 빼준다.

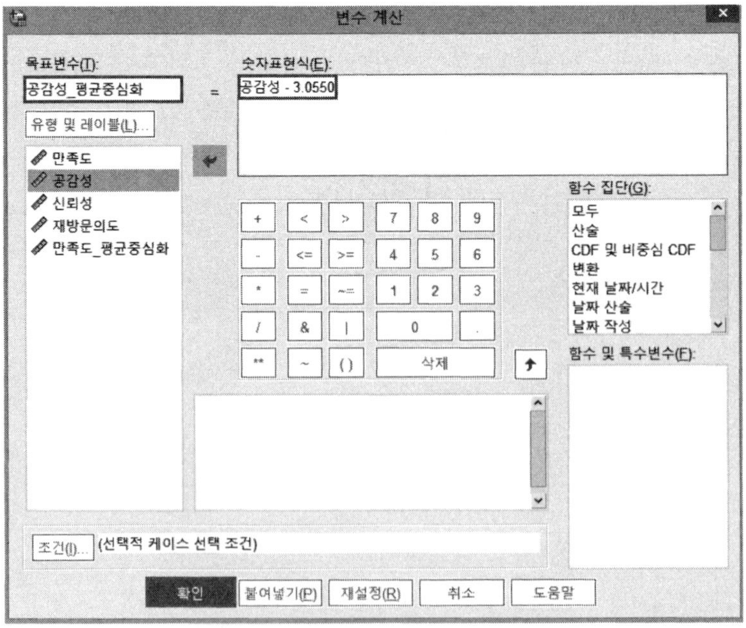

[그림 9.57]

9 조절변수인 신뢰성도 동일한 방법으로 평균값(M=2.7017)을 빼준다.

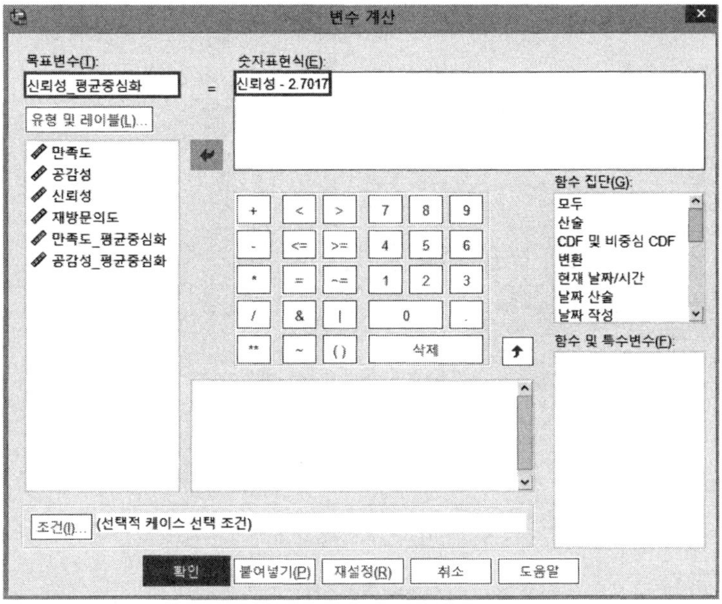

[그림 9.58]

10 평균중심화 작업된 변수를 바탕으로 상호작용항(독립변수×조절변수)을 만들어준다. ① 변수명 입력 → ② 숫자표현식에 만족도_평균중심화 이동 후 ③ 곱하기 클릭 → 신뢰성_평균중심화 이동 → ④ 확인을 클릭한다.

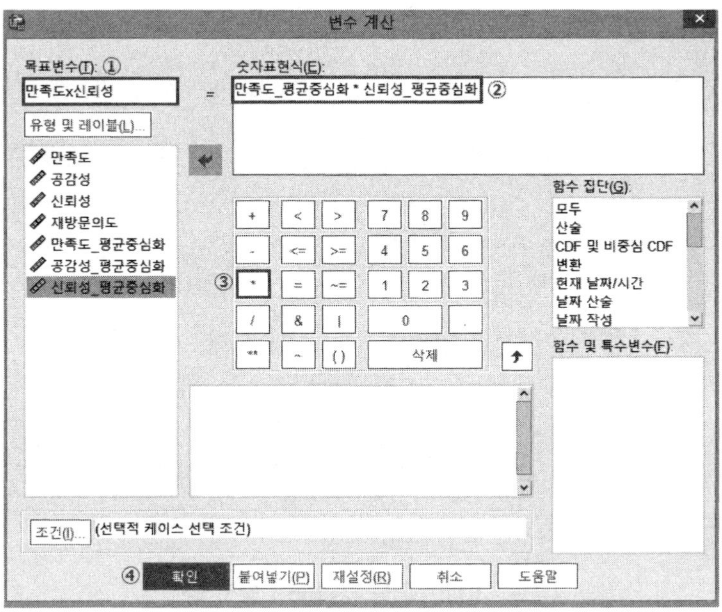

[그림 9.59]

11 공감성도 동일한 방법으로 상호작용항을 만들어준다.

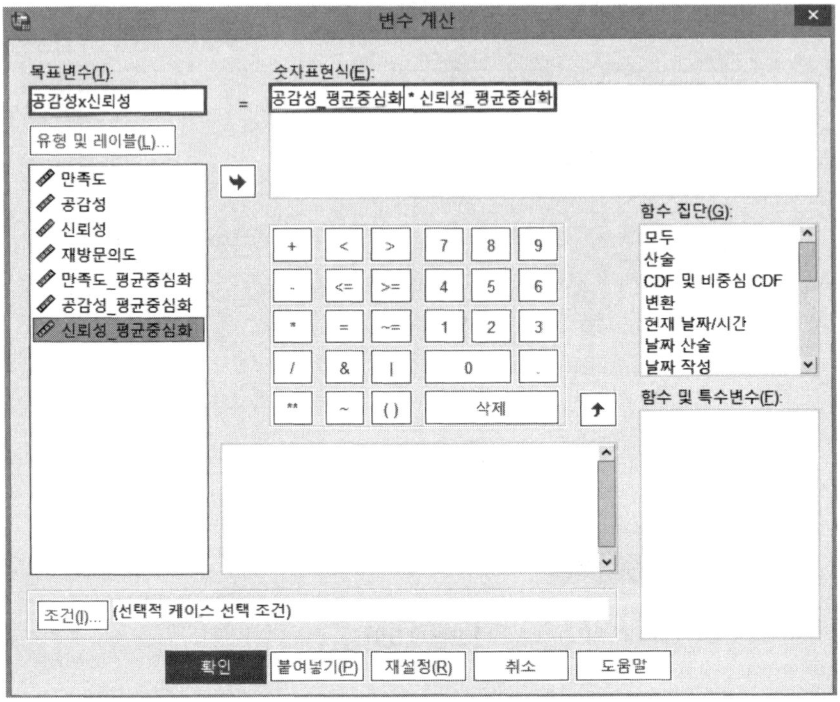

[그림 9.60]

12 분석 → 회귀분석 → 선형을 클릭한다.

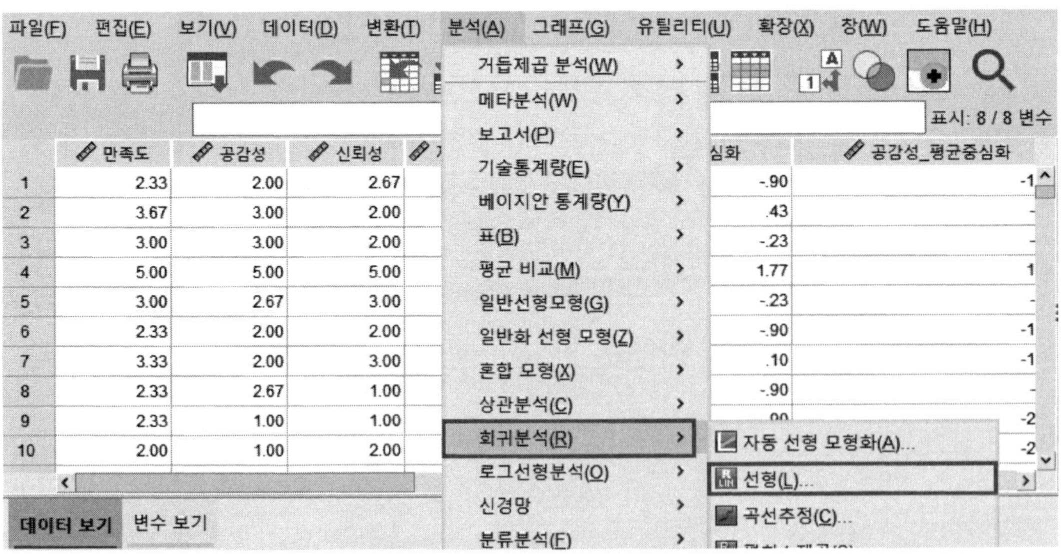

[그림 9.61] 조절 회귀분석 실시하기

13 ① 재방문의도를 종속변수로 이동한다 → ② 평균중심화 작업을 진행한 만족도, 공감성을 독립변수로 이동한다 → ③ 다음을 클릭한다.

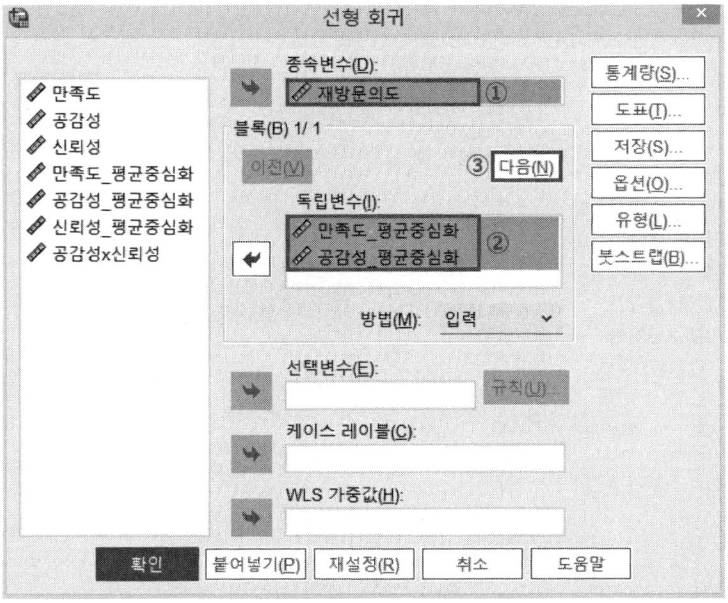

[그림 9.62]

14 ① 평균중심화 작업을 진행한 신뢰성(조절변수)을 독립변수로 이동한다 → ② 다음을 클릭한다.

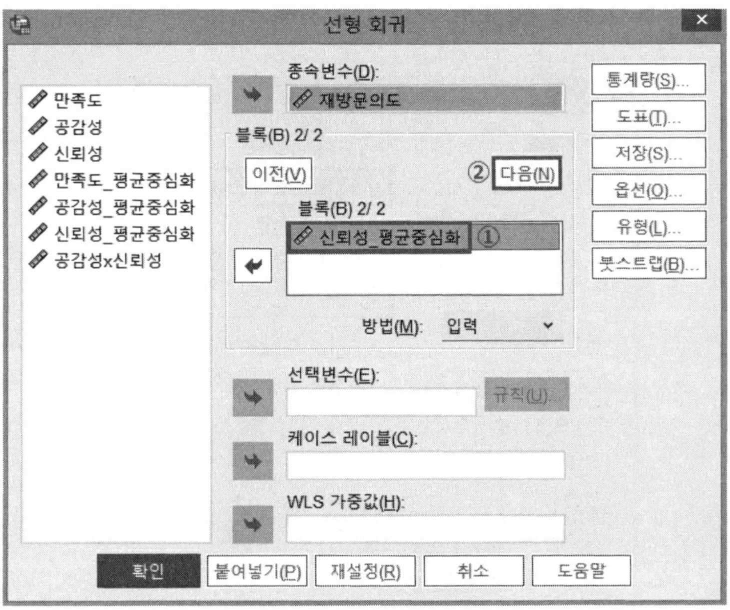

[그림 9.63]

15 ① 만족도×신뢰성, 공감성×신뢰성, 상호작용항을 독립변수로 이동한다 → ② 통계량을 클릭한다.

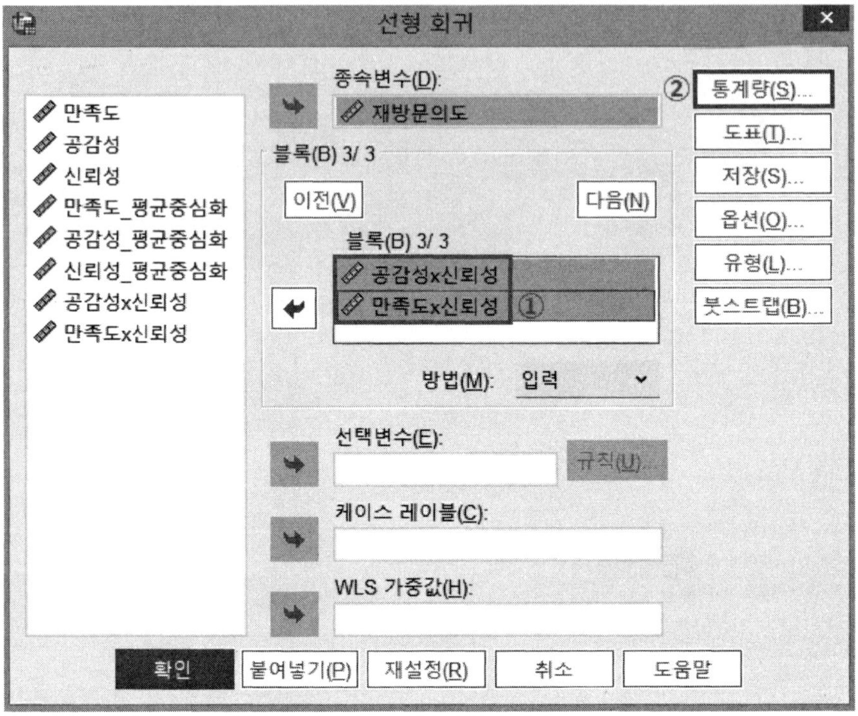

[그림 9.64]

16 R제곱 변화량, 공선성 진단, Durbin-Watson을 선택 후 계속을 클릭한다.

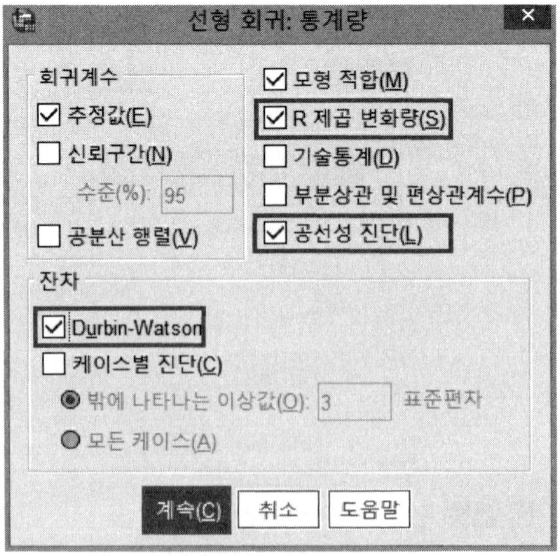

[그림 9.65]

17 확인을 클릭한다.

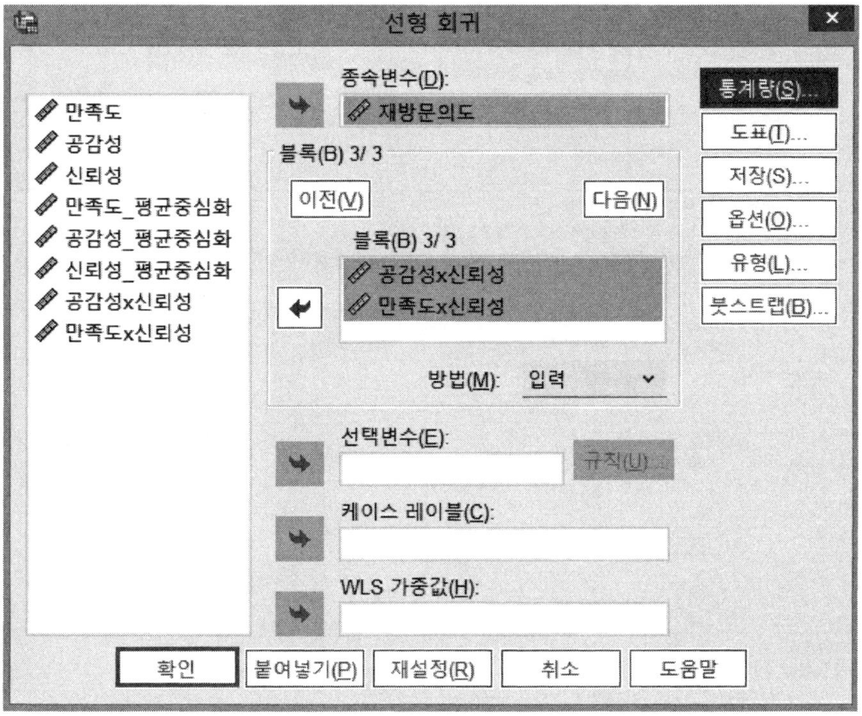

[그림 9.66]

18 출력결과를 확인한다.

모형 요약[d]

모형	R	R 제곱 ①	수정된 R 제곱 ①	추정값의 표준오차	통계량 변화량 R 제곱 변화량	F 변화량	자유도1	자유도2	유의확률 F 변화량 ②	Durbin-Watson ③
1	.799[a]	.639	.635	.76947	.639	174.350	2	197	<.001	
2	.916[b]	.840	.837	.51381	.201	245.816	1	196	<.001	
3	.922[c]	.849	.845	.50119	.009	5.999	2	194	.003	1.617

a. 예측자: (상수), 공감성_평균중심화, 만족도_평균중심화

b. 예측자: (상수), 공감성_평균중심화, 만족도_평균중심화, 신뢰성_평균중심화

c. 예측자: (상수), 공감성_평균중심화, 만족도_평균중심화, 신뢰성_평균중심화, 만족도x신뢰성, 공감성x신뢰성

d. 종속변수: 재방문의도

ANOVA[a]

모형		제곱합	자유도	평균제곱	F ④	유의확률 ⑤
1	회귀	206.461	2	103.230	174.350	<.001[b]
	잔차	116.641	197	.592		
	전체	323.102	199			
2	회귀	271.357	3	90.452	342.617	<.001[c]
	잔차	51.745	196	.264		
	전체	323.102	199			
3	회귀	274.371	5	54.874	218.456	<.001[d]
	잔차	48.731	194	.251		
	전체	323.102	199			

a. 종속변수: 재방문의도

b. 예측자: (상수), 공감성_평균중심화, 만족도_평균중심화

c. 예측자: (상수), 공감성_평균중심화, 만족도_평균중심화, 신뢰성_평균중심화

d. 예측자: (상수), 공감성_평균중심화, 만족도_평균중심화, 신뢰성_평균중심화, 만족도x신뢰성, 공감성x신뢰성

[그림 9.67] 조절회귀 분석결과

계수[a] ⑥

모형		비표준화 계수 B	표준화 오류	표준화 계수 베타	t	유의확률 ⑦	공선성 통계량 공차	VIF ⑧
1	(상수)	2.660	.054		48.888	<.001		
	만족도_평균중심화	.250	.098	.181	2.559	.011	.365	2.741
	공감성_평균중심화	.762	.083	.647	9.133	<.001	.365	2.741
2	(상수)	2.660	.036		73.214	<.001		
	만족도_평균중심화	.126	.066	.091	1.917	.057	.360	2.781
	공감성_평균중심화	.159	.068	.135	2.349	.020	.247	4.047
	신뢰성_평균중심화	.692	.044	.738	15.679	<.001	.369	2.712
3	(상수)	2.581	.047		55.395	<.001		
	만족도_평균중심화	.130	.067	.094	1.943	.053	.330	3.029
	공감성_평균중심화	.142	.069	.120	2.042	.042	.224	4.468
	신뢰성_평균중심화	.676	.044	.721	15.343	<.001	.352	2.838
	공감성x신뢰성	-.009	.043	-.011	-.216	.829	.327	3.055
	만족도x신뢰성	.106	.047	.109	2.273	.024	.340	2.944

a. 종속변수: 재방문의도

[그림 9.68] 조절회귀 분석결과

■ 분석결과 논문에 적용하기

조절회귀분석 결과의 경우 **[그림 9.67]**, **[그림 9.68]**과 같다. 기본적인 개념과 확인 과정은 앞에서 언급한 다른 회귀분석과 동일하다. 회귀분석의 경우 ANOVA의 유의확률(p-value)을 먼저 확인한다. 회귀분석에서 ANOVA는 회귀모형의 적합도로 통계적으로 유의하면 독립변수가 종속변수에 영향을 준다는 의미다. ⑤ ANOVA의 유의확률은 3단계 모두 <.001(p=.000)으로 .05보다 낮게 나타나 통계적으로 유의한 것으로 나타났다. 즉, 회귀모형이 적합하다고 볼 수 있다. 논문에는 p<.001 또는 p=.000으로 표기한다. 유의확률이 .05보다 높게 나타난다면 p>.05로 표기해준다.

다음은 ③ Durbin-Watson ⑧ 다중 공선성을 확인한다. Durbin-Watson은 ③ 1.617로 2에 가깝게 나타나 독립적이다. 다음 다중 공선성(multi-collinearity)을 확인한다. ⑧ VIF가 10보다 미만이면 다중 공선성의 문제가 없다고 판단한다. 해당 수치들을 확인해보면 모두 10 미만이다. 따라서 다중 공선성이 존재하지 않는다고 판단한다(평균 중심화 작업으로 인해 다중 공선성은 문제없음).

정리하면 회귀분석을 진행하기 위한 회귀모형은 통계적으로 유의하게 나타나 적합하며, 잔차의 독립성을 가진다. 또한 다중 공선성은 존재하지 않아 회귀분석을 실시하기에 적합하다.

이제 조절효과가 있는지 확인한다. 먼저 독립변수가 종속변수에 미치는 결과를 확인하는 1단계 분석결과 **[그림 9.68]**을 살펴보면 만족도와 공감성이 재방문의도에 미치는 영향력의 경우 ⑦ 유의확률이 .011(만족도), <.001(p=.000)(공감성)으로 .05보다 모두 낮게 나타나 통계적으로 유의한 수준에서 정(+)의 영향력을 주는 것으로 나타났다. 즉, 조절회귀분석의 1단계 조건을 충족한 것을 알 수 있다.

다음은 독립변수와 조절변수가 종속변수에 미치는 결과를 확인하는 2단계 분석결과 **[그림 9.68]**을 살펴보면 ⑦ 유의확률이 .057(만족도), .020(공감성), <.001(p=.000)(신뢰성)으로 만족도는 .05보다 높게 나타나 영향력이 없고, 공감성과 신뢰성은 .05보다 낮게 나타나 통계적으로 유의한 수준에서 정(+)의 영향력을 주는 것으로 나타났다. 2단계의 경우 앞에서 언급했듯이 독립변수와 조절변수가 종속변수에 유의한 영향을 미치지 않아도 상관없다.

독립변수, 조절변수, 상호작용항이 종속변수에 미치는 3단계 분석결과 **[그림 9.68]**을 살펴보면 조절변수인 신뢰성은 ⑦ 유의확률이 <.001(p=.000)으로 .05보다 낮게 나타나 통계적으로 유의한 수준에서 정(+)의 영향력을 주는 것으로 나타났다.

상호작용항의 경우 만족도×신뢰성의 유의확률은 .024로 .05보다 낮게 나타나 통계적으로 유의한 수준에서 정(+)의 영향력을 주는 것으로 나타났다. 반면 공감성×신뢰성의 유의확률은 .829로 .05보다 높게 나타나 영향력이 없는 것으로 나타났다. 상호작용항의 경우 만족도×신뢰성만 유의하다.

마지막으로 3단계의 결정계수가 2단계의 결정계수 보다 통계적으로 유의한 수준에서 증가했는지 확인한다. **[그림 9.67]** 결과에서 2단계 ① R제곱값은 .840(84.0%)이고, 3단계의 R제곱값은 .849(84.9%)로 .009(0.09%) 증가했다. 또한 3단계의 ② 유의확률의 경우 .003으로 .05보다 낮게 나타나 통계적으로 유의하게 나타났다. 즉, 통계적으로 유의한 수준에서 R제곱값이 증가하였고(2단계 → 3단계), 상호작용항(만족도×신뢰성)이 유의하여 조절회귀 분석의 기본 조건을 충족하였다.

최종적으로 정리하면 신뢰성은 만족도와 재방문의도 사이에서 정(+)의 조절역할을 하며(3단계 조절변수와 상호작용항이 통계적으로 유의하기 때문) 이때 신뢰성은 유사 조절변수이다(3단계 신뢰성의 유의확률이 <.001(p=.000)으로 재방문의도에 영향을 미쳤기 때문).

반면 공감성은 상호작용항(공감성×신뢰성)의 유의확률이 .829로 .05보다 높게 나타나 통계적으로 유의하지 않다. 따라서 조절효과가 없다고 볼 수 있다(만약 상호작용항의 유의확률이 .05보다 낮게 나타나 통계적으로 유의하게 나타났다면 조절효과가 있다고 판단함).

만족도와 공감성이 재방문의도에 미치는 영향에 있어 신뢰성의 조절효과 분석결과

만족도와 공감성이 재방문의도 미치는 영향 관계에서 신뢰성의 조절효과를 분석하기 위해 조절회귀분석을 실시하였다. 분석결과 **〈표 1〉**과 같이 회귀모형은 적합한 것으로 나타났으며(p=.000), Durbin-Watson 지수는 1.617으로 2에 가까워 잔차의 독립성에는 문제가 없다. 독립변수 간의 다중 공선성은 분산팽창요인 VIF(variance inflation factor) 지수를 이용하였고, 해당 지수는 모두 10미만으로 나타나 다중 공선성이 존재하지 않는 것으로 나타났다. 따라서 회귀분석을 실시하기에 적합하다.

조절회귀분석 결과 독립변수가 종속변수에 미치는 영향을 분석하는 1단계에서 만족도(β=.181, p=.011)와 공감성(β=.647, p=.000)은 통계적으로 유의한 수준에서 정(+)의 영향을 미치는 것으로 나타났으며, 만족도와 공감성이 종속변수인 재방문의도를 설명하는 설명력은 63.9%이다.

조절변수인 신뢰성이 투입된 2단계의 경우 R제곱 변화량이 20.1% 통계적으로 유의한 수준에서 증가하였으며(p=.000), 전체 설명력은 84.0%이다. 마지막 3단계에서는 R제곱 변화량이 .09% 통계적으로 유의한 수준에서 증가하였고(p=.000), 전체 설명력은 84.9%이다. 또한 조절변수인 신뢰성(β=.721, p=.000)은 통계적으로 유의한 수준에서 재방문의도에 정(+)의 영향을 미치는 것으로 나타났으며, 만족도와 신뢰성의 상호작용항(β=.109, p=.024)도 통계적으로 유의한 수준에서 정(+)의 영향을 미치는 것으로 나타났다. 즉, 신뢰성은 만족도가 재방문의도 미치는 영향을 조절하는 것으로 나타났다. 반면 공감성과 신뢰성의 상호작용항(β=−.011, p>.05)은 통계적으로 유의하지 않은 것으로 나타나 신뢰성은 공감성과 재방문의도 사이에서 조절효과가 없다고 할 수 있다.

〈표 1〉 만족도 및 공감성이 재방문의도에 미치는 영향에 있어 신뢰성의 조절효과

단계	모형	비표준화 계수		표준화 계수	t	유의 확률	VIF	R 제곱 변화량 (유의 확률)
		B	표준화 오류	베타				
1	(상수)	2.660	.054		48.888	.000		.639 (.000)
	만족도	.250	.098	.181	2.559	.011	2.741	
	공감성	.762	.083	.647	9.133	.000	2.741	
2	(상수)	2.660	.036		73.214	.000		.201 (.000)
	만족도	.126	.066	.091	1.917	.057	2.781	
	공감성	.159	.068	.135	2.349	.020	4.047	
	신뢰성	.692	.044	.738	15.679	.000	2.712	
3	(상수)	2.581	.047		55.395	.000		.009 (.003)
	만족도	.130	.067	.094	1.943	.053	3.029	
	공감성	.140	.069	.012	2.042	.042	4.468	
	신뢰성	.676	.044	.721	15.343	.000	2.838	
	만족도×신뢰성	.106	.048	.109	2.273	.024	2.944	
	공감성×신뢰성	−.009	.043	−.011	−.216	.829	3.055	

1단계 R^2=.639, *adj* R^2=.635, F=174.350(p=.000), Durbin-Watson=1.617
2단계 R^2=.840, *adj* R^2=.837, F=342.617(p=.000), Durbin-Watson=1.617
3단계 R^2=.849, *adj* R^2=.845, F=218.456(p=.000), Durbin-Watson=1.617

Chapter 10

PROCESS macro

학습목표

☞ Hayes가 개발하여 무상으로 보급한 PROCESS macro를 통해 새로운 방식의 매개분석, 조절분석, 조건부 과정 분석 등을 실습하고 이해한다.

PROCESS macro는 매개효과, 조절효과, 다중매개효과, 조절된 매개효과, 매개된 조절효과 등 70여 개의 통계분석 모형을 제시하고 있다. 또한 매개효과와 조절효과의 경우 최신 분석기법인 부트스트랩 신뢰구간 설정 방법과 Johnson-Neyman 방법을 활용하여 분석을 진행할 수 있다. PROCESS macro를 활용한 분석의 경우 활용도가 높은 5가지 통계모형을 선정하여 분석 방법에 대해 알아본다.

PROCESS macro

PROCESS macro는 Ohio 주립대학교 Andrew F. Hayes 심리학과 교수가 개발하여 무료로 사용할 수 있게 보급한 프로그램으로 매개효과, 조절효과, 다중매개효과, 조절된 매개효과, 매개된 조절효과 등 총 70여 개의 통계모형(업그레이드 되면서 모형이 추가되고 삭제되는 과정이 계속 생김, 1~2개 차이가 있음)을 분석할 수 있다. 또한 최신 분석기법인 부트스트랩 신뢰구간 설정과 Johnson-Neyman 방법을 사용할 수 있다.

참고로 Johnson-Neyman 방법은 구조방정식모델링에서는 분석할 수 없는 매우 신뢰할 수 있는 분석기법이며, 현재까지 PROCESS macro 프로그램에서만 분석 가능하다. 이러한 PROCESS macro는 Hayes 교수 홈페이지(www.afhayes.com)에서 다운로드 받을 수 있으며, 수시로 최신 버전이 업그레이드되고 있다.

Hayes 교수는 앞서 매개분석과 조절분석에서 살펴본 Baron & Kenny의 분석 방법의 허구성과 오류를 주장하고, 부트스트랩 신뢰구간방법 및 Johnson-Neyman 방법을 이용하여 매개효과와 조절효과를 분석할 것을 권장하고 있다.

PROCESS macro의 통계모형을 통한 분석은 획기적인 방법으로 앞으로 창의적인 연구에 다양하게 사용될 것으로 예상한다. 본 저서에서는 사회과학 분야에서 평균적으로 많이 사용하는 총 5가지의 통계모형을 선정하여 살펴보고자 한다.

PROCESS macro 설치방법

PROCESS macro를 활용하여 통계분석을 진행하기 전에 설치방법에 대해서 알아본다.

1 아래 사이트에 접속.

https://www.processmacro.org/download.html

[그림 10.1] PROCESS macro 다운로드 사이트 접속

2 사이트 하단 'Download PROCESS v4.1'을 클릭하여 프로그램을 다운받는다.

Version 4 of PROCESS is described and documented in the **3rd edition** of *Introduction to Mediation, Moderation, and Conditional Process Analysis*. SPSS and SAS users will find that the documentation in the **2nd** edition of the book applies to version 4 as well. Documentation for the R version of PROCESS is only available in the 3rd edition.

Click the button below to download version 4.1 of PROCESS (released 19 April 2022). When you do so, a .zip archive will download in accordance with your browser settings. The installation and use of PROCESS is documented in Appendix A as well as throughout the book. Appendix A also contains the model number templates for preprogrammed models. Instructions for creating your own models or modifying numbered models can be found in Appendix B. The appendices are not electronically available except in the e-book edition. PROCESS version 2 and 3 are no longer available or supported.

ATTENTION: MacOS "Catalina" users: This version of MacOS locks file access that makes it appear that files are missing and affects the operation of SPSS and the ability to install PROCESS. Here is a video that might be helpful in working around this problem.

Download PROCESS v4.1

[그림 10.2]

3 SPSS 관리자 권한으로 실행

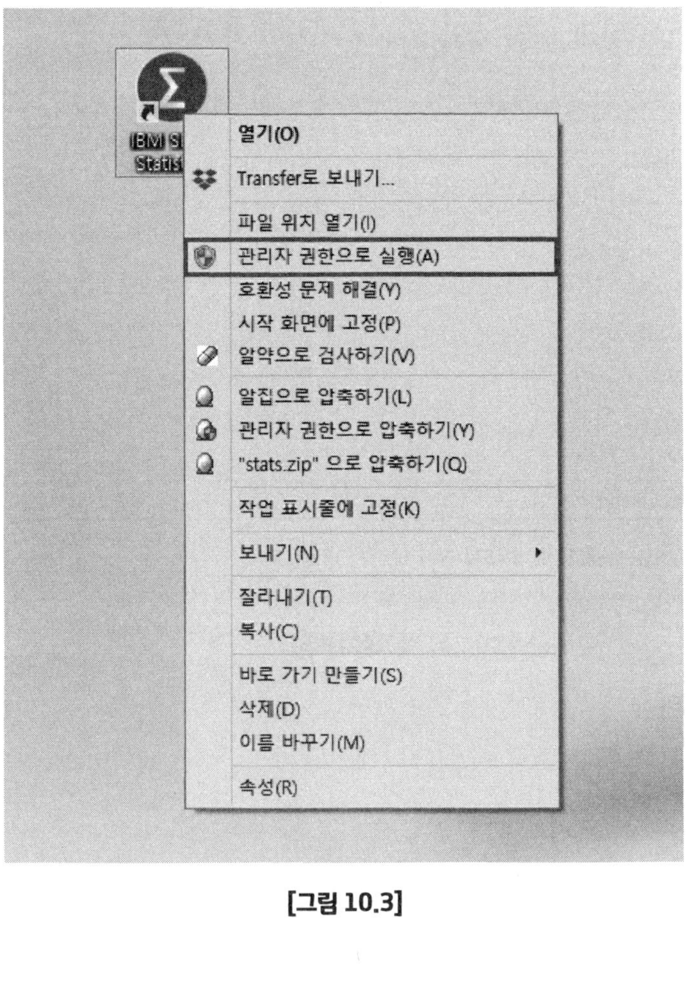

[그림 10.3]

4 확장 → 유틸리티 → 사용자 정의 대화 상자 설치(호환 모드) 클릭

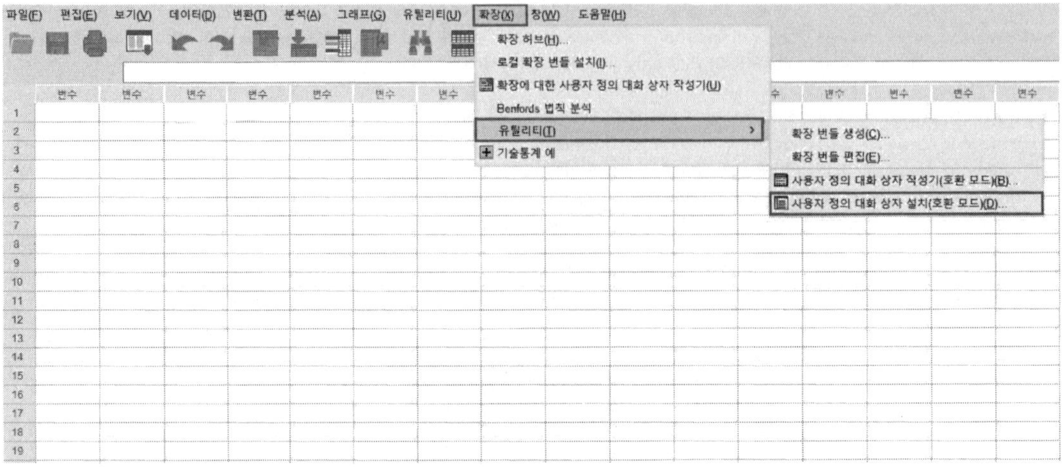

[그림 10.4]

5 다운로드 받은 PROCESS macro 파일 선택 → 열기 클릭

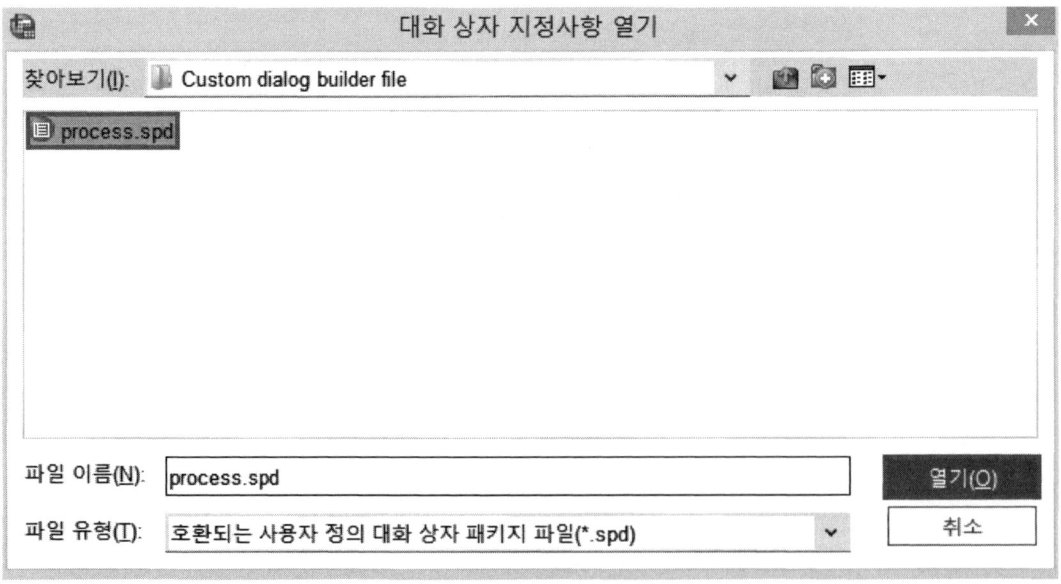

[그림 10.5]

❻ 분석 → 회귀분석 → PROCESS macro 실행

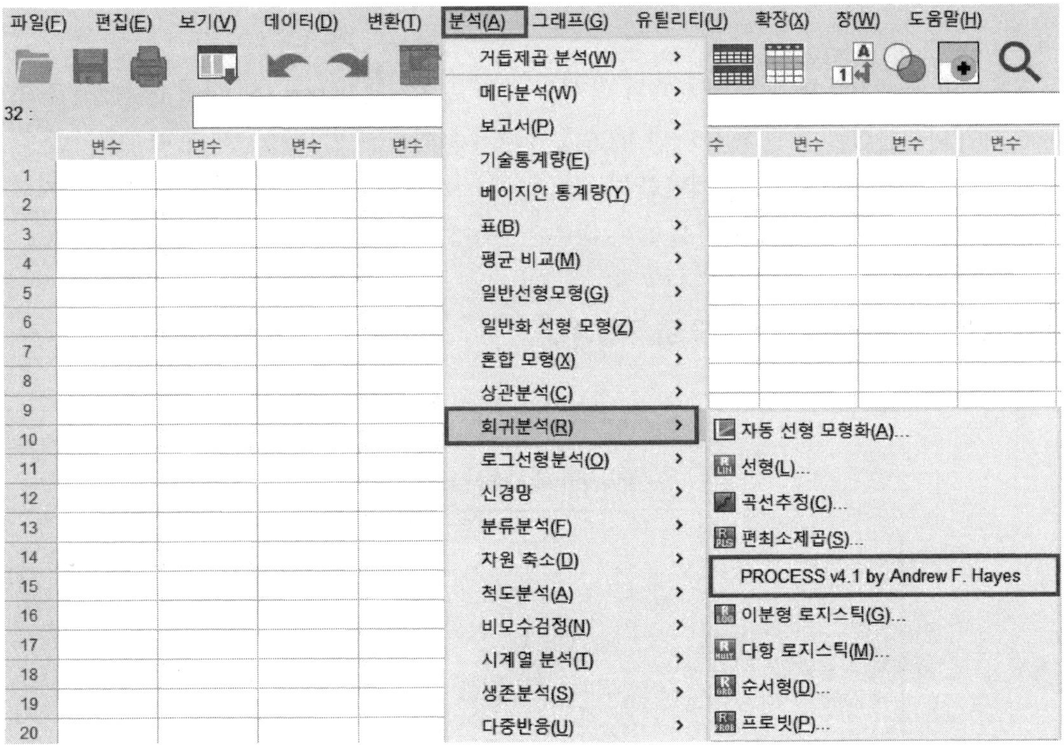

[그림 10.6]

1. 매개효과분석

프로세스 매크로를 통한 매개효과 분석의 개념은 앞서 Chapter 09. 회귀분석에서 살펴본 6. 매개회귀분석과 동일하다. 다만 바론과 케니가 제안한 방법을 사용해서 매개효과를 검증할 것인지, 아니면 헤이스가 제안한 프로세스 매크로를 통해 매개효과를 검증할 것인지에 대한 차이이다. 따라서 개념이나 가설 같은 내용은 동일하다.

[PROCESS macro 매개분석 모형, 모델 4번]

Model 4

Conceptual Diagram

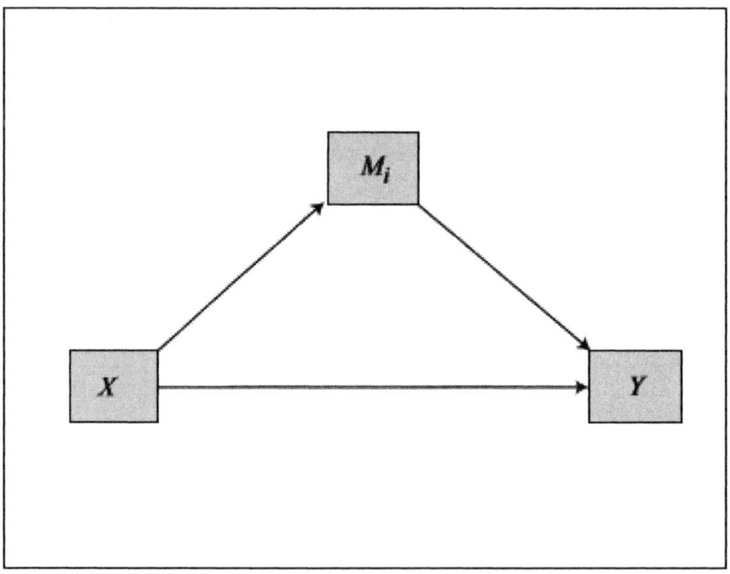

분석결과를 확인하고 해석하기 위해 연구가설을 설정한 후 실습을 진행해보자.

[연구가설]

가설1) 만족도가 재방문의도에 미치는 영향은 신뢰성에 의해 매개될 것이다.

- 독립변수 : 만족도
- 매개변수 : 신뢰성
- 종속변수 : 재방문의도

1 '14_매개분석.SAV' 파일을 실행시킨다.

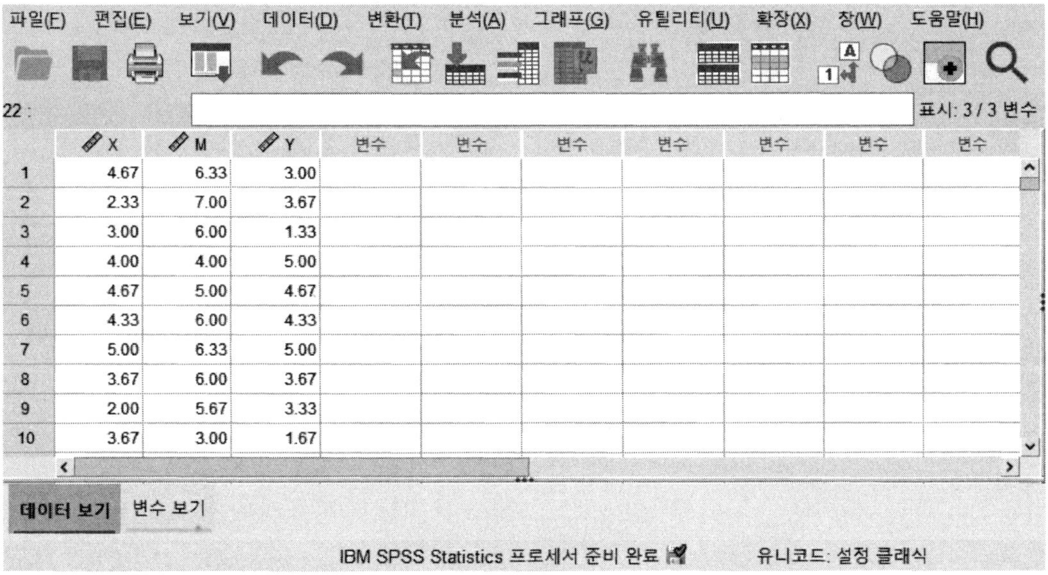

[그림 10.7]

프로세스 매크로의 경우 한글을 인식하지 못함. 따라서 독립변수인 만족도는 X, 매개변수 신뢰성은 M, 종속변수 재방문의도는 Y로 표기하고 변수명은 레이블에 작성함.

2 분석 → 회귀분석 → PROCESS v4.1 by Andrew F. Hayes를 클릭한다.

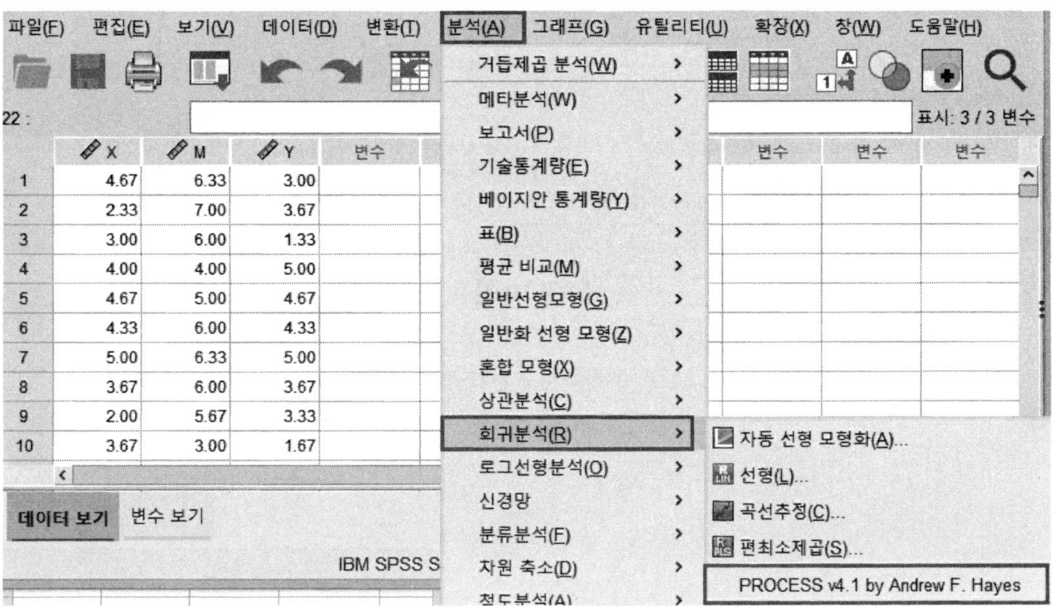

[그림 10.8] 프로세스 매크로를 통한 매개효과분석 실시하기

3 ① Y variable에 종속변수 재방문의도 이동 → ② X variable에 독립변수 만족도 이동 → ③ Mediator(s) M에 매개변수 신뢰성 이동 → ④ Model number를 4번으로 설정 → ⑤ options를 클릭한다.

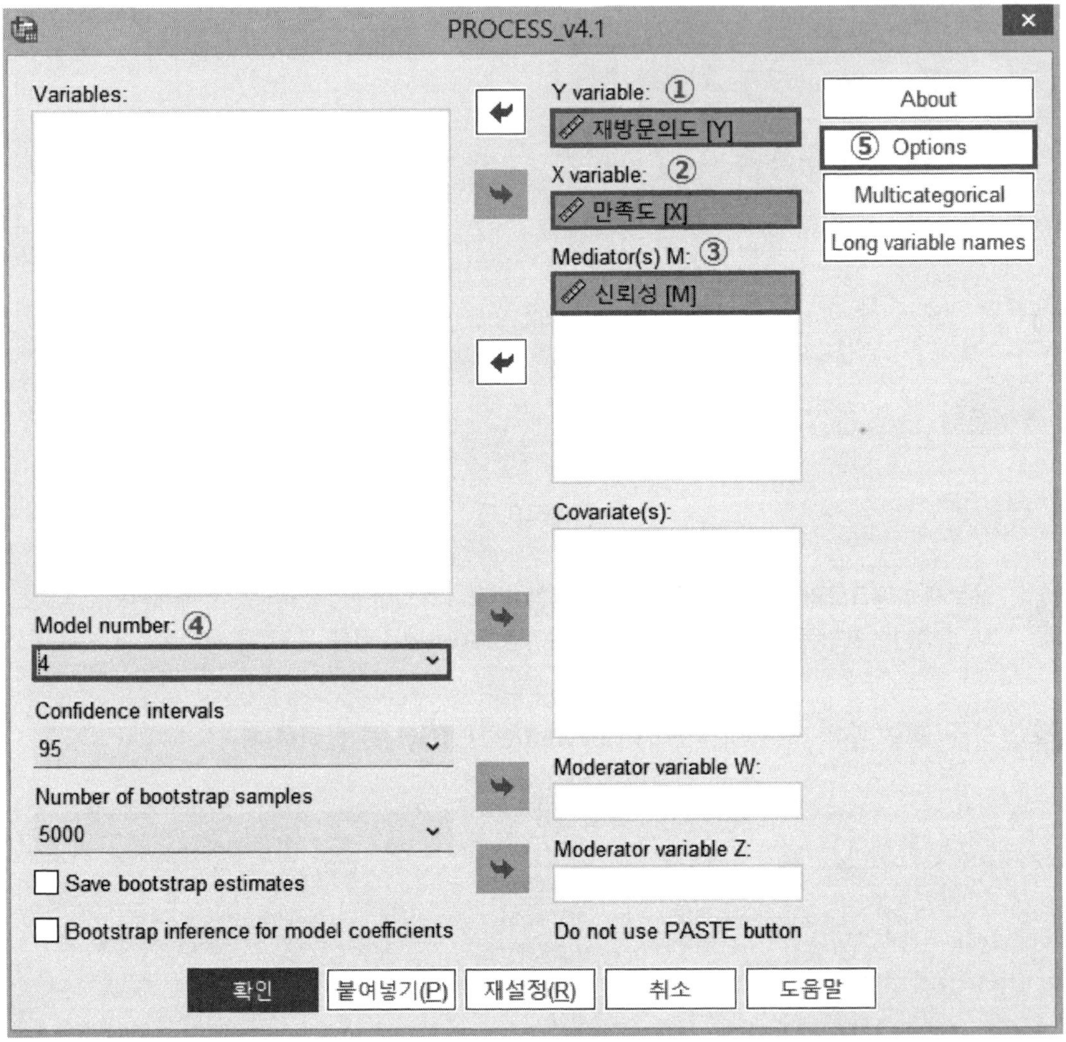

[그림 10.9]

통제해야할 통제변수가 있다면 Covariate(s)에 넣으면 된다.

4 Decimal places in output를 3으로 설정(소수점 설정) → if $p<.05$ 설정 → 계속을 클릭한다.

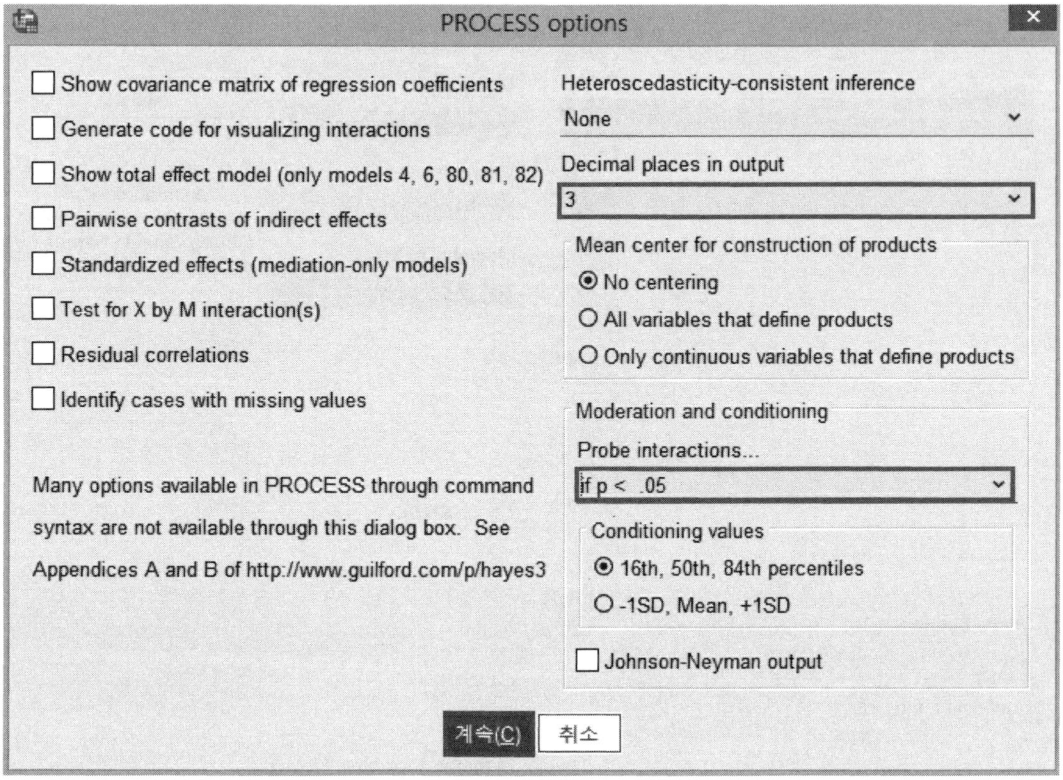

[그림 10.10]

[옵션내용]

- Show total effect model(only models 4, 6, 80, 81, 82) : 총 효과, 직접효과, 간접효과
- Effect size(mediation-only models) : 효과크기
- Standardized coefficients(mediation-only-models) : 표준화 계수

Standardized coefficients(mediation-only-models)를 체크하면 분석 결과에서 표준화 계수를 확인할 수 있다. 표준화 계수의 경우 계수들을 비교할 때 사용하는데 매개효과에서는 간접효과가 중요하기 때문에 표준화 계수는 별도로 해석할 필요가 없다. 총 효과, 직접효과, 간접효과, 효과크기도 해석할 필요가 없으므로 별도로 체크하지 않았다. 만약 해당 결과 값들을 확인하고 싶으면 옵션을 체크한 후 분석을 진행하면 된다.

5 확인을 클릭한다.

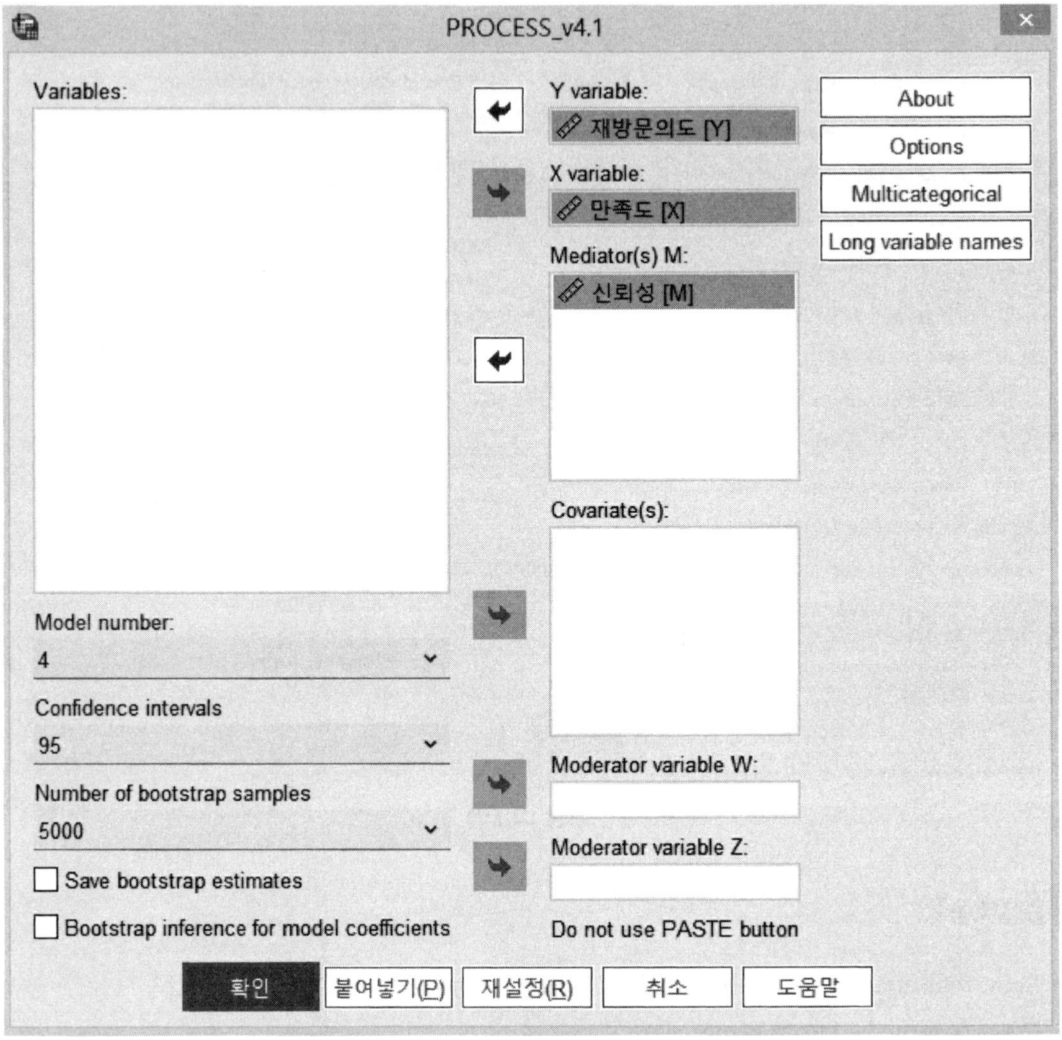

[그림 10.11]

6 출력결과를 확인한다.

```
OUTCOME VARIABLE:
 M

Model Summary
        R      R-sq       MSE          F       df1        df2          p
     .329      .108     1.361     48.356     1.000    398.000       .000

Model
             coeff         se          t          p       LLCI       ULCI
constant     3.600       .212     16.954       .000      3.182      4.017
X             .315       .045      6.954       .000       .226       .403    ①

******************************************************************************
OUTCOME VARIABLE:
 Y

Model Summary
        R      R-sq       MSE          F       df1        df2          p
     .706      .498     1.198    196.935     2.000    397.000       .000

Model
             coeff         se          t          p       LLCI       ULCI
constant     -.368       .261     -1.407       .160      -.882       .146
X             .780       .045     17.351       .000       .691       .868    ②
M             .159       .047      3.387       .001       .067       .252

****************** DIRECT AND INDIRECT EFFECTS OF X ON Y ******************

Direct effect of X on Y
    Effect         se          t          p       LLCI       ULCI            ③
      .780       .045     17.351       .000       .691       .868

Indirect effect(s) of X on Y:
      Effect     BootSE   BootLLCI   BootULCI                                 ④
M       .050       .017       .021       .088

*********************** ANALYSIS NOTES AND ERRORS ************************

Level of confidence for all confidence intervals in output:
  95.0000

Number of bootstrap samples for percentile bootstrap confidence intervals:
  5000
```

[그림 10.12] 프로세스 매크로를 통한 매개효과 분석결과

■ 분석결과 논문에 적용하기

프로세스 매크로를 통한 매개효과 분석결과 **[그림 10.12]**와 같다. OUTCOME VARIABLE에서 ①의 경우 독립변수가 매개변수에 미치는 영향에 대한 결과 값이다. 유의확률(p)의 경우 .000으로 .05보다 낮게 나타나 통계적으로 유의한 것으로 나타났다. 즉, 독립변수인 만족도는 매개변수인 신뢰성에 정(+)의 유의한 영향을 준다.

OUTCOME VARIABLE에서 ②의 경우 독립변수와 매개변수가 종속변수에 미치는 영향에 대한 결과 값이다. 유의확률(p)이 모두 .05보다 낮게 나타나 통계적으로 유의한 것으로 나타났다. 즉, 독립변수인 만족도와 매개변수인 신뢰성은 종속변수인 재방문의도에 정(+)의 유의한 영향을 준다.

Direct effect of X on Y의 ③의 경우 직접효과를 말한다. Indirect effect(s) of X on Y의 ④의 경우 간접효과를 말한다. 직접효과의 경우 유의확률(p)이 .05보다 낮게 나타나 통계적으로 유의한 것을 알 수 있다.

간접효과의 경우 유의확률이 별도로 출력되지 않는다. 따라서 간접효과가 통계적으로 유의한지 확인하기 위해서는 BootLLCI와 BootULCI를 통해 확인해야 한다. 확인하는 방법은 BootLLCI와 BootULCI값 사이에 0이 존재하지 않으면 통계적으로 유의하다고 판단한다.

BootLLCI의 경우 .021이며, BootULCI의 경우 .868이다. .021~.868 사이에는 0이 존재하지 않기 때문에 간접효과는 통계적으로 유의하다고 할 수 있다. 만약 −.021~.868이라면 마이너스와 플러스 사이에 0이 존재하기 때문에 통계적으로 유의하지 않다고 판단한다.

해당 결과를 정리하면 직접효과도 유의하게 나타났고, 간접효과도 유의하게 나타났다. 독립변수인 만족도는 종속변수인 재방문의도에 직접적으로 정(+)의 영향을 미치고, 매개변수인 신뢰성을 통해서도 재방문의도에 정(+)의 영향을 미치는 것을 알 수 있다. 즉, 매개변수인 신뢰성은 독립변수와 종속변수 사이에서 정(+)의 매개효과가 있다.

만족도가 재방문의도에 미치는 영향에 있어 신뢰성의 매개효과 분석결과

신뢰성이 만족도와 재방문의도 간의 관계에서 매개역할을 하는지 확인하기 위해서 SPSS의 Process Macro 4번 모델로 부트스트랩핑(bootstrapping) 분석을 사용하여 95% 신뢰구간에서 5,000번 반복 추출하여 분석을 진행하였다.

먼저 각 경로들의 유의성을 검증하였으며 분석 결과는 **〈표 1〉**과 같다. 만족도는 신뢰성(B=.315, p=.000)에 정(+)의 영향을 미치는 것으로 나타났으며, 재방문의도(B=.780, p=.000)에도 정(+)의 영향을 미치는 것으로 나타났다. 또한 신뢰성의 경우도 재방문의도(B=.159, p=.001)에 정(+)의 영향을 미치는 것으로 나타났다.

〈표 1〉 만족도, 신뢰성, 재방문의도 경로에 대한 분석결과

경로	B	se	t	P	LLCI	ULCI
만족도 → 신뢰성	.315	.045	6.954	.000	.226	.403
만족도 → 재방문의도	.780	.045	17.351	.000	.691	.868
신뢰성 → 재방문의도	.159	.047	3.387	.001	.067	.252

이어 만족도가 재방문의도에 영향을 미치는데 있어 신뢰성의 간접효과를 검증하였다. 분석 결과 **〈표 2〉**와 같이 만족도가 신뢰성을 경유하여 재방문의도 미치는 간접효과는 .050으로 나타났으며, BootLLCI와 BootULCI는 .021~.088으로 0을 포함하지 않고 있어 통계적으로 유의하다. 즉, 만족도는 신뢰성을 매개하여 재방문의도에 간접적으로 정(+)의 영향을 준다.

〈표 2〉 간접효과 분석결과

경로	Effect	BootSE	BootLLCI	BootULCI
만족도 → 신뢰성 → 재방문의도	.050	.017	.021	.088

2. 조절효과분석

프로세스 매크로를 통한 조절효과 분석의 개념은 앞서 Chapter 09. 회귀분석에서 살펴본 7. 조절회귀분석과 동일하다. 매개효과 검증과 동일하게 바론과 케니가 제안한 방법을 사용해서 조절효과를 검증할 것인지, 아니면 헤이스가 제안한 프로세스 매크로를 통해 조절효과를 검증할 것인지에 대한 차이이다. 따라서 개념이나 가설 같은 내용은 동일하다.

[PROCESS macro 조절분석 모형, 모델 1번]

Model 1

Conceptual Diagram

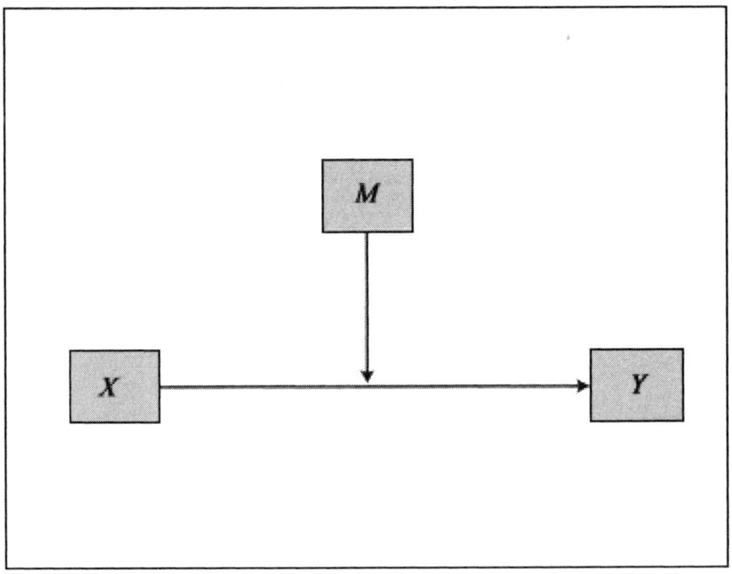

분석결과를 확인하고 해석하기 위해 연구가설을 설정한 후 실습을 진행해보자.

[연구가설]

가설1) 만족도가 재방문의도에 미치는 영향은 신뢰성에 의해 조절될 것이다.

- 독립변수 : 만족도
- 매개변수 : 신뢰성
- 종속변수 : 재방문의도

1 '15_조절효과.SAV' 파일을 실행시킨다.

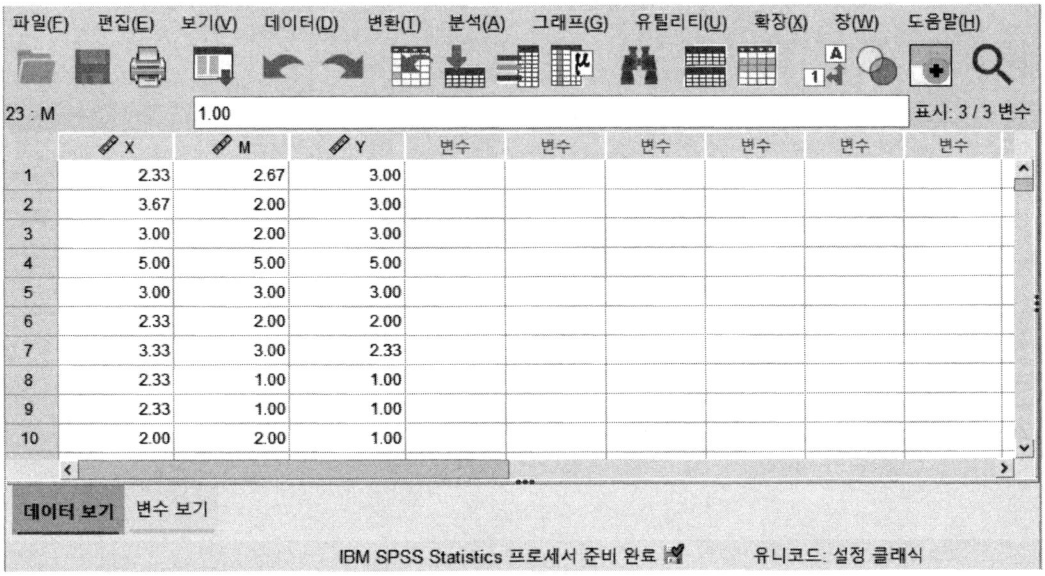

[그림 10.13]

프로세스 매크로의 경우 한글을 인식하지 못함. 따라서 독립변수인 만족도는 X, 조절변수 신뢰성은 M, 종속변수 재방문의도는 Y로 표기하고 변수명은 레이블에 작성함.

2 분석 → 회귀분석 → PROCESS v4.1 by Andrew F. Hayes를 클릭한다.

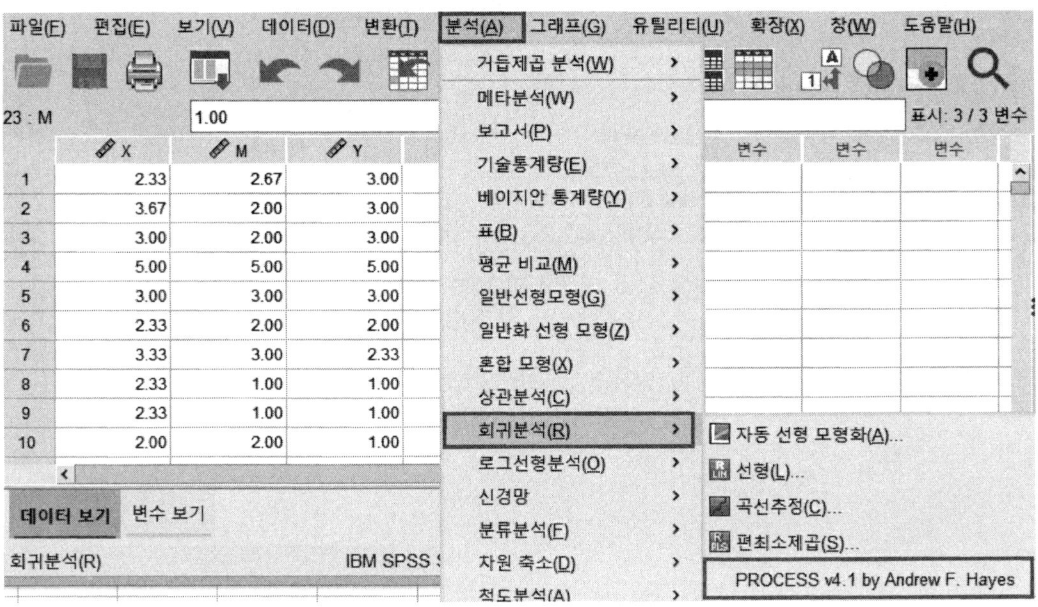

[그림 10.14] 프로세스 매크로를 통한 조절효과분석 실시하기

3 ① Y variable에 종속변수 재방문의도 이동 → ② X variable에 독립변수 만족도 이동 → ③ Moderator variable W에 조절변수 신뢰성 이동 → ④ Model number를 1번으로 설정 → ⑤ options를 클릭한다.

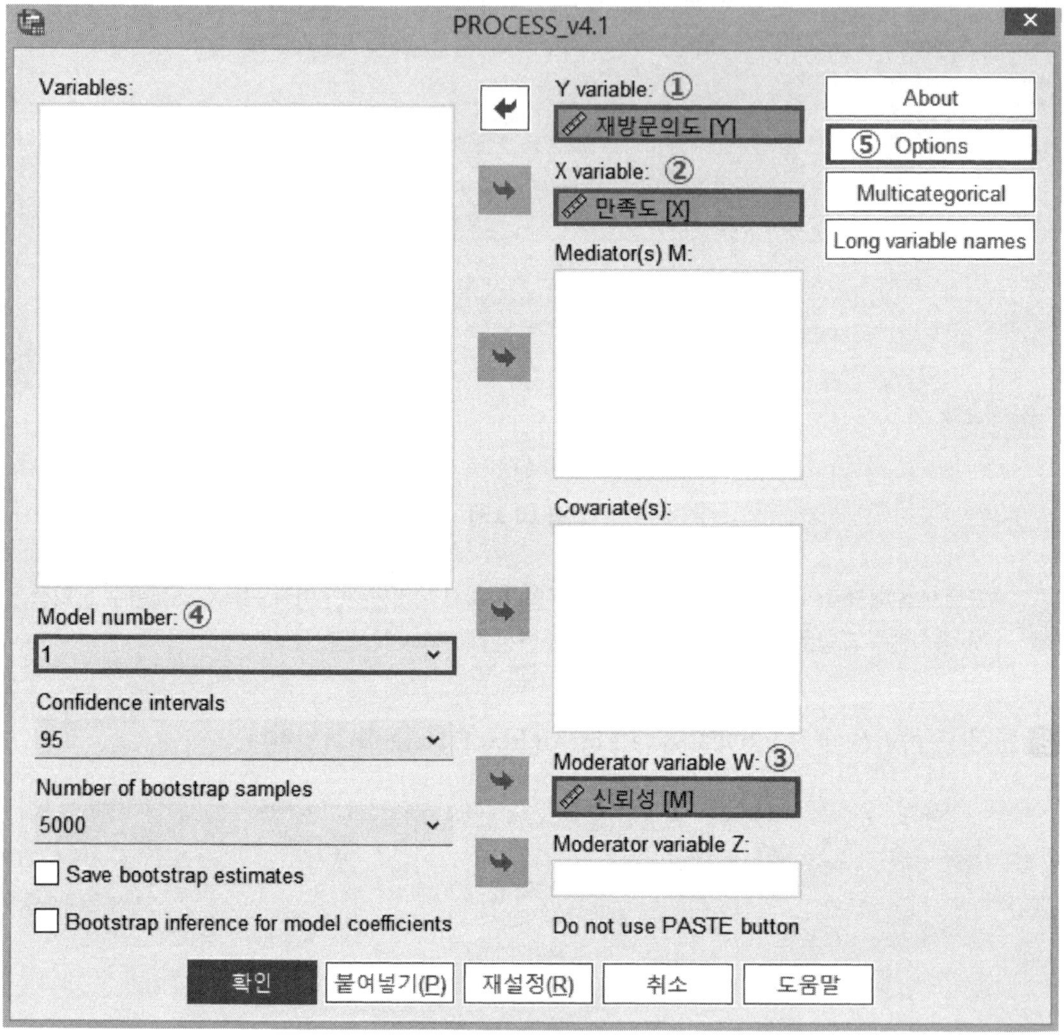

[그림 10.15]

통제해야할 통제변수가 있다면 Covariate(s)에 넣으면 된다.

4 ① Decimal places in output를 3으로 설정(소수점 설정) → if p<.05 설정 → ② −SD, Mean, +1SD 체크 → ③ Johnson-Neyman output 체크 → 계속을 클릭한다.

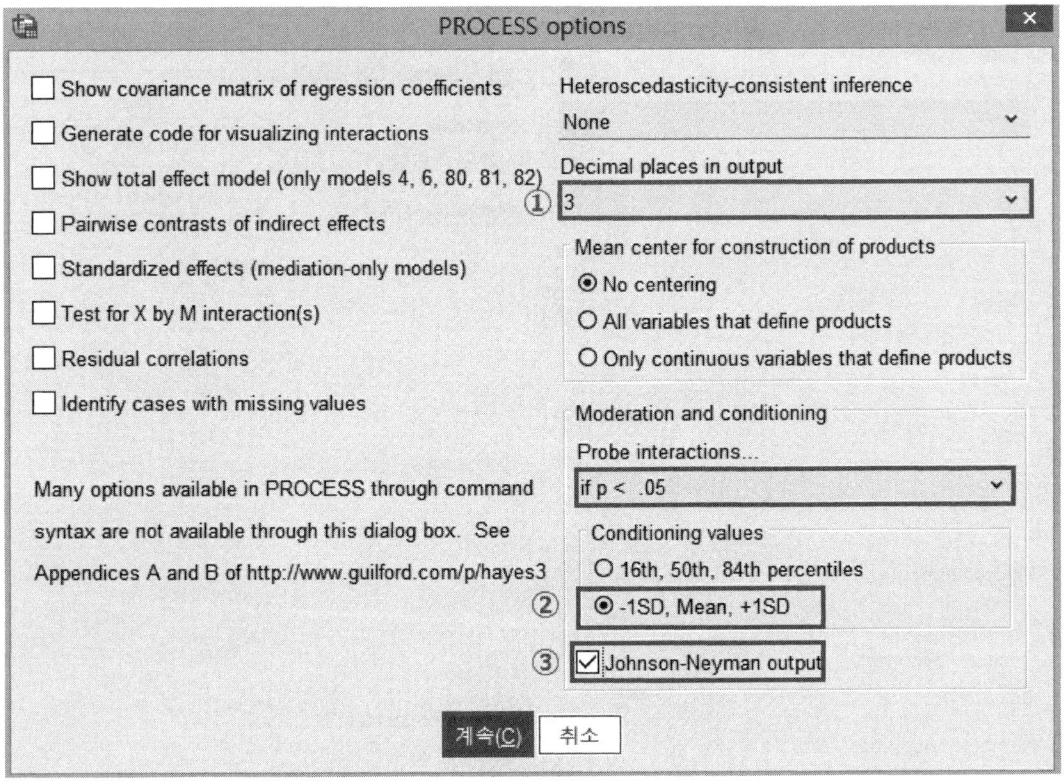

[그림 10.16]

[옵션내용]

- Conditioning values : 특정 값 출력방법 선택사항
  16th, 50th, 84th percentiles : 백분위수 출력
  −SD, Mean, +1SD : 평균과 ±1 표준편차로 출력
- Johnson-Neyman : 조명등 분석법(floodlight analysis)
- Mean center for construction of products : 평균중심화

조절효과에서 다중 공선성을 위해 평균중심화 작업을 진행하는데 조절효과 분석의 핵심은 상호작용항의 통계적 유의성이다. 평균중심화 작업을 하면 분산자체가 동시에 줄어들지만 상호작용항의 수치는 변하지 않는다. 따라서 해당 옵션을 체크하여 평균중심화 작업을 진행할 필요는 없다.

5 확인을 클릭한다.

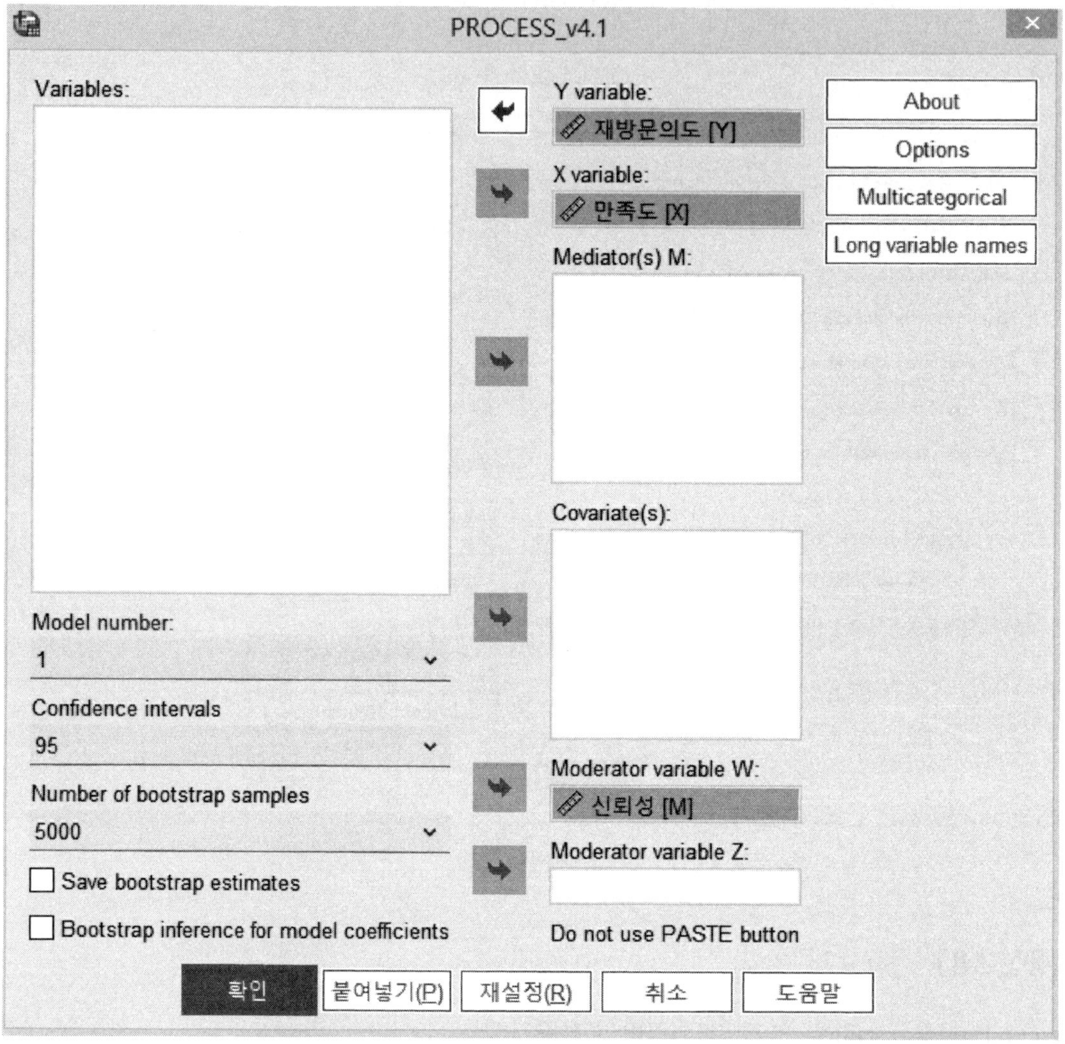

[그림 10.17]

6 출력결과를 확인한다.

```
OUTCOME VARIABLE:
 Y

Model Summary
          R       R-sq        MSE          F        df1        df2          p
       .919       .845       .255    357.101      3.000    196.000       .000

Model
              coeff         se          t          p       LLCI       ULCI
constant       .821       .282      2.916       .004       .266      1.376
X             -.066       .095      -.692       .490      -.253       .121
M              .400       .105      3.820       .000       .194       .607
Int_1          .101       .028      3.560       .000       .045       .157   ①

Product terms key:
 Int_1    :        X        x        M

Test(s) of highest order unconditional interaction(s):
       R2-chng          F        df1        df2          p
X*W       .010     12.674      1.000    196.000       .000
----------
    Focal predict: X        (X)
          Mod var: M        (W)

Conditional effects of the focal predictor at values of the moderator(s): ②

          M     Effect         se          t          p       LLCI       ULCI
      1.343       .070       .066      1.060       .291      -.061       .201
      2.702       .208       .052      3.965       .000       .105       .311
      4.060       .346       .064      5.411       .000       .220       .472
```

[그림 10.18] 프로세스 매크로를 통한 조절효과 분석결과

Moderator value(s) defining Johnson-Neyman significance region(s):

Value	% below	% above
1.803	27.000	73.000 ③

Conditional effect of focal predictor at values of the moderator:

	M	Effect	se	t	p	LLCI	ULCI
	1.000	.036	.073	.490	.625	-.108	.179
	1.200	.056	.069	.810	.419	-.080	.192
④	1.400	.076	.065	1.164	.246	-.053	.205
	1.600	.096	.062	1.550	.123	-.026	.219
	1.800	.117	.059	1.967	.051	.000	.234
	1.803	.117	.059	1.972	.050	.000	.234
	2.000	.137	.057	2.407	.017	.025	.249
	2.200	.157	.055	2.862	.005	.049	.265
	2.400	.177	.053	3.317	.001	.072	.283
	2.600	.198	.053	3.754	.000	.094	.302
	2.800	.218	.052	4.158	.000	.115	.321
	3.000	.238	.053	4.512	.000	.134	.342
	3.200	.258	.054	4.806	.000	.152	.364
	3.400	.279	.055	5.038	.000	.170	.388
⑤	3.600	.299	.057	5.208	.000	.186	.412
	3.800	.319	.060	5.325	.000	.201	.437
	4.000	.339	.063	5.397	.000	.215	.463
	4.200	.360	.066	5.433	.000	.229	.490
	4.400	.380	.070	5.441	.000	.242	.518
	4.600	.400	.074	5.429	.000	.255	.546
	4.800	.420	.078	5.403	.000	.267	.574
	5.000	.441	.082	5.367	.000	.279	.603

*********************** ANALYSIS NOTES AND ERRORS ************************

Level of confidence for all confidence intervals in output:
95.0000

W values in conditional tables are the mean and +/- SD from the mean.

[그림 10.19] 프로세스 매크로를 통한 조절효과 분석결과

■ 분석결과 논문에 적용하기

프로세스 매크로를 통한 조절효과 분석결과 **[그림 10.18]**, **[그림 10.19]**와 같다. OUTCOME VARIABLE에서 ①의 경우 독립변수와 종속변수 사이에서 조절효과에 대한 상호작용항의 결과이다. 상호작용항인 Int_1의 경우 유의확률(p)은 .000으로 .05보다 낮게 나타나 통계적으로 유의한 것으로 나타났다.

조절효과를 해석하는 방법은 총 두 가지로 특정 값을 기준으로 해석하는 방법과 Johnson-Neyman을 기준으로 해석하는 방법이 있다. ②의 결과는 특정 값이고 ③의 결과는 Johnson-Neyman이다.

먼저 특정 값 방법을 살펴보면 ②에서 M은 조절변수인 신뢰성 수준이며, Effect는 독립변수인 만족도가 종속변수 재방문의도에 미치는 영향이다. M, 신뢰성 수준의 경우 신뢰성이 낮은 수준(1.343), 중간 수준(2.702), 높은 수준(4.060)으로 분류할 수 있으며, 조절변수인 신뢰성이 낮으면 독립변수인 만족도가 종속변수인 재방문의도에 미치는 영향은 .070이고, 중간이면 영향력은 .208, 높으면 영향력은 .346이다.

해석의 경우 신뢰성이 낮으면 만족도가 1증가할 때마다 재방문의도가 .070 증가하고 신뢰성이 중간이면 만족도가 1증가할 때마다 재방문의도가 .208 증가한다. 신뢰성이 높으면 만족도가 1증가할 때마다 재방문의도가 .346 증가한다. 즉, 신뢰성 수준에 따라서 만족도가 재방문의도에 미치는 영향은 차이가 있다.

유의확률(p)의 경우 신뢰성이 낮으면 .291으로 .05보다 높게 나타나 통계적으로 유의하지 않고, 중간이거나 높으면 .000으로 .05보다 낮게 나타나 통계적으로 유의하다. 따라서 신뢰성 수준이 높아질수록 만족도가 재방문의도에 미치는 영향력은 증가하며 신뢰성은 정(+)의 조절효과가 있다.

Johnson-Neyman 방법도 비슷하다. ③에서 유의확률(p)이 중간으로 올라갈수록 비 유의했던 것이 유의하게 변화한다. ④는 신뢰성이 낮은 수준으로 만족도가 재방문의도에 미치는 영향은 통계적으로 유의하지 않다. 반면 ⑤는 중간이거나 높은 수준으로 만족도가 재방문의도에 미치는 영향은 통계적으로 유의하다. 따라서 신뢰성 수준이 높아질수록 만족도가 재방문의도에 미치는 영향력은 증가하며 신뢰성은 정(+)의 조절효과가 있다.

만족도가 재방문의도에 미치는 영향에 있어 신뢰성의 조절효과 분석결과

1) 특정 값 방법으로 해석

신뢰성이 만족도와 재방문의도 간의 관계에서 조절역할을 하는지 확인하기 위해서 SPSS의 Process Macro 1번 모델을 사용하여 분석을 실시하였다. 분석결과 **<표 1>**과 같이 만족도와 신뢰성의 상호작용항이 통계적으로 유의한 것으로 나타났다(B=.101, t=3.560, p=.000).

<표 1> 만족도가 재방문의도에 미치는 영향에 있어 신뢰성의 조절효과

구분	B	se	t	P	LLCI	ULCI
constant	.821	.282	2.916	.004	.266	1.376
만족도	−.066	.095	−.692	.490	−.253	.121
신뢰성	.400	.105	3.820	.000	.194	.607
만족도×신뢰성	.101	.028	3.560	.000	.045	.157

이어 신뢰성의 조건부 효과 탐색을 위해 특정 값 선택방법을 사용하여 조절효과를 탐색하였다. 그 결과는 **<표 2>**와 같이 신뢰성이 −1SD일 경우 통계적으로 유의하지 않게 나타나 만족도는 재방문의도에 영향을 미치지 못한다(B=.070, p>.05). 반면 신뢰성이 평균일 경우 통계적으로 유의하게 나타났으며, 만족도는 재방문의도에 정(+)의 영향을 미친다(B=.208, p=.000). 신뢰성이 +1SD일 경우도 통계적으로 유의하게 나타났으며, 만족도는 재방문의도에 정(+)의 영향을 미친다(B=.346, p=.000). 즉, 신뢰성이 높아질수록 만족도가 재방문의도에 미치는 영향은 증가하기 때문에 신뢰성은 정(+)의 조절효과가 있다고 볼 수 있다.

<표 2> 만족도가 재방문의도에 미치는 영향에 있어 신뢰성의 특정 값 분석결과

신뢰성		Effect	se	t	P	LLCI	ULCI
−SD	1.343	.070	.066	1.060	.291	−.061	.201
M	2.702	.208	.052	3.965	.000	.105	.311
+SD	4.060	.346	.064	5.411	.000	.220	.472

2) Johnson-Neyman 방법으로 해석

신뢰성이 만족도와 재방문의도 간의 관계에서 조절역할을 하는지 확인하기 위해서 SPSS의 Process Macro 1번 모델을 사용하여 95% 신뢰구간에서 5,000번 반복 추출하여 분석을 실시하였다. 분석결과 **〈표 1〉**과 같이 만족도와 신뢰성의 상호작용항이 통계적으로 유의한 것으로 나타났다(B=.101, t=3.560, p=.000).

〈표 1〉 만족도가 재방문의도에 미치는 영향에 있어 신뢰성의 조절효과

구분	B	se	t	P	LLCI	ULCI
constant	.821	.282	2.916	.004	.266	1.376
만족도	−.066	.095	−.692	.490	−.253	.121
신뢰성	.400	.105	3.820	.000	.194	.607
만족도×신뢰성	.101	.028	3.560	.000	.045	.157

이어 신뢰성의 조건부 효과 탐색을 위해 Johnson-Neyman 방법을 사용하여 조절효과를 탐색하였다. 그 결과는 **〈표 2〉**와 같이 신뢰성이 1.000(B=.036, t=.490, p>.05)~1.803(B=.117, t=1.972, p>.05) 이하일 경우 통계적으로 유의하지 않게 나타나 만족도가 재방문의도 영향을 미치지 못한다.

반면 신뢰성이 2.000(B=.137, t=.057, p=.017) 이상일 경우 통계적으로 유의하게 나타나 만족도가 재방문의도에 유의한 영향을 미친다고 할 수 있다. 즉, 신뢰성이 높아질수록 만족도가 재방문의도에 미치는 영향은 증가하기 때문에 신뢰성은 정(+)의 조절효과가 있다.

〈표 2〉 만족도가 재방문의도에 미치는 영향에 있어 신뢰성의 Johnson-Neyman 분석결과

신뢰성	Effect	se	t	p	LLCI	ULCI
1.000	.036	.073	.490	.625	−.108	.179
1.200	.056	.069	.810	.419	−.080	.192
1.400	.076	.065	1.164	.246	−.053	.205
1.600	.096	.062	1.550	.123	−.026	.219
1.800	.117	.059	1.967	.051	.000	.234
1.803	.117	.059	1.972	.050	.000	.234
2.000	**.137**	**.057**	**2.407**	**.017**	**.025**	**.249**
2.200	**.157**	**.055**	**2.862**	**.005**	**.049**	**.265**
2.400	**.177**	**.053**	**3.317**	**.001**	**.072**	**.283**
2.600	**.198**	**.053**	**3.754**	**.000**	**.094**	**.302**
2.800	**.218**	**.052**	**4.158**	**.000**	**.115**	**.321**
3.000	**.238**	**.053**	**4.512**	**.000**	**.134**	**.342**
3.200	**.258**	**.054**	**4.806**	**.000**	**.152**	**.364**
3.400	**.279**	**.055**	**5.038**	**.000**	**.170**	**.388**
3.600	**.299**	**.057**	**5.208**	**.000**	**.186**	**.412**
3.800	**.319**	**.060**	**5.325**	**.000**	**.201**	**.437**
4.000	**.339**	**.063**	**5.397**	**.000**	**.215**	**.463**
4.200	**.360**	**.066**	**5.433**	**.000**	**.229**	**.490**
4.400	**.380**	**.070**	**5.441**	**.000**	**.242**	**.518**
4.600	**.400**	**.074**	**5.429**	**.000**	**.255**	**.546**
4.800	**.420**	**.078**	**5.403**	**.000**	**.267**	**.574**
5.000	**.441**	**.082**	**5.367**	**.000**	**.279**	**.603**

3. 직렬 다중매개분석

프로세스 매크로를 통한 직렬 다중매개분석은 일반적인 매개효과 분석의 개념과 동일하다. 다만 매개변수가 1개가 아닌 2개 이상일 경우 다중매개분석을 실시한다. 다중매개모델의 경우 직렬 다중매개모델(serial multiple mediator model)과 병렬 다중매개모델(parallel multiple mediator model)이 있다.

직렬 다중매개 분석의 경우 매개변수끼리 인과관계가 존재할 때 실시하는 방법이고, 병렬 다중매개분석의 경우 매개변수끼리 인과관계가 존재하지 않을 때 실시하는 방법이다. 병렬 다중매개의 경우 앞서 살펴보면(p.267) 매개효과 4번 모델을 통해 분석 가능하다.

[직렬 다중매개 예]

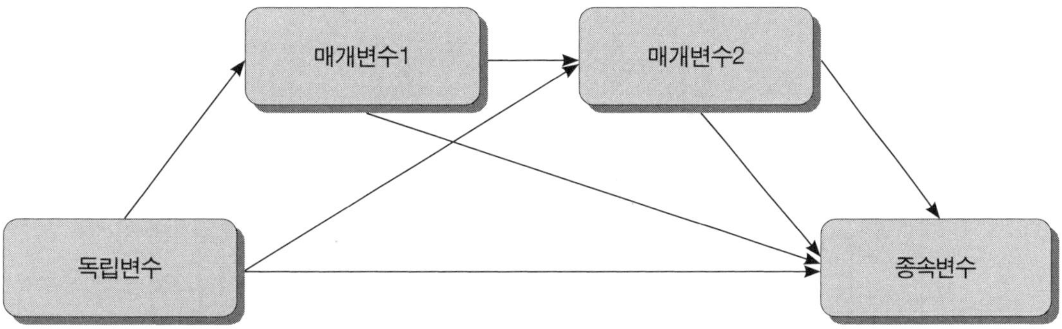

[병렬 다중매개 예]

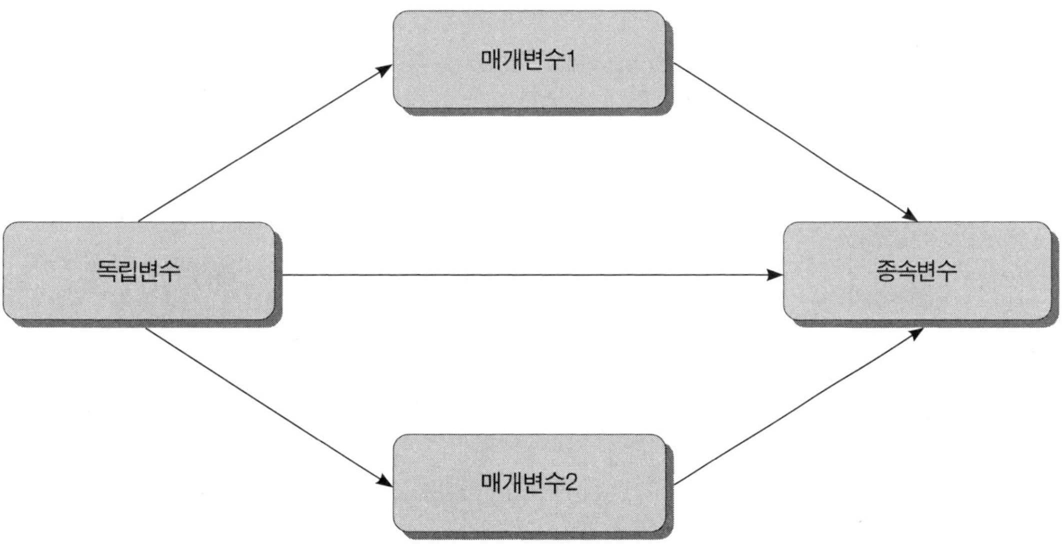

직렬 다중매개분석의 경우 프로세스 매크로 6번 모델이며, 6번 모델의 경우 매개변수가 두 개일 때(2mediators), 세 개일 때(3mediators), 네 개일 때(4mediators) 총 세 가지로 분류된다. 세 가지 모델의 분석 방법은 동일하며, 투입하는 매개변수의 개수만 다르다. 실습의 경우 2개의 매개변수를 투입하여 진행해본다.

[PROCESS macro 직렬 다중매개분석 모형, 모델 6번(2mediators)]

Model 6
(2 mediators)

Conceptual Diagram

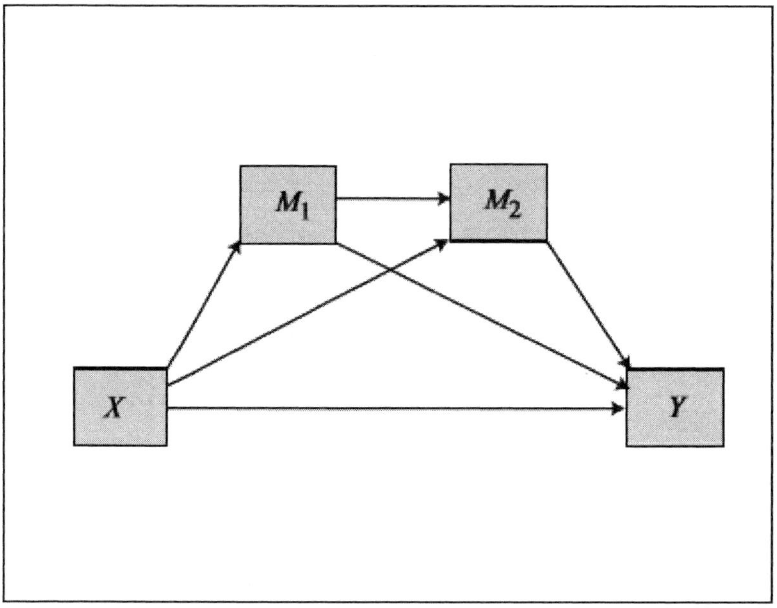

분석결과를 확인하고 해석하기 위해 연구가설을 설정한 후 실습을 진행해보자.

[연구가설]

가설1) 만족도가 재방문의도에 미치는 영향은 신뢰성과 공감성에 의해 다중 매개될 것이다.

- 독립변수 : 만족도
- 종속변수 : 재방문의도
- 매개변수1 : 신뢰성(M1)
- 매개변수2 : 공감성(M2)

1 '16_다중매개효과.SAV' 파일을 실행시킨다.

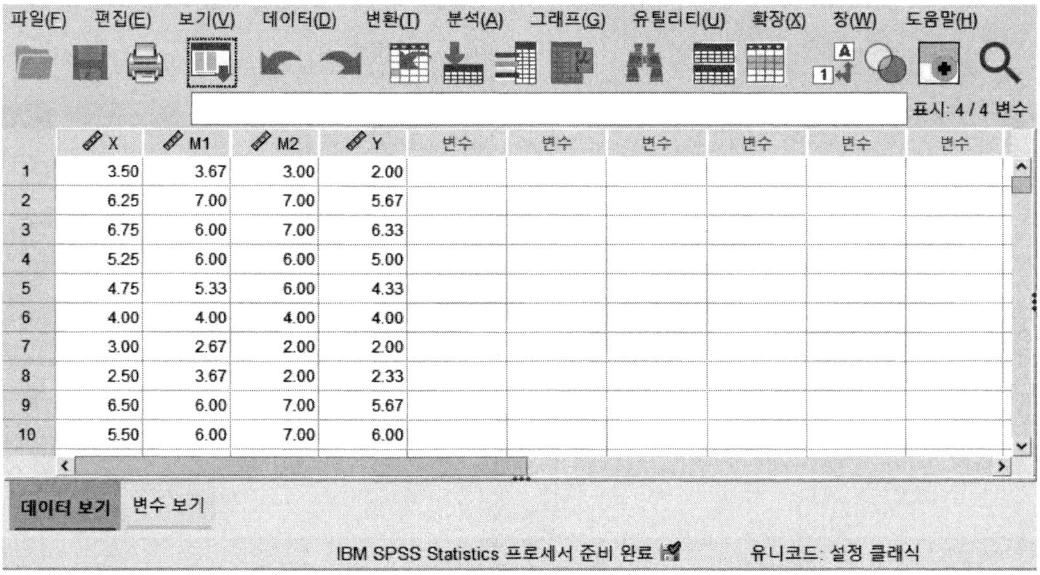

[그림 10.20]

프로세스 매크로의 경우 한글을 인식하지 못함. 따라서 독립변수인 만족도는 X, 매개변수 신뢰성과 공감성은 M1, M2, 종속변수 재방문의도는 Y로 표기하고 변수명은 레이블에 작성함.

2 분석 → 회귀분석 → PROCESS v4.1 by Andrew F. Hayes를 클릭한다.

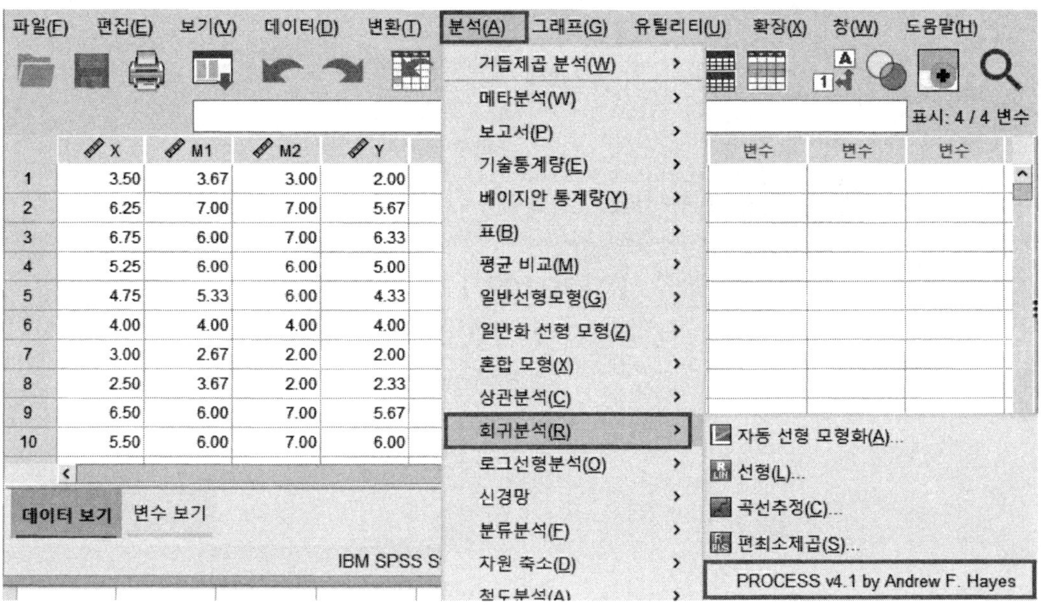

[그림 10.21] 프로세스 매크로를 통한 다중 매개효과분석 실시하기

3 ① Y variable에 종속변수 재방문의도 이동 → ② X variable에 독립변수 만족도 이동 → ③ Mediator(s) M에 매개변수 신뢰성과 공감성 이동 → ④ Model number를 6번으로 설정 → ⑤ options를 클릭한다.

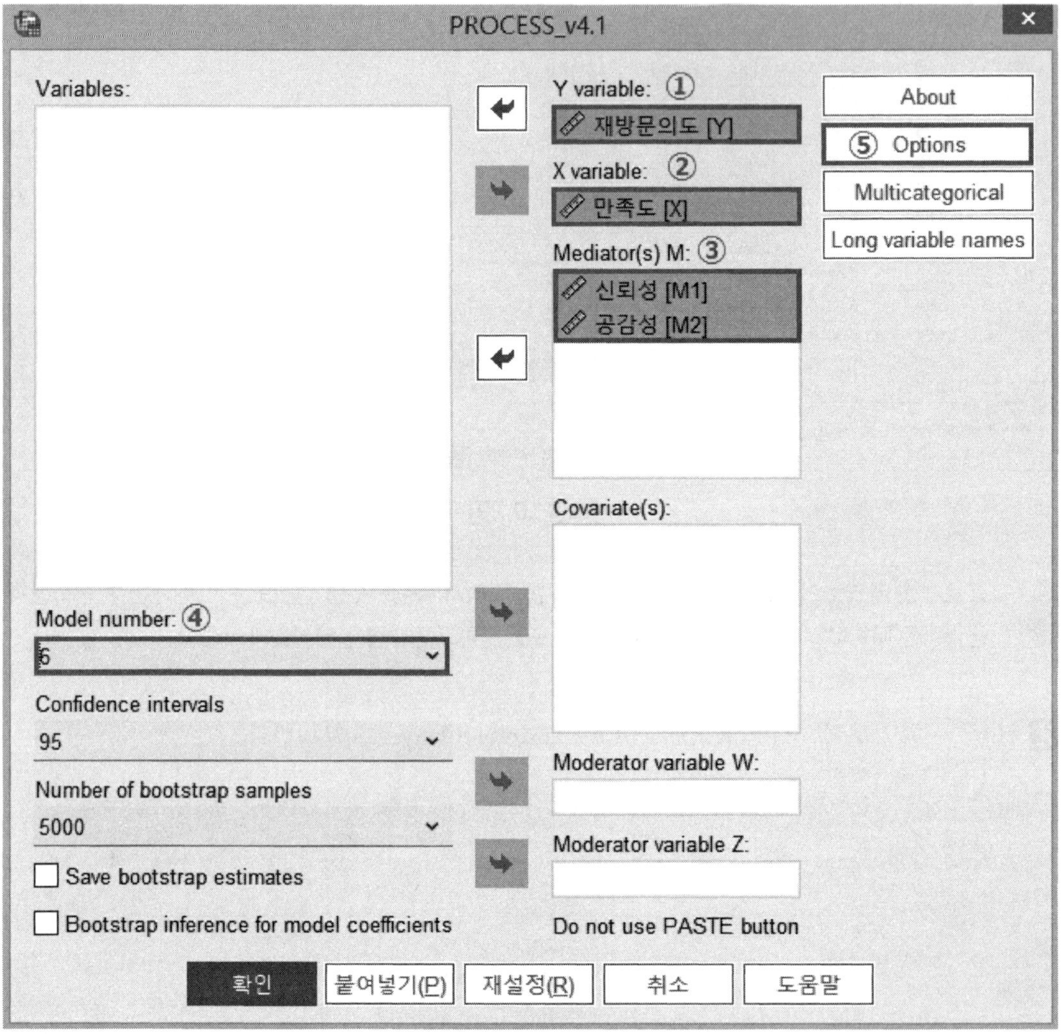

[그림 10.22]

통제해야할 통제변수가 있다면 Covariate(s)에 넣으면 된다.

4 Decimal places in output를 3으로 설정(소수점 설정) → if p<.05 설정 → 계속을 클릭한다.

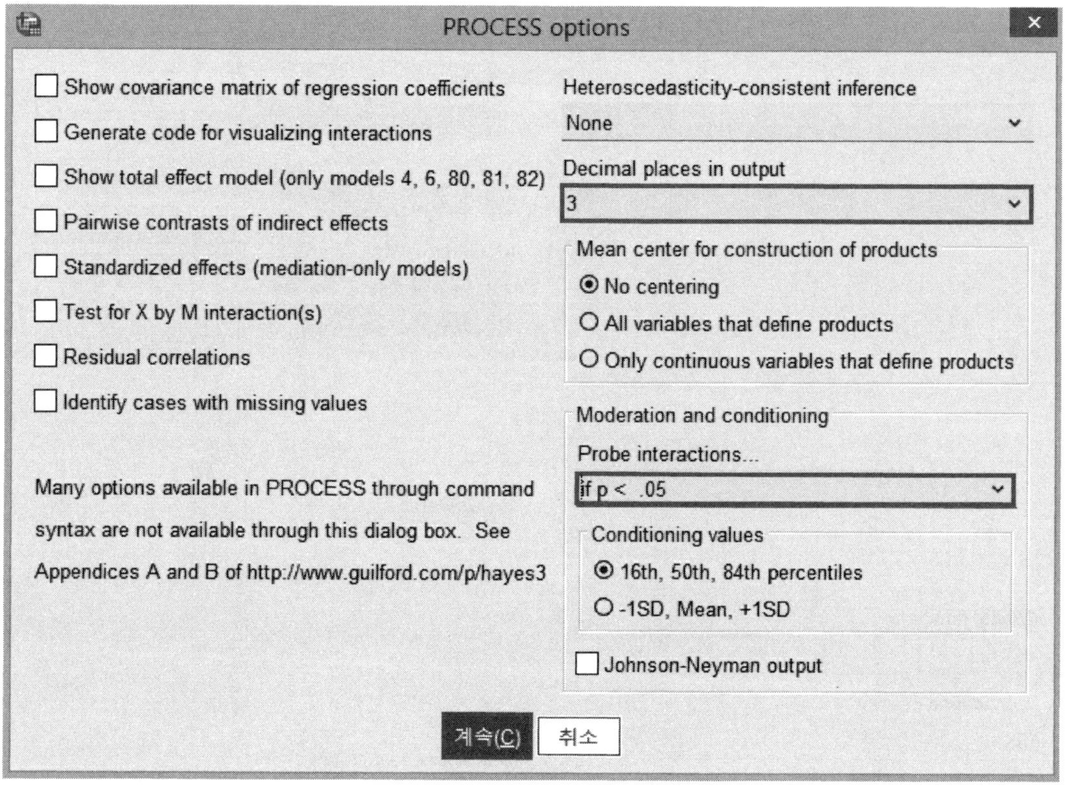

[그림 10.23]

[옵션내용]

- Show total effect model(only models 4, 6, 80, 81, 82) : 총 효과, 직접효과, 간접효과
- Effect size(mediation-only models) : 효과크기
- Standardized coefficients(mediation-only-models) : 표준화 계수

Standardized coefficients(mediation-only-models)를 체크하면 결과에서 표준화 계수를 확인할 수 있다. 표준화 계수의 경우 계수들을 비교할 때 사용하는데 매개효과에서는 간접효과가 중요하기 때문에 표준화 계수는 별도로 해석할 필요가 없다. 총 효과, 직접효과, 간접효과, 효과크기도 해석할 필요가 없으므로 별도로 체크하지 않았다. 만약 해당 결과 값들을 확인하고 싶으면 옵션을 체크한 후 분석을 진행하면 된다.

5 확인을 클릭한다.

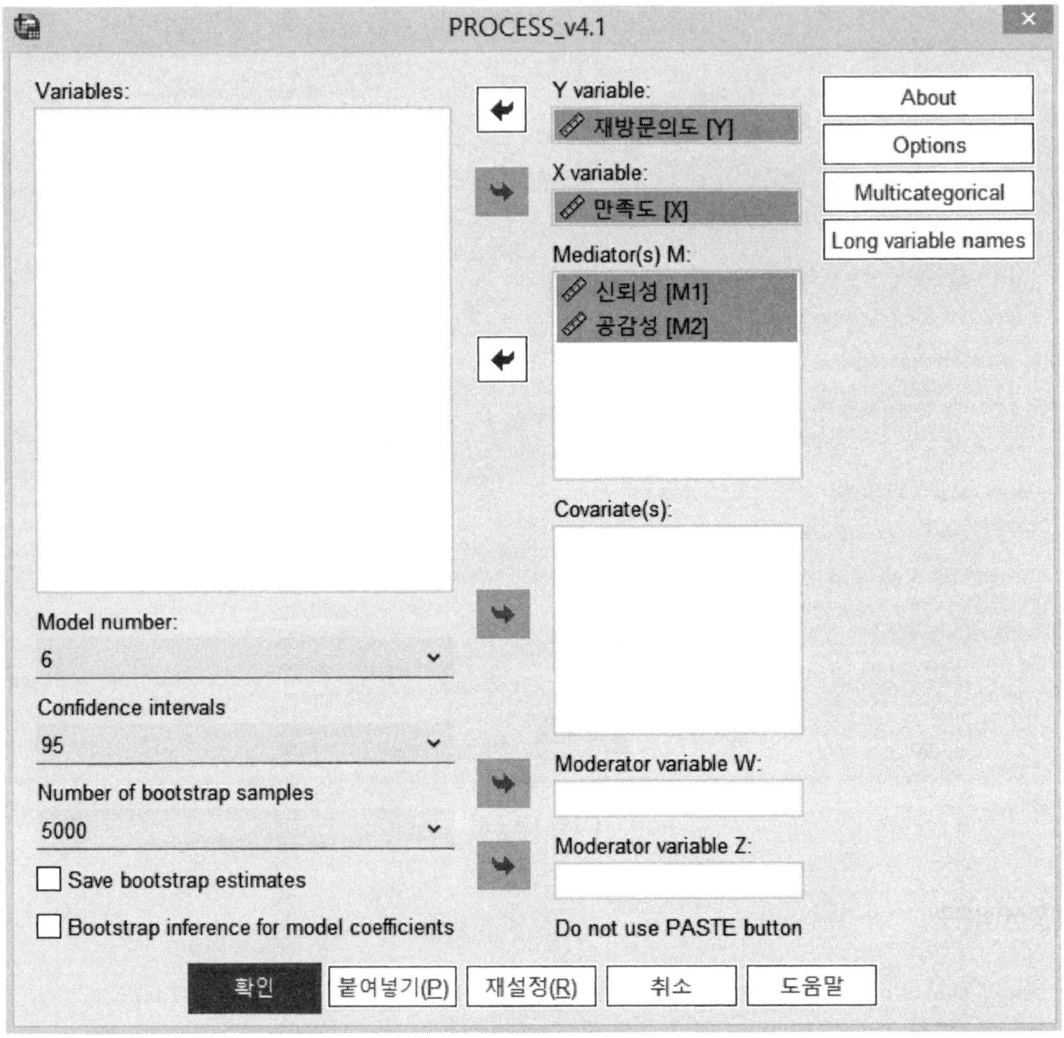

[그림 10.24]

6 출력결과를 확인한다.

```
OUTCOME VARIABLE:
 M1

Model Summary
          R       R-sq        MSE          F        df1        df2          p
       .637       .405      1.093     76.293      1.000    112.000       .000

Model
              coeff         se          t          p       LLCI       ULCI
constant      2.023       .380      5.321       .000      1.269      2.776
X              .658       .075      8.735       .000       .509       .807   ①

******************************************************************************
OUTCOME VARIABLE:
 M2

Model Summary
          R       R-sq        MSE          F        df1        df2          p
       .865       .748       .507    164.713      2.000    111.000       .000

Model
              coeff         se          t          p       LLCI       ULCI
constant      -.072       .290      -.247       .805      -.646       .503
X              .618       .067      9.282       .000       .486       .750   ②
M1             .394       .064      6.120       .000       .266       .521

******************************************************************************
OUTCOME VARIABLE:
 Y

Model Summary
          R       R-sq        MSE          F        df1        df2          p
       .764       .584       .814     51.372      3.000    110.000       .000

Model
              coeff         se          t          p       LLCI       ULCI
constant       .698       .367      1.899       .060      -.030      1.426
X             -.029       .112      -.260       .796      -.252       .194
M1             .533       .094      5.655       .000       .346       .720   ③
M2             .309       .120      2.567       .012       .070       .547
```

[그림 10.25] 프로세스 매크로를 통한 다중매개효과 분석결과

```
****************** DIRECT AND INDIRECT EFFECTS OF X ON Y *****************

Direct effect of X on Y
    Effect       se        t         p      LLCI      ULCI
    -.029      .112    -.260      .796     -.252      .194          ④

Indirect effect(s) of X on Y:
          Effect   BootSE  BootLLCI  BootULCI
TOTAL      .622     .112     .398      .840
Ind1       .351     .088     .138      .495
Ind2       .191     .087     .042      .386                          ⑤
Ind3       .080     .046     .015      .194

Indirect effect key:
Ind1 X        ->   M1       ->   Y
Ind2 X        ->   M2       ->   Y                                  ⑥
Ind3 X        ->   M1       ->   M2       ->   Y

*********************** ANALYSIS NOTES AND ERRORS ************************

Level of confidence for all confidence intervals in output:
  95.0000

Number of bootstrap samples for percentile bootstrap confidence intervals:
  5000
```

[그림 10.26] 프로세스 매크로를 통한 다중매개효과 분석결과

■ 분석결과 논문에 적용하기

프로세스 매크로를 통한 다중매개효과 분석결과 **[그림 10.25]**, **[그림 10.26]**과 같다. OUTCOME VARIABLE에서 ①의 경우 독립변수가 매개변수에 미치는 영향에 대한 결과 값이다. 유의확률(p)의 경우 .000으로 .05보다 낮게 나타나 통계적으로 유의한 것으로 나타났다. 즉, 독립변수인 만족도는 매개변수인 신뢰성에 유의한 영향을 준다.

OUTCOME VARIABLE에서 ②의 경우 독립변수와 매개변수가 또 다른 매개변수에 미치는 영향에 대한 결과 값이다. 유의확률(p)이 모두 .000으로 .05보다 낮게 나타나 통계적으로 유의한 것으로 나타났다. 즉, 독립변수인 만족도와 매개변수인 신뢰성은 또 다른 매개변수인 공감성에 유의한 영향을 준다.

OUTCOME VARIABLE에서 ③의 경우 독립변수와 두 개의 매개변수가 종속변수에 미치는 영향에 대한 결과 값이다. 독립변수인 만족도의 경우 유의확률(p)이 .769으로 .05보다

높게 나타나 통계적으로 유의하지 않은 것으로 나타났으며, 매개변수인 신뢰성과 공감성은 유의확률(p)이 .000, .012로 모두 .05보다 낮게 나타나 통계적으로 유의한 것으로 나타났다. 즉, 독립변수인 만족도는 종속변수인 재방문의도에 직접적으로 유의한 영향을 주지 못한다. 반면 매개변수인 신뢰성과 공감성은 재방문의도에 정(+)의 유의한 영향을 준다.

Direct effect of X on Y의 ④의 경우 직접효과를 말한다. Indirect effect(s) of X on Y의 ⑤의 경우 간접효과를 말한다. 직접효과의 경우 유의확률(p)이 .796으로 .05보다 높게 나타나 통계적으로 유의하지 않은 것을 알 수 있다.

⑥의 경우 매개효과의 경로를 나타낸다. 총 세 가지의 매개효과 경로를 확인할 수 있다. Ind1의 경우 만족도 → 신뢰성 → 재방문의도에 대한 경로이며, Ind2의 경우 만족도 → 공감성 → 재방문의도에 대한 경로이다. 마지막으로 Ind3의 경우 만족도 → 신뢰성 → 공감성 → 재방문의도에 대한 경로이다.

매개효과를 확인하는 간접효과의 경우는 유의확률이 별도로 출력되지 않는다. 따라서 간접효과가 통계적으로 유의한지 확인하기 위해서는 BootLLCI와 BootULCI를 통해 확인해야 한다. 확인하는 방법은 BootLLCI와 BootULCI값 사이에 0이 존재하지 않으면 통계적으로 유의하다고 판단한다.

⑤의 Ind1의 BootLLCI와 BootULCI의 경우 .141~.487이며, Ind2의 경우 .039~.369이다. Ind3의 경우 .015~.196이다. 세 가지 경로 모두 BootLLCI와 BootULCI 사이에 0이 존재하지 않기 때문에 간접효과는 모두 통계적으로 유의하다고 할 수 있다.

해당 결과를 정리하면 직접효과는 유의하지 않게 나타났고, 간접효과만 유의하게 나타났다. 독립변수인 만족도는 종속변수인 재방문의도에 직접적으로 영향을 미치지 못하고, 매개변수인 신뢰성과 공감성을 통해 재방문의도에 정(+)의 영향을 미치는 것을 알 수 있다. 즉, 매개변수인 신뢰성과 공감성은 독립변수와 종속변수 사이에서 정(+)의 매개효과 및 다중매개효과가 있다.

만족도가 재방문의도에 미치는 영향에 있어 신뢰성과 공감성의 다중매개효과 분석결과

신뢰성과 공감성이 만족도와 재방문의도 간의 관계에서 다중매개역할을 하는지 확인하기 위해서 SPSS의 Process Macro 6번 모델로 부트스트랩핑(bootstrapping) 분석을 사용하여 95% 신뢰구간에서 5,000번 반복 추출하여 분석을 실시하였다.

먼저 각 경로들의 유의성을 검증하였으며 분석 결과는 **<표 1>**과 같다. 먼저 만족도의 경우 신뢰성(B=.658, p=.000)과 공감성(B=.618, p=.000)에 정(+)의 영향을 미치는 것으로 나타났다. 또한 신뢰성의 경우 공감성(B=.394, p=.000)에 정(+)의 영향을 미치는 것으로 나타났다. 만족도의 경우 재방문의도(B=−.029, p>.05)에 유의한 영향을 미치지 못하는 것으로 나타났으며, 신뢰성(B=.533, p=.000)과 공감성(B=.309, p=.012)은 재방문의도에 정(+)의 영향을 미치는 것으로 나타났다.

〈표 1〉 만족도, 신뢰성, 공감성, 재방문의도 경로에 대한 분석결과

경로	B	se	t	P	LLCI	ULCI
만족도 → 신뢰성	.658	.075	8.735	.000	.590	.807
만족도 → 공감성	.618	.067	9.282	.000	.486	.750
신뢰성 → 공감성	.394	.064	6.120	.000	.266	.521
만족도 → 재방문의도	−.029	.112	−.260	.796	−.252	.194
신뢰성 → 재방문의도	.533	.094	5.655	.000	.346	.720
공감성 → 재방문의도	.309	.120	2.567	.012	.070	.547

이어 만족도가 재방문의도에 영향을 미치는데 있어 신뢰성과 공감성의 간접효과를 검증하였다. 분석 결과 **〈표 2〉**와 같이 만족도가 신뢰성을 경유하여 재방문의도 미치는 간접효과는 .351으로 나타났으며, BootLLCI와 BootULCI는 .138~.495로 0을 포함하지 않고 있어 통계적으로 유의하다. 만족도가 공감성을 경유하여 재방문의도 미치는 간접효과는 .191으로 나타났으며, BootLLCI와 BootULCI는 .042~.386으로 0을 포함하지 않고 있어 통계적으로 유의하다.

마지막으로 만족도가 신뢰성과 공감성을 경유하여 재방문의도에 미치는 간접효과는 .080으로 나타났으며, BootLLCI와 BootULCI는 .015~.194으로 0을 포함하지 않고 있어 통계적으로 유의하다. 즉, 만족도는 재방문의도에 직접적인 영향을 주지 못하지만 공감성과 신뢰성을 매개하여 재방문의도에 간접적으로 정(+)의 영향을 준다. 또한 만족도는 공감성과 신뢰성을 다중 매개하여 재방문의도에 간접적으로 정(+)의 영향을 준다.

〈표 2〉 간접효과 분석결과

경로	Effect	BootSE	BootLLCI	BootULCI
만족도 → 신뢰성 → 재방문의도	.351	.088	.138	.495
만족도 → 공감성 → 재방문의도	.191	.087	.042	.386
만족도 → 신뢰성 → 공감성 → 재방문의도	.080	.046	.015	.194

4. 조건부 과정분석·조절된 매개와 매개된 조절분석

조건부 과정 분석(conditional process analysis)은 앞서 살펴본 매개분석과 조절분석을 통합한 분석기법이다. 일반적인 매개분석은 독립변수가 매개변수를 경유하여 종속변수에 미치는 영향을 확인할 수 있다. 하지만 이러한 효과는 소비자들의 심리나 특정 조건에 의하여 조절될 수 있다.

사람들의 태도와 행동은 매우 다양하고 복잡하기에 어떠한 통계 모형을 사용하여 분석한다고 해도 그 결과가 정확하다고 볼 수 없다. 특히 매개과정의 경우 특정한 상황(조절변수)에 의해 영향력에 차이가 나타날 수 있다. 따라서 매개분석과 조절분석을 통합한 조건부 과정 분석을 실시하여 보다 세분화되고 정확한 결과를 도출하는 것이 중요하다.

조건부 과정 분석에서 기본이 되는 틀은 단순매개모형(4번 model)이다. 여기서 독립변수가 매개변수를 경유하여 종속변수에 미치는 영향이 조절변수 조건에 의해 영향을 받기 때문에 조절변수를 조건부(conditional)라고 부르며, 간접효과 또는 매개모형의 경로를 과정(process)이라고 말한다. 조건부 과정 분석에서 대표적인 모델은 조절된 매개(moderated mediation)와 매개된 조절(mediated moderated)이 있으며, PROCESS macro에서는 7번과 8번 모델이다.

[PROCESS macro 조건부 과정 분석 모형]

조절된 매개 7번 모델	매개된 조절 8번 모델
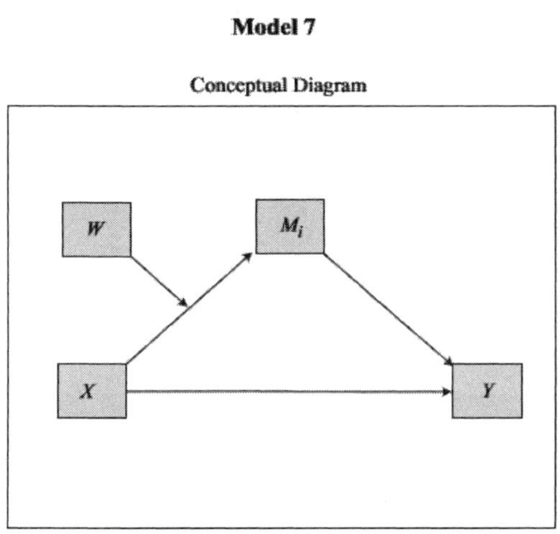	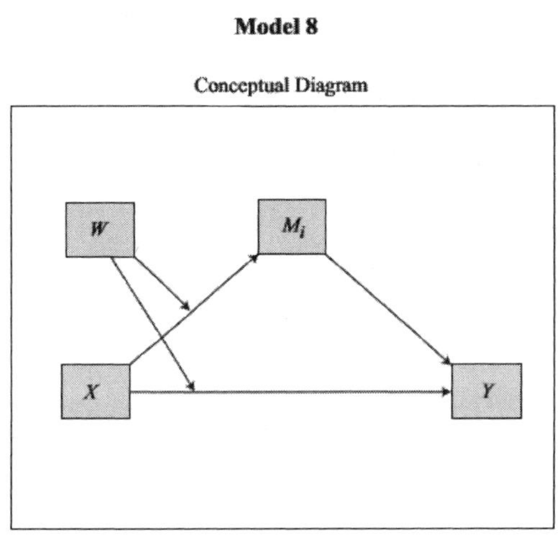

조절된 매개의 경우 독립변수가 매개변수를 경유해서 종속변수에 영향을 미치는 간접효과 경로에 조절변수가 있다. 반면 매개된 조절의 경우 간접효과 외에 독립변수가 종속변수의 영향을 미치는 직접효과 경로에 조절변수가 하나 더 존재한다. 즉, 둘의 차이점은 직접효과 경로에 조절변수의 존재 여부이다.

조건부 과정 분석에서 조건부 효과의 경우 조건부 간접효과(conditional indirect effect)와 조건부 직접효과(conditional direct effect)가 있다. 조절된 매개의 경우 독립변수가 매개변수를 경유하여 종속변수에 미치는 간접효과 경로에 조절변수가 존재하기 때문에 조건부 간접효과만 확인가능하다. 반면 매개된 조절의 경우 독립변수가 종속변수에 미치는 직접효과 경로에도 조절변수가 존재하기 때문에 조건부 간접효과와 직접효과를 모두 확인할 수 있다. 이제 실습을 통한 조건부 과정 분석에 대해 알아본다.

실습의 경우 조절된 매개 7번 모델을 먼저 진행해보자.

[1] PROCESS macro 조절된 매개 7번 모델

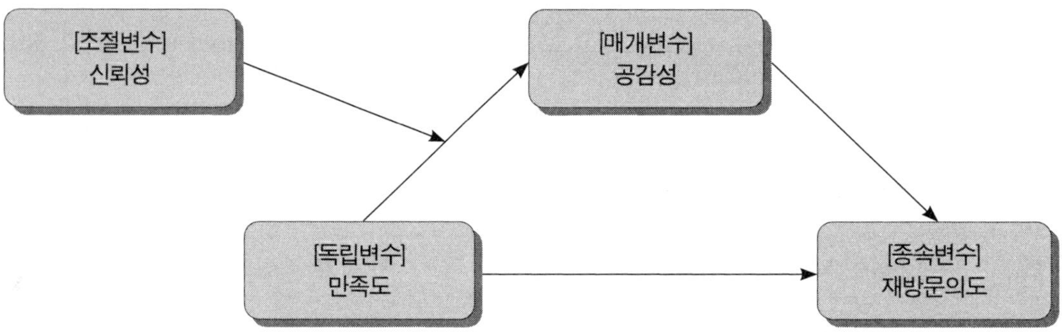

- 독립변수 : 만족도
- 매개변수 : 공감성
- 조절변수 : 신뢰성
- 종속변수 : 재방문의도

1 '17_조절된매개_매개된조절.SAV' 파일을 실행시킨다.

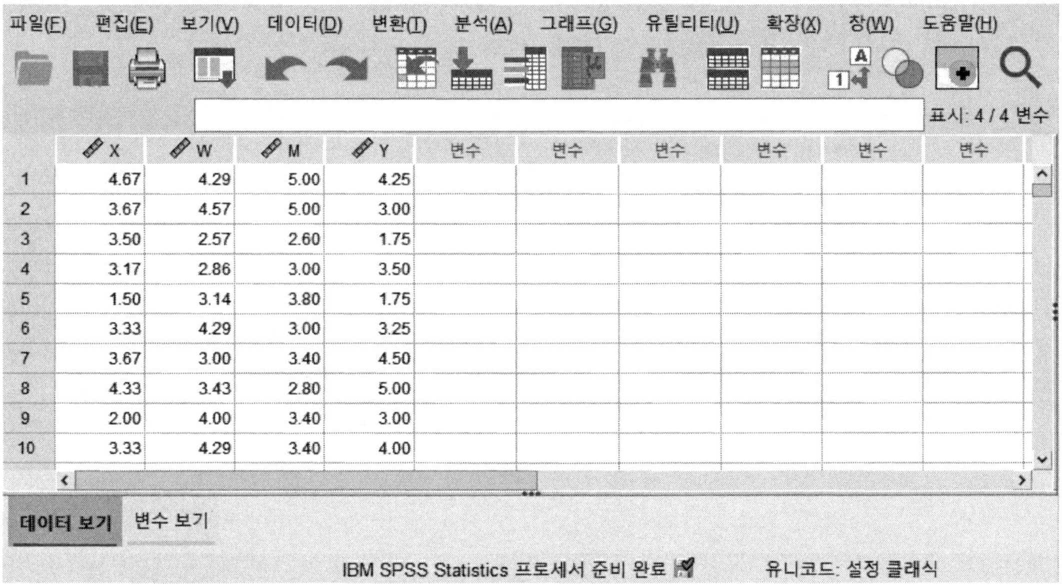

[그림 10.27]

2 분석 → 회귀분석 → PROCESS v4.1 by Andrew F. Hayes를 클릭한다.

[그림 10.28] 프로세스 매크로를 통한 조절된 매개효과 분석 실시하기

3 ① Y variable에 종속변수 재방문의도 이동 → ② X variable에 독립변수 만족도 이동 → ③ Mediator(s) M에 매개변수 공감성 이동 → ④ Moderator variable W에 조절변수인 신뢰성 이동 → ⑤ Model number를 7번으로 설정 → ⑥ options를 클릭한다.

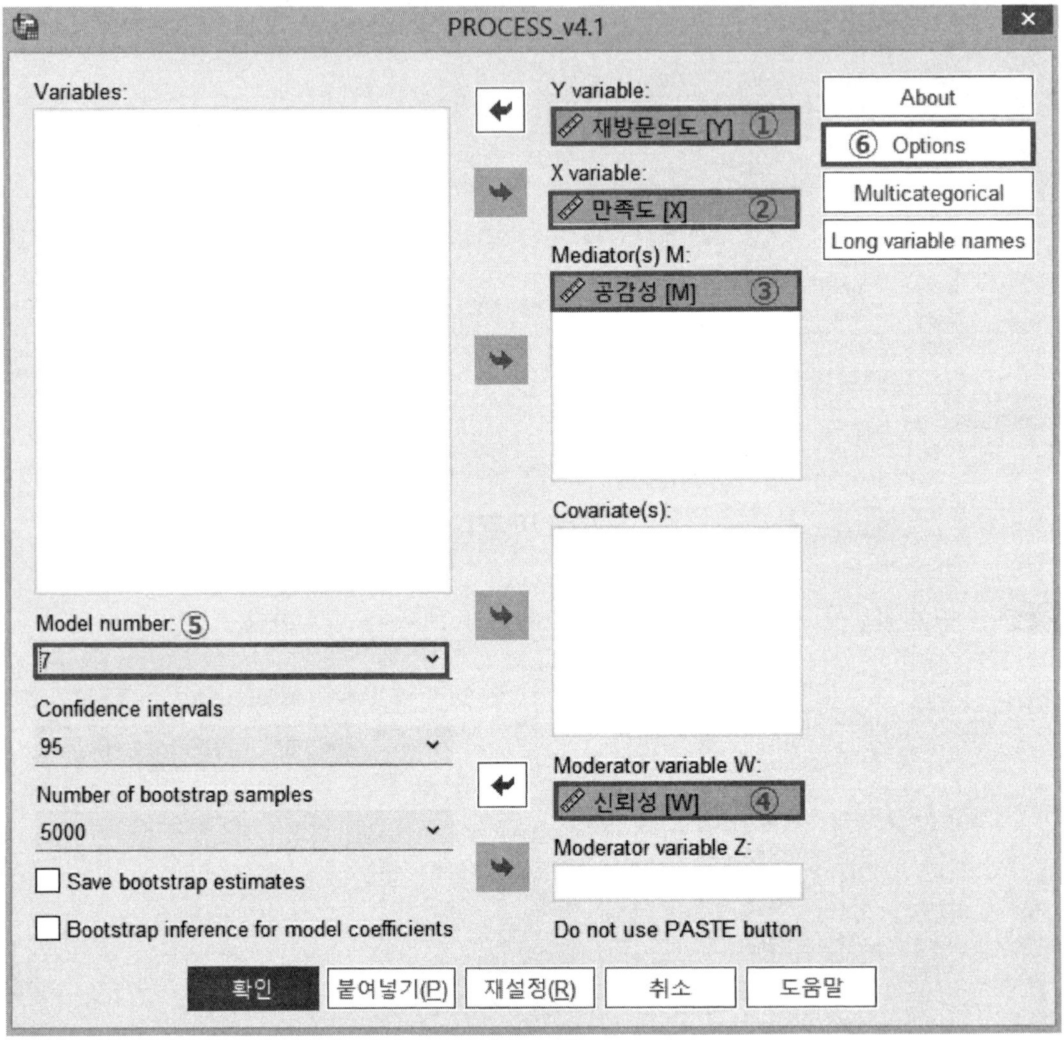

[그림 10.29]

통제해야할 통제변수가 있다면 Covariate(s)에 넣으면 된다.

4 ① Decimal places in output를 3으로 설정(소수점 설정) → ② if p<.05 설정 → ③ −SD, Mean, +1SD 체크 → ④ Johnson-Neyman output 체크 → 계속을 클릭한다.

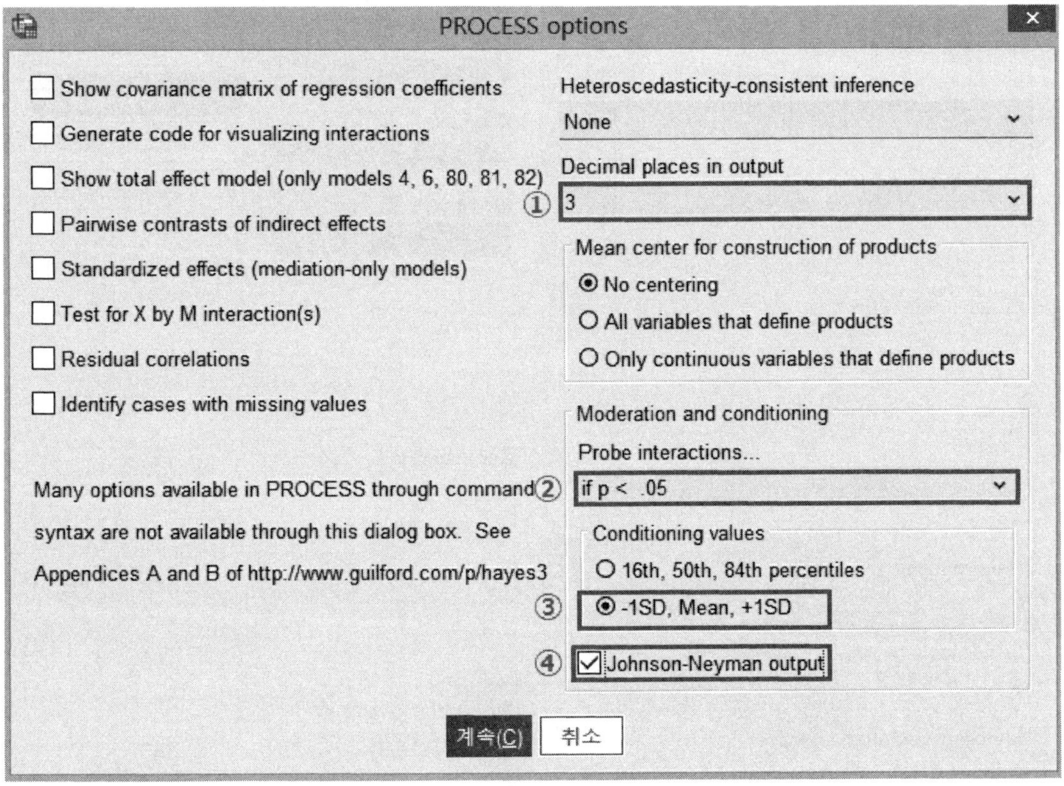

[그림 10.30]

매개효과 및 조절효과 옵션 설정에 관한 설명은 앞에서 살펴본 매개효과 및 조절효과 분석 페이지 참고하면 된다.

5 확인을 클릭한다.

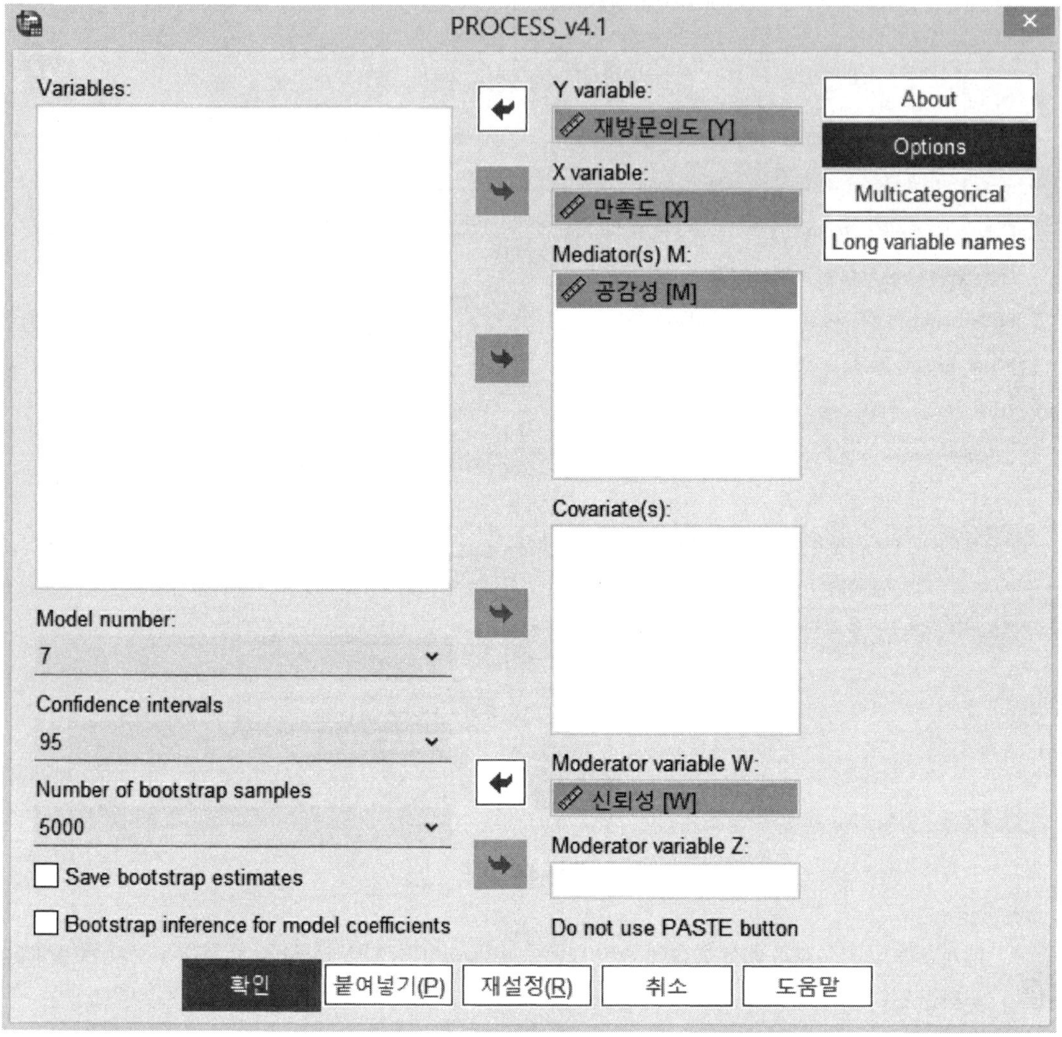

[그림 10.31]

❻ 출력결과를 확인한다.

```
OUTCOME VARIABLE:
 M

Model Summary
          R       R-sq        MSE          F        df1        df2          p
       .410       .168       .747     39.239      3.000    584.000       .000

Model
              coeff         se          t          p       LLCI       ULCI
constant      4.274       .604      7.078       .000      3.088      5.460
X             -.361       .166     -2.180       .030      -.687      -.036
W             -.491       .162     -3.032       .003      -.809      -.173
Int_1          .192       .044      4.369       .000       .106       .278   ①

Product terms key:
 Int_1    :        X        x        W

Test(s) of highest order unconditional interaction(s):
       R2-chng          F        df1        df2          p
X*W       .027     19.086      1.000    584.000       .000
----------
    Focal predict: X        (X)
          Mod var: W        (W)

Conditional effects of the focal predictor at values of the moderator(s):

          W     Effect         se          t          p       LLCI       ULCI
      2.646       .146       .062      2.359       .019       .024       .267
      3.596       .328       .044      7.537       .000       .242       .413   ②
      4.547       .510       .059      8.688       .000       .395       .625

Moderator value(s) defining Johnson-Neyman significance region(s):
      Value    % below    % above
      2.550     12.925     87.075
```

[그림 10.32] 프로세스 매크로를 통한 조절된 매개효과 분석결과

Conditional effect of focal predictor at values of the moderator:

③

W	Effect	se	t	p	LLCI	ULCI
1.143	-.142	.118	-1.205	.229	-.374	.090
1.336	-.105	.110	-.955	.340	-.322	.111
1.529	-.068	.103	-.666	.505	-.270	.133
1.721	-.031	.095	-.331	.741	-.218	.155
1.914	.006	.088	.064	.949	-.166	.178
2.107	.043	.080	.529	.597	-.115	.200
2.300	.079	.073	1.084	.279	-.065	.224
2.493	.116	.067	1.746	.081	-.015	.247
2.550	.127	.065	1.964	.050	.000	.255
2.686	.153	.061	2.534	.012	.035	.272
2.879	.190	.055	3.462	.001	.082	.298
3.071	.227	.050	4.524	.000	.129	.326
3.264	.264	.047	5.674	.000	.173	.356
3.457	.301	.044	6.810	.000	.214	.388
3.650	.338	.043	7.784	.000	.253	.424
3.843	.375	.044	8.470	.000	.288	.462
4.036	.412	.047	8.828	.000	.320	.504
4.229	.449	.050	8.912	.000	.350	.548
4.421	.486	.055	8.811	.000	.378	.594
4.614	.523	.061	8.610	.000	.404	.642
4.807	.560	.067	8.367	.000	.429	.692
5.000	.597	.074	8.114	.000	.452	.742

[그림 10.33] 프로세스 매크로를 통한 조절된 매개효과 분석결과

```
OUTCOME VARIABLE:
 Y

Model Summary
          R       R-sq        MSE          F        df1        df2          p
       .343       .118      1.009     38.974      2.000    585.000       .000

Model
              coeff         se          t          p       LLCI       ULCI
constant      1.808       .217      8.348       .000      1.383      2.233
X              .276       .053      5.220       .000       .172       .380     ④
M              .235       .046      5.082       .000       .144       .326

****************** DIRECT AND INDIRECT EFFECTS OF X ON Y *****************

Direct effect of X on Y
     Effect         se          t          p       LLCI       ULCI           ⑤
       .276       .053      5.220       .000       .172       .380

Conditional indirect effects of X on Y:

INDIRECT EFFECT:
 X          ->    M          ->    Y

          W     Effect     BootSE   BootLLCI   BootULCI
      2.646       .034       .019       .003       .077                      ⑥
      3.596       .077       .019       .043       .119
      4.547       .120       .029       .068       .178

      Index of moderated mediation:
        Index     BootSE   BootLLCI   BootULCI
W        .045       .015       .019       .078
---

*********************** ANALYSIS NOTES AND ERRORS ************************

Level of confidence for all confidence intervals in output:
  95.0000

Number of bootstrap samples for percentile bootstrap confidence intervals:
  5000

W values in conditional tables are the mean and +/- SD from the mean.
```

[그림 10.34] 프로세스 매크로를 통한 조절된 매개효과 분석결과

■ 분석결과 논문에 작성하기

프로세스 매크로를 통한 조절된 매개효과 분석결과 **[그림 10.32]**, **[그림 10.33]**, **[그림 10.34]**와 같다. OUTCOME VARIABLE에서 ①의 경우 아래 **[그림 10.35]**의 부분이며, 독립변수와 내개변수 사이에서 조절효과에 대한 상호작용항의 결과이다. 상호작용항인 Int_1의 경우 유의확률(p)은 .000으로 .05보다 낮게 나타나 통계적으로 유의한 것으로 나타났다.

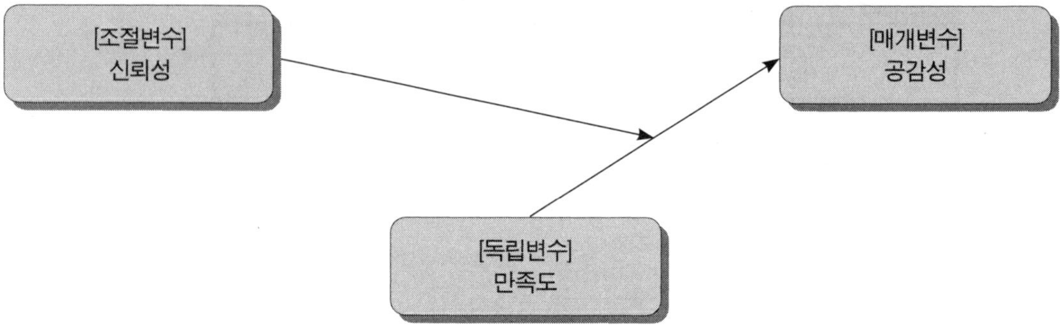

[그림 10.35]

앞서 조절효과 분석에서 설명했듯이 조절효과를 해석하는 방법은 총 두 가지로 특정 값을 기준으로 해석하는 방법과 Johnson-Neyman을 기준으로 해석하는 방법이 있다. ②의 결과는 특정 값이고 ③의 결과는 Johnson-Neyman이다.

특정 값 방법을 살펴보면 ②에서 W는 조절변수인 신뢰성 수준이며, Effect는 독립변수인 만족도가 종속변수(매개변수) 공감성에 미치는 영향이다. 신뢰성 수준의 경우 신뢰성이 낮은 수준(2.646), 중간 수준(3.596), 높은 수준(4.547)으로 분류할 수 있으며, 조절변수인 신뢰성이 낮을 경우 독립변수인 만족도가 종속변수(매개변수)인 공감성에 미치는 영향은 .146이고, 중간일 경우 영향력은 .328, 높을 경우 영향력은 .510이다.

해석의 경우 신뢰성이 낮을 경우 만족도가 1증가할 때마다 공감성이 .146 증가하고 신뢰성이 중간일 경우 만족도가 1증가할 때마다 공감성이 .328 증가한다. 신뢰성이 높을 경우 만족도가 1증가할 때마다 공감성이 .510 증가한다. 즉, 신뢰성 수준에 따라서 만족도가 공감성에 미치는 영향은 차이가 있다.

유의확률(p)의 경우 신뢰성이 낮은 경우 .019, 중간인 경우 .000, 높은 경우 .000으로 모두 .05보다 낮게 나타나 통계적으로 유의하다. 또한 신뢰성 수준이 높아질수록 만족도가 공감성에 미치는 영향력은 증가하며 신뢰성은 정(+)의 조절효과가 있다.

Johnson-Neyman 방법의 경우 ③에서 유의확률(p)이 중간 부분부터 점점 올라갈수록 비유의했던 것이 유의하게 변화한다. 즉, 신뢰성 수준이 높아질수록 만족도가 재방문의도에 미치는 영향력은 증가하며 신뢰성은 정(+)의 조절효과가 있다.

OUTCOME VARIABLE에서 ④의 경우 아래 [그림 10.36]의 부분이며, 독립변수와 매개변수가 종속변수에 미치는 결과이다. 독립변수인 만족도와 매개변수인 공감성의 유의확률(p)은 모두 .000으로 .05보다 낮게 나타나 통계적으로 유의한 것으로 나타났다. 즉, 만족도와 공감성은 재방문의도에 정(+)의 영향을 미친다.

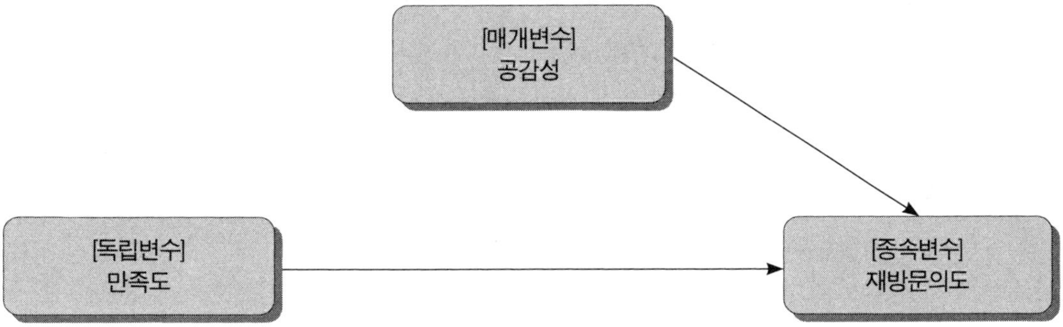

[그림 10.36]

Direct effect of X on Y ⑤의 경우 직접효과를 말한다. Conditional Indirect effect(s) of X on Y의 ⑥의 경우 조건부 간접효과를 말한다. 직접효과의 경우 유의확률(p)이 .000으로 통계적으로 유의한 것으로 나타났다. ⑥의 INDIRECT EFFECT의 경우 조절변수인 신뢰성에 따른 조건부 간접효과로 신뢰성 수준에 따라 간접효과가 다르게 나타날 수 있다는 것을 보여준다.

마지막으로 ⑥의 Index of moderated mediation은 조절된 매개 지수이며, 해당 지수가 통계적으로 유의하게 나타나야 최종적으로 조건부 간접효과 또는 조절된 매개효과가 통계적으로 유의하다고 판단한다. 확인하는 방법은 BootLLCI와 BootULCI값 사이에 0이 존재하지 않으면 통계적으로 유의하다고 판단한다. BootLLCI와 BootULCI의 경우 .019~.078으로 0이 존재하지 않기 때문에 조건부 간접효과 또는 조절된 매개효과는 통계적으로 유의하다고 할 수 있다. 즉, 조절된 매개효과 분석에서 간접효과는 조절된다.

만족도가 재방문의도에 미치는 영향에 있어 신뢰성의 조절효과와 공감성의 매개효과 분석결과

만족도가 재방문의도에 미치는 영향에 있어 신뢰성의 조절역할과 공감성의 매개역할을 확인하기 위해서 SPSS의 Process Macro 7번 모델로 부트스트랩핑(bootstrapping) 분석을 사용하여 95% 신뢰구간에서 5,000번 반복 추출하여 분석을 실시하였다.

분석결과 **〈표 1〉**과 같다. 먼저 만족도와 신뢰성의 상호작용항이 공감성에 미치는 영향은 통계적으로 유의한 것으로 나타났다(B=.192, t=4.369, p=.000). 또한 신뢰성 수준이 높아질수록 만족도가 공감성에 미치는 영향은 통계적으로 유의한 수준에서 증가한다.

만족도(B=.276, t=5.220, p=.000)와 공감성(B=.235, t=5.082, p=.000)의 경우 재방문의도에 통계적으로 유의한 수준에서 정(+)의 영향을 미치는 것으로 나타났으며, 만족도가 공감성을 거쳐 재방문의도에 미치는 간접효과의 경우 신뢰성 수준이 높아질수록 통계적으로 유의한 수준에서 증가한다. 또한 만족도가 재방문의도에 미치는 직접효과의 경우도 통계적으로 유의한 것으로 나타났다.

〈표 1〉 조절효과 및 매개효과 분석결과

	공감성				재방문의도			
	B	se	t	p	B	se	t	p
만족도	−.361	.166	−2.180	.030	.276	.053	5.220	.000
신뢰성	−.491	.162	−3.032	.003	-	-	-	-
만족도×신뢰성	.192	.044	4.369	.000	-	-	-	-
공감성	-	-	-	-	.235	.046	5.082	.000
조건부/간접효과	[만족도×신뢰성 → 공감성] −SD=Effect(.146), p(.019) M=Effect(.328), p(.000) +SD=Effect(.510), p(.000)				[만족도 → 공감성 → 재방문의도] −SD=Effect(.034), p(.003∼.075) M=Effect(.077), p(.042∼.117) +SD=Effect(.120), p(.067∼.180)			
직접효과	Effect=.276, se=.053, t=5.220, p=.000, LLCI=.172, ULCI=.380							

마지막으로 조건부 간접효과를 검증하였다. 그 결과 **〈표 2〉**와 같이 BootLLCI와 BootULCI는 .019∼.078으로 0을 포함하지 않고 있어 통계적으로 유의하게 나타났다. 즉, 만족도와 공감성의 상호작용이 재방문의도에 미치는 영향은 공감성에 의해 매개된다.(또는 만족도가 공감성을 매개하여 재방문의도에 미치는 영향은 신뢰성에 의해 조절된다.)

〈표 2〉 Index of moderated mediation

	Index	BootSE	BootLLCI	BootULCI
신뢰성	.045	.015	.019	.078

[2] PROCESS macro 매개된 조절 8번 모델

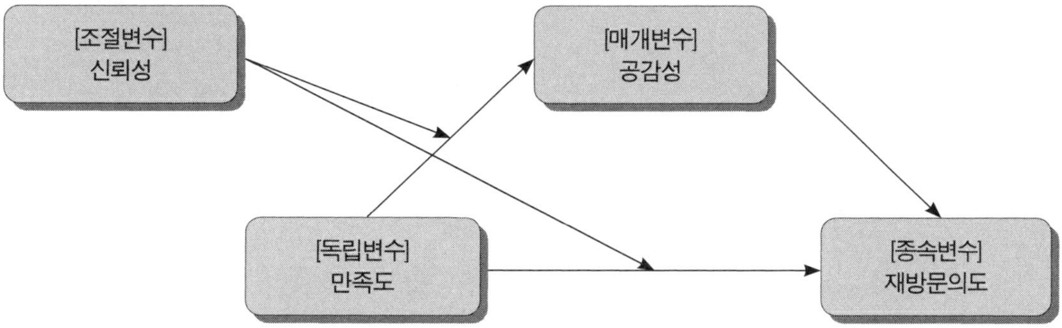

- 독립변수 : 만족도
- 매개변수 : 공감성
- 조절변수 : 신뢰성
- 종속변수 : 재방문의도

1 269페이지 조절된 매개분석과 실행 방법은 동일하고, Model number만 7번에서 8번으로 설정하면 된다.

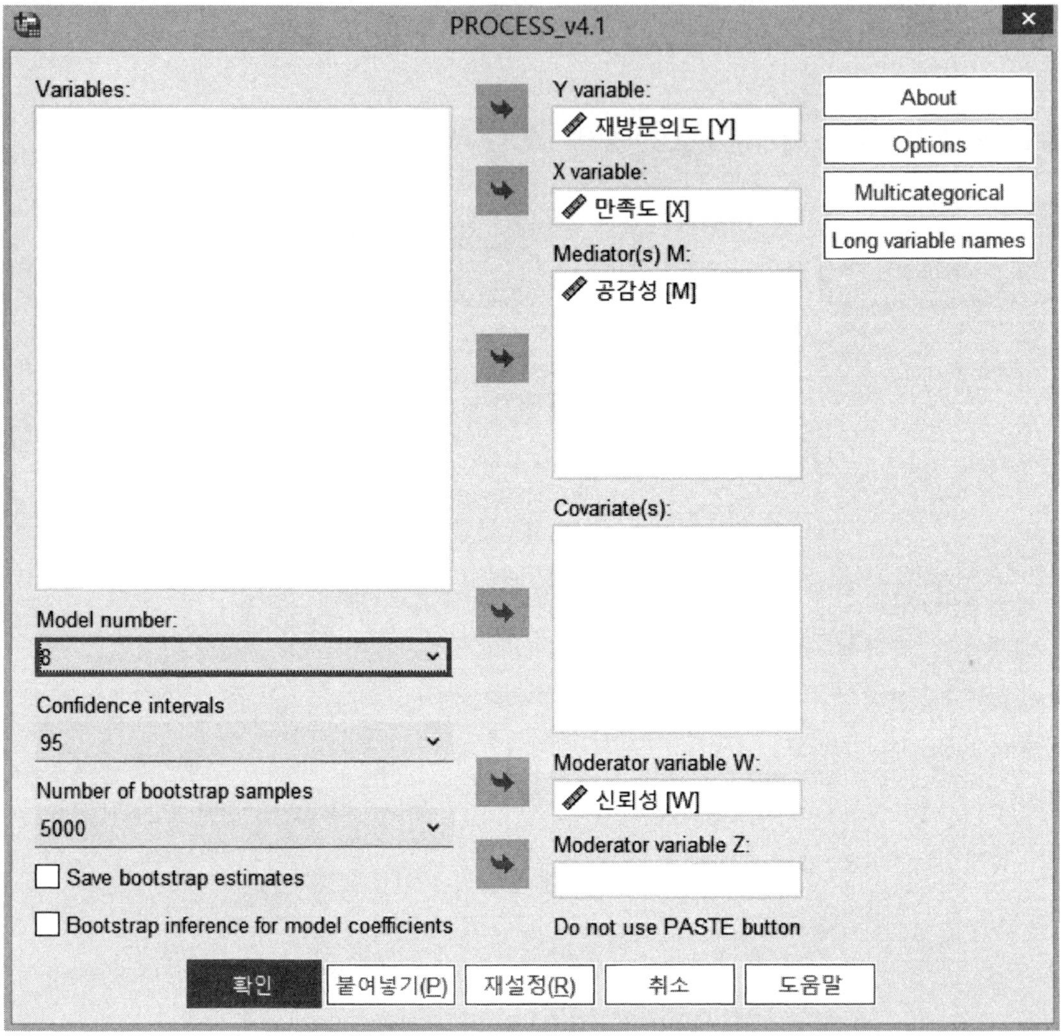

[그림 10.37] 프로세스 매크로를 통한 매개된 조절효과 분석 실시하기

통제해야할 통제변수가 있다면 Covariate(s)에 넣으면 된다.

2 출력결과를 확인한다.

OUTCOME VARIABLE:
M

Model Summary

R	R-sq	MSE	F	df1	df2	p
.410	.168	.747	39.239	3.000	584.000	.000

Model

	coeff	se	t	p	LLCI	ULCI	
constant	4.274	.604	7.078	.000	3.088	5.460	
X	-.361	.166	-2.180	.030	-.687	-.036	
W	-.491	.162	-3.032	.003	-.809	-.173	
Int_1	.192	.044	4.369	.000	.106	.278	①

Product terms key:
Int_1 : X x W

Test(s) of highest order unconditional interaction(s):

	R2-chng	F	df1	df2	p
X*W	.027	19.086	1.000	584.000	.000

Focal predict: X (X)
Mod var: W (W)

Conditional effects of the focal predictor at values of the moderator(s):

W	Effect	se	t	p	LLCI	ULCI
2.646	.146	.062	2.359	.019	.024	.267
3.596	.328	.044	7.537	.000	.242	.413
4.547	.510	.059	8.688	.000	.395	.625

②

Moderator value(s) defining Johnson-Neyman significance region(s):

Value	% below	% above
2.550	12.925	87.075

[그림 10.38] 프로세스 매크로를 통한 매개된 조절효과 분석결과

Conditional effect of focal predictor at values of the moderator:

③

W	Effect	se	t	p	LLCI	ULCI
1.143	-.142	.118	-1.205	.229	-.374	.090
1.336	-.105	.110	-.955	.340	-.322	.111
1.529	-.068	.103	-.666	.505	-.270	.133
1.721	-.031	.095	-.331	.741	-.218	.155
1.914	.006	.088	.064	.949	-.166	.178
2.107	.043	.080	.529	.597	-.115	.200
2.300	.079	.073	1.084	.279	-.065	.224
2.493	.116	.067	1.746	.081	-.015	.247
2.550	.127	.065	1.964	.050	.000	.255
2.686	.153	.061	2.534	.012	.035	.272
2.879	.190	.055	3.462	.001	.082	.298
3.071	.227	.050	4.524	.000	.129	.326
3.264	.264	.047	5.674	.000	.173	.356
3.457	.301	.044	6.810	.000	.214	.388
3.650	.338	.043	7.784	.000	.253	.424
3.843	.375	.044	8.470	.000	.288	.462
4.036	.412	.047	8.828	.000	.320	.504
4.229	.449	.050	8.912	.000	.350	.548
4.421	.486	.055	8.811	.000	.378	.594
4.614	.523	.061	8.610	.000	.404	.642
4.807	.560	.067	8.367	.000	.429	.692
5.000	.597	.074	8.114	.000	.452	.742

****

OUTCOME VARIABLE:

Y

Model Summary

R	R-sq	MSE	F	df1	df2	p
.347	.120	1.009	19.965	4.000	583.000	.000

Model

	coeff	se	t	p	LLCI	ULCI
constant	1.131	.731	1.548	.122	-.305	2.567
X	.486	.193	2.515	.012	.107	.866
M	.253	.048	5.258	.000	.158	.347
W	.170	.190	.894	.372	-.203	.542
Int_1	-.058	.052	-1.119	.263	-.160	.044

④

[그림 10.39] 프로세스 매크로를 통한 매개된 조절효과 분석결과

```
Product terms key:
 Int_1   :     X     x     W

Test(s) of highest order unconditional interaction(s):
      R2-chng      F      df1      df2       p
X*W     .002    1.253    1.000   583.000    .263

****************** DIRECT AND INDIRECT EFFECTS OF X ON Y *****************

Conditional direct effect(s) of X on Y:
        W     Effect      se        t        p      LLCI      ULCI
    2.646      .333     .072    4.617     .000      .191      .475
    3.596      .278     .053    5.248     .000      .174      .382
    4.547      .223     .073    3.073     .002      .080      .365
```

⑤

```
Conditional indirect effects of X on Y:

INDIRECT EFFECT:
 X        ->    M        ->    Y

        W     Effect    BootSE   BootLLCI   BootULCI
    2.646      .037      .019      .003       .080
    3.596      .083      .020      .047       .125
    4.547      .129      .030      .073       .190

    Index of moderated mediation:
       Index    BootSE   BootLLCI   BootULCI
W       .048      .016      .020       .083
---
```

⑥

```
*********************** ANALYSIS NOTES AND ERRORS ************************

Level of confidence for all confidence intervals in output:
  95.0000

Number of bootstrap samples for percentile bootstrap confidence intervals:
  5000

W values in conditional tables are the mean and +/- SD from the mean.
```

[그림 10.40] 프로세스 매크로를 통한 매개된 조절효과 분석결과

■ 분석결과 논문에 작성하기

프로세스 매크로를 통한 매개된 조절효과 분석결과 **[그림 10.38]**, **[그림 10.39]**, **[그림 10.40]**과 같다. OUTCOME VARIABLE에서 ①, ②, ③의 경우 앞서 살펴본 조절된 매개효과 결과와 동일하다.

OUTCOME VARIABLE에서 ④는 조건부 직접효과가 포함된 결과이며, 아래 **[그림 10.41]**의 부분이다. 독립변수, 매개변수, 독립변수와 조절변수의 상호작용항이 종속변수에 미치는 결과이다. 독립변수인 만족도(p=.012)와 매개변수인 공감성(p=.000)의 유의확률(p)은 모두 .05보다 낮게 나타나 통계적으로 유의한 것으로 나타났다. 즉, 만족도와 공감성은 재방문의도에 정(+)의 영향을 미친다. 반면 상호작용항은 유의확률이 .263으로 .05보다 높게 나타나 통계적으로 유의하지 않은 것으로 나타났다.

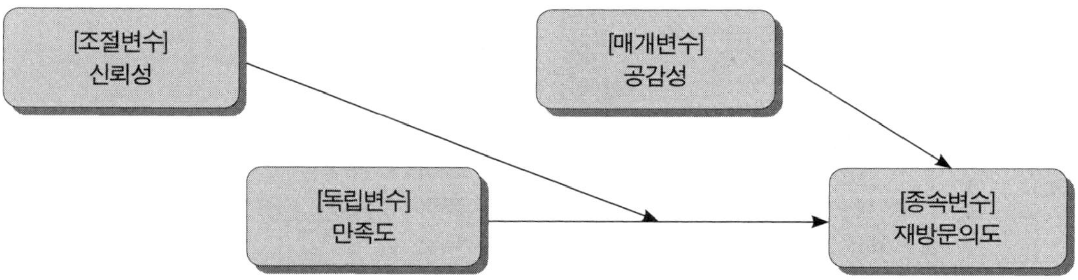

[그림 10.41]

Conditional direct effect(s) of X on Y ⑤의 경우 조건부 직접효과를 말한다. Conditional Indirect effect(s) of X on Y의 ⑥의 경우 조건부 간접효과를 말한다. 조건부 직접효과의 경우 조절변수가 포함되어 있어 7번 조절된 매개효과의 결과와는 다르게 특정 값으로 산출된다. 조건부 직접효과의 경우 조절변수인 신뢰성 수준의 따라 직접효과가 다르게 나타날 수 있다는 것을 보여준다. 다만 상호작용항이 통계적으로 유의하지 않아 조건부 직접효과에 대한 조절효과는 없다.

⑥의 INDIRECT EFFECT의 경우 조절변수인 신뢰성에 따른 조건부 간접효과로 신뢰성 수준에 따라 간접효과가 다르게 나타날 수 있다는 것을 보여준다. 마지막으로 ⑥의 Index of moderated mediation은 조절된 매개 지수이며, 해당 지수가 통계적으로 유의하게 나타나야 최종적으로 조건부 효과 또는 매개된 조절효과가 통계적으로 유의하다고 판단한다. 확인하는 방법은 BootLLCI와 BootULCI값 사이에 0이 존재하지 않으면 통계적으로 유의하다고 판단한다. BootLLCI와 BootULCI의 경우 .021~.083으로 0이 존재하지 않기 때문에 조건부 효과 또는 매개된 조절효과는 통계적으로 유의하다고 할 수 있다. 즉, 매개된 조절효과 분석에서 간접효과는 조절되며, 직접효과는 조절되지 않는다.

만족도가 재방문의도에 미치는 영향에 있어 신뢰성의 조절효과와 공감성의 매개효과 분석결과

만족도가 재방문의도에 미치는 영향에 있어 신뢰성의 조절역할과 공감성의 매개역할을 확인하기 위해서 SPSS의 Process Macro 8번 모델로 부트스트랩핑(bootstrapping) 분석을 사용하여 95% 신뢰구간에서 5,000번 반복 추출하여 분석을 실시하였다.

분석결과 **〈표 1〉**과 같다. 먼저 만족도와 신뢰성의 상호작용항이 공감성에 미치는 영향은 통계적으로 유의한 것으로 나타났다(B=.192, t=4.369, p=.000). 또한 신뢰성 수준이 높아질수록 만족도가 공감성에 미치는 영향은 통계적으로 유의한 수준에서 증가한다.

만족도(B=.486, t=2.512, p=.012)와 공감성(B=.253, t=5.258, p=.000)의 경우 재방문의도에 통계적으로 유의한 수준에서 정(+)의 영향을 미치는 것으로 나타났다. 반면 만족도와 신뢰성의 상호작용항이 재방문의도에 미치는 영향은 통계적으로 유의하지 않은 것으로 나타나(B=−.058, t=−1.119, p>.05) 직접효과에 대한 조절효과는 없다.

만족도가 공감성을 거쳐 재방문의도에 미치는 간접효과의 경우 신뢰성 수준이 높아질수록 통계적으로 유의한 수준에서 증가한다. 또한 만족도가 재방문의도에 미치는 직접효과의 경우도 통계적으로 유의한 것으로 나타났다.

〈표 1〉 조절효과 및 매개효과 분석결과

	공감성				재방문의도			
	B	se	t	p	B	se	t	p
만족도	−.361	.166	−2.180	.030	.486	.193	2.512	.012
신뢰성	−.491	.162	−3.032	.003	-	-	-	-
만족도×신뢰성	.192	.044	4.369	.000	-	-	-	-
공감성	-	-	-	-	.253	.048	5.258	.000
만족도×신뢰성	-	-	-	-	−.058	.052	−1.119	.263
조건부/간접효과	[만족도×신뢰성 → 공감성] −SD=Effect(.146), p(.019) M=Effect(.328), p(.000) +SD=Effect(.510), p(.000)				[만족도 → 공감성 → 재방문의도] −SD=Effect(.037), p(.003~.080) M=Effect(.083), p(.047~.125) +SD=Effect(.129), p(.073~.190)			
조건부 직접효과	−SD=Effect(.333), p(.000) M=Effect(.278), p(.000) +SD=Effect(.223), p(.002)							

마지막으로 조절된 매개 지수(Index of moderated mediation)를 통해 조건부 효과를 검증하였다. 그 결과 **<표 2>**와 같이 BootLLCI와 BootULCI는 .020~.083으로 0을 포함하지 않고 있어 통계적으로 유의하다. 즉, 만족도와 공감성의 상호작용이 재방문의도에 미치는 영향은 공감성에 의해 매개된다.(조건부 직접효과가 통계적으로 유의했을 경우 : 즉, 만족도와 신뢰성의 상호작용이 재방문의도에 미치는 영향은 공감성에 의해 매개된다. 또한 만족도와 신뢰성의 상호작용은 재방문의도에 직접적인 영향을 미치기도 한다.)

<표 2> Index of moderated mediation

	Index	BootSE	BootLLCI	BootULCI
신뢰성	.048	.016	.020	.083

PROCESS macro에서 조절된 매개와 매개된 조절 7, 8번 모델 외에도 14, 15번 모델도 존재한다. 앞서 살펴본 7, 8번 모델과 매개모형은 동일하나 조절변수가 독립변수와 매개변수 사이가 아닌 매개변수와 종속변수 사이에 존재한다. 분석 방법은 동일하며, Model number만 7, 8번이 아닌 14, 15번으로 설정해주면 된다. 분석 결과의 경우 앞과 뒤의 순서만 바뀌고 해석하는 방법은 동일하다.

<table>
<tr><th>조절된 매개 14번 모델</th><th>매개된 조절 15번 모델</th></tr>
<tr><td>

Model 14

Conceptual Diagram

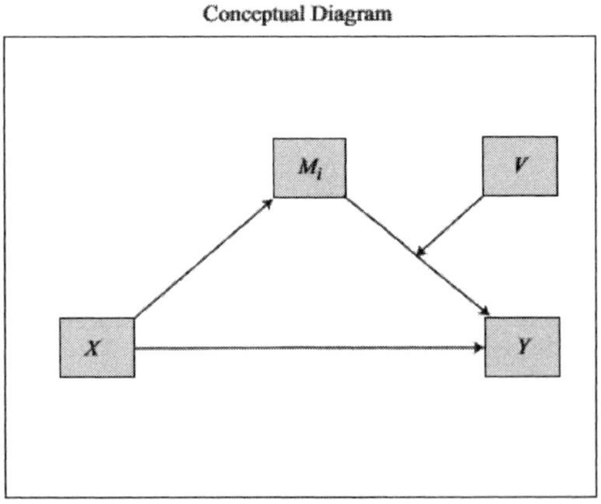

</td><td>

Model 15

Conceptual Diagram

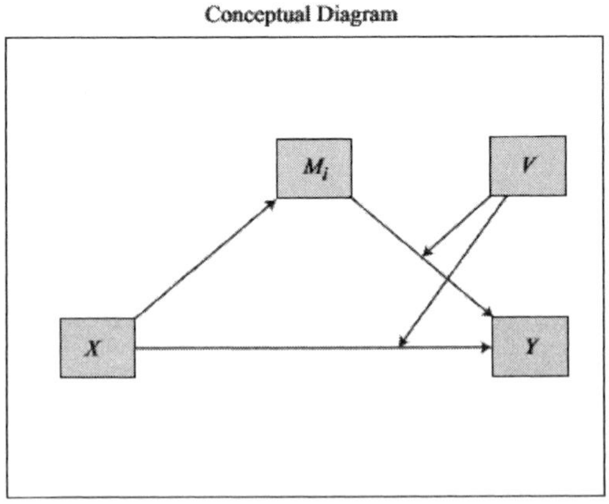

</td></tr>
</table>